云南省哲学社会科学创新团队成果文库

西部弱生态地区 主动融入"一带一路" 产业转型研究

A Study of the Industrial Transformation
of the Weak Ecological Areas in Western China to Integrate
into the Belt and Road Initiative Actively

谭 鑫 著

社会科学文献出版社
SOCIAL SCIENCES ACADEMIC PRESS(CHINA)

《云南省哲学社会科学创新团队成果文库》
编辑说明

　　《云南省哲学社会科学创新团队成果文库》是云南省哲学社会科学创新团队建设中的一个重要项目。编辑出版《云南省哲学社会科学创新团队成果文库》有助于落实中央、云南省委关于加强中国特色新型智库建设意见，充分发挥哲学社会科学优秀成果的示范引领作用，从而为推进哲学社会科学学科体系、学术观点和科研方法创新，为繁荣发展哲学社会科学服务。

　　云南省哲学社会科学创新团队 2011 年开始立项建设，在整合研究力量和出人才、出成果方面成效显著，产生了一批有学术分量的基础理论研究和应用研究成果，2016 年云南省社会科学界联合会决定组织编辑出版《云南省哲学社会科学创新团队成果文库》。

　　《云南省哲学社会科学创新团队成果文库》从 2016 年开始编辑出版，拟用 5 年时间集中推出 100 本云南省哲学社会科学创新团队研究成果。云南省社科联高度重视此项工作，专门成立了评审委员会，遵循科学、公平、公正、公开的原则，对申报的项目进行了资格审查、初评、终评的遴选工作，按照"坚持正确导向，充分体现马克思主义的立场、观点、方法；具有原创性、开拓性、前沿性，对推动经济社会发展和学科建设意义重大；符合学术规范，学风严谨、文风朴实"的标准，遴选出一批创新团队的优秀成果，根据"统一标识、统一封面、统一版式、统一标准"的总体要求，组织出版，以达到整理、总结、展示、交流，推动学术研究，促进云南社会科学学术建设与繁荣发展的目的。

编委会

2017 年 6 月

目 录

绪　论

2013 年，习近平总书记提出了"丝绸之路经济带"与"海上丝绸之路"的区域大合作的伟大构想，这是国家"一带一路"倡议的由来与雏形。2014 年，国家正式提出加快推进丝绸之路经济带和 21 世纪海上丝绸之路建设，并于 2015 年颁布了《推动共建丝绸之路经济带和 21 世纪海上丝绸之路的愿景与行动》。由此，"一带一路"倡议得以不断深化与稳步推进。

目前，国内外关于"一带一路"倡议的相关研究集中从以下三个方面展开：一是关于"一带一路"倡议构想的论证。李晓、李俊久论证了"一带一路"倡议的历史传承与渊源①。申现杰、肖金成从"国际区域经济合作的新形势（例如：美国 TPP、TTIP 带来的外部压力）以及提升中国开放经济的质量"视角出发，论证了"一带一路"倡议的重大现实意义与可行性②。张可云、蔡之兵从全球化 4.0、区域协调发展 4.0 与工业 4.0 分析了"一带一路"倡议的产生背景、内在本质与关键动力③。二是关于"一带一路"倡议规划的解读。赵晋平系统性总结了"一带一路"倡议的十大内涵，即历史传承、开放包容、陆海统筹、东西互济、虚实结合、经贸先行、设施联通、大国责任、市场经济、中外共赢④。三是关于"一带一路"倡议愿景与行动的思考与建议。赵江林就"'一带一路'倡议如何落地"

---

① 李晓、李俊久：《"一带一路"与中国地缘政治经济战略的重构》，《世界经济与政治》2015 年第 10 期。

② 申现杰、肖金成：《国际区域经济合作新形势与我国"一带一路"合作战略》，《宏观经济研究》2014 年第 11 期。

③ 张可云、蔡之兵：《全球化 4.0、区域协调发展 4.0 与工业 4.0——"一带一路"战略的背景、内在本质与关键动力》，《郑州大学学报》（哲学社会科学版）2015 年第 3 期。

④ 赵晋平：《"一带一路"的十个内涵》，《北大商业评论》2015 年第 6 期。

提出了相关思考：通过以经济体制改革、扩内需，发挥传统贸易和投资优势，继续推动基础设施建设与金融领域合作，加快国内市场整合①。蒋希蘅、程国强则从人文沟通、贸易畅通、货币流通、合作模式、国内资源整合、企业主体作用等方面，进行了建设性思考②。显然，上述研究均是基于"自上而下"的视角，强调国内外的合作与发展。此外，有些学者亦关注到应主动融入国家"一带一路"倡议，主要基于某一具体领域、既定空间展开论述分析："一带一路"倡议的空间响应机制③；东西部省份的协同路径④；从嵌入全球价值链到主导区域价值链推动"一带一路"倡议⑤；以经济带为依托⑥，使边疆地区成为区域中心，实现嵌入式互动与立交桥式发展⑦。亦有学者站在地区利益与发展视角，分析区域战略优势及定位，并提出如何对接、融入"一带一路"倡议⑧。综合来看，相关研究缺乏基于"自下而上"的"主动响应"机制的分析与建构。尽管有学者已经关注到"主动响应"问题，但仍缺乏高屋建瓴的系统性考察；且在区域概念上，基本停留在省级、传统经济带层面，并未突破既有"区划与诸侯式"思维，将"西部弱生态地区"作为一个整体来思考。西部弱生态地区具有强烈的实现赶超、对外开放、共同发展的行动愿望，而"一带一路"倡议

① 赵江林：《"一带一路"战略如何落地》，《中国经济报告》2015年第4期。
② 蒋希蘅、程国强：《国内外专家关于"一路一带"建设的看法和建议综述》，《中国外资》2014年第19期。
③ 杨保军、陈怡星、吕晓蓓、朱郁郁：《"一带一路"战略的空间响应》，《城市规划学刊》2015年第2期。
④ 郑志来：《东西省份"一带一路"发展战略与协同路径研究》，《当代经济管理》2015年第7期。
⑤ 魏龙、王磊：《从嵌入全球价值链到主导区域价值链——"一带一路"战略的经济可行性分析》，《国际贸易问题》2016年第5期；蔡进：《"一带一路"与国家供应链发展战略》，《中国流通经济》2016年第1期。
⑥ 杨继瑞、李月起、汪锐：《川渝地区："一带一路"和长江经济带的战略支点》，《经济体制改革》2015年第4期；郑宇轩、陈伟、杨达：《成都经济区融入"一带一路"和长江经济带研究》，《当代经济》2015年第24期。
⑦ 吕文利：《"一带一路"中的边疆地区——嵌入式互动与立交桥式发展》，《中国图书评论》2015年第9期。
⑧ 张军：《我国西南地区在"一带一路"开放战略中的优势及定位》，《经济纵横》2014年第11期；王双、张雪梅：《沿海地区借助"一带一路"战略推动海洋经济发展的路径分析——以天津为例》，《理论界》2014年第11期；黄志勇、颜洁：《广西在全国新一轮开放中的SWOT分析及战略选择——兼论广西推动"一带一路"建设的总体思路》，《改革与战略》2014年第11期。

的提出与推进，是其面临的重大历史机遇。因此，西部弱生态地区"全面融入"与"主动响应""一带一路"倡议，不只是来自国家倡议的"落地诉求"，还是来自地方"自下而上"主动响应与发展的迫切愿望与内在需求。

党的十八大报告指出要优先推进西部大开发，必须以优化产业结构、促进区域协调发展为重点，要加快传统产业转型升级，合理布局建设基础设施和基础产业[①]。西部地区是我国最重要的生态服务供给区，长期以来以资源开发型为主的产业发展导向导致其已十分脆弱的生态系统进一步恶化，使得产业转型升级与生态环境的矛盾凸显。目前，西部弱生态地区产业发展中主要存在以下三个问题：第一，作为西部弱生态地区主导产业的资源产业深加工能力低，资源陷阱现象严重；第二，生态资源优势尚未转化为产业优势；第三，由于产业路径选择偏差，装备制造和高新技术等产业比较优势有所下降。产生这种状况的主要原因在于在西部弱生态地区进行产业转型升级的实践过程中，没有现成的生态约束下的产业转型升级相关理论和路径作为参照，现有路径都是采用适用于普通地区的产业转型升级模式来推动本地区产业转型升级，导致产业活动与生态环境之间的矛盾极为突出。本研究在对西部弱生态地区产业转型升级现状做出分析的基础上，结合产业转型升级的相关理论，探索生态约束下区域产业转型升级的路径，并通过对产业转型升级过程中影响因素的实证研究，提出具有针对性的产业转型升级路径与相应的政策建议。在西部大开发进入新阶段的背景下，西部弱生态地区承接东部产业转移，选择适当的路径来融入价值链分工体系，这将促进西部弱生态地区在全球价值链分工下实现产业转型升级，实现"四化同步"建设，提高西部弱生态地区的产业竞争力。此外，在新的历史条件下，探索出一条具有竞争优势的西部弱生态地区产业转型升级的最优路径，这既是实现西部弱生态区域稳定、持续与健康发展的实践诉求，亦是我国统筹区域发展、共筑中国梦的时代担当，更是后发地区可遵循的发展范式。针对该领域的探索与观察，国内外殊途同归，研究大致可归纳为"产业结构调整"和"价值链升级"两种研究思路。"产业结

---

① 胡锦涛：《坚定不移沿着中国特色社会主义道路前进 为全面建成小康社会而奋斗——在中国共产党第十八次全国代表大会上的报告》，人民出版社，2012，第22页。

构调整"研究思路是传统的产业转型升级的研究范式，多为早期的国内学者采用，它将产业转型升级等同于产业结构升级，也就是把产业转型升级看作：伴随国家或地区经济发展水平的提升，以及政府产业政策的嬗变，一个国家或者地区产业结构呈现的"梯次逐级"发展态势，即低级逐渐转向高级。"价值链升级"研究思路从价值链的角度出发，指出产业转型升级是以单个产业为主体，通过优胜劣汰，逐步从低技术水平、低附加值状态向高新技术水平、高附加值状态演变。事实上，可以认为价值链升级是产业结构升级的基础。本研究从"价值链升级"式的产业转型升级定义出发，对西部弱生态地区产业转型升级进行理论与实证分析。西部弱生态地区产业基础较弱，现阶段直接融入全球价值链分工体系难度较大。本研究提出西部弱生态地区产业转型升级可遵循从国家价值链到全球价值链的转化路径[1]。随着国际分工形式的改变，传统产业转型升级的内涵已然无法反映一国产业发展的真实状况[2]。目前，国外学者将更多的研究兴趣集中于"价值链升级"，以此提出了序贯升级模式[3]，其实证分析主要从下述两个方面展开：一是以发展中国家为考察对象，分析其转型升级的价值链内涵，同时开展不同国家或地区间产业转型升级的横向比较，且以实证分析和规范分析为主；二是从价值链的视角研究各地区产业现状并进行比较，同时对产业发展及升级的环境和影响因素进行研究，对产业转型升级路径等方面进行实证考察等[4]。反观国内，相关研究主要集中于下述三个方面：一是基于当代中国的产业发展实际，引入全球价值链理论，寻求产业转型

---

[1] 刘志彪、于明超：《从 GVC 走向 NVC：长三角一体化与产业升级》，《学海》2009 年第 5 期；刘志彪：《从后发到先发：关于实施创新驱动战略的理论思考》，《产业经济研究》2011 年第 4 期。

[2] P. Gibbon, *Global Commodity Chains and Economic Upgrading in Less Developed Countries*, Centre for Development Research, 2000.

[3] G. Gereffi, "International Trade and Industrial Upgrading in the Apparel Commodity Chain," *Journal of International Economics*, 1999, 48 (1): 37-70.

[4] R. Rabellotti, "Is there an 'Industrial District Model'? Footwear Districts in Italy and Mexico Compared," *World Development*, 1995, 23 (1): 29-41; J. Humphrey, H. Schmitz, "Governance and Upgrading in Global Value Chains," in *Paper or the Bellagio Value Chain Workshop*, Institute of Development Studies, University of Sussex, Brighton, 2000; L. Bazan, L. Navas-Aleman, "Upgrading in Global and National Value Chains," in Hubert Schmitz, ed., *Local Enterprises in the Global Economy*, Northampton: Edward Elgar, 2004.

升级的理论突破与创新①；二是进入细分行业，对具体产业展开实证研究②；三是基于产业转型升级的视角，集中运用全球价值链理论对我国各地区不同产业转型升级进行实证研究③。借鉴上述理论观点与学术观察，将有助于我们深化对西部弱生态地区产业发展重要性的认识。结合我国西部弱生态地区的产业发展现实来看，目前研究的不足之处主要体现在两个方面：一是尚未建立起全面合理的指标体系对产业发展现状进行评估，导致产业转型升级建议的针对性不足；二是从产业转型升级的研究对象上来看，并没有专门针对弱生态地区的相关研究，而弱生态地区的产业转型升级与普通地区相比具有特殊性。

综上，"一带一路"倡议作为一项"自上而下"的国家倡议，蓝图已经绘就，其最大化效力的发挥有赖于"自下而上"的积极反馈与主动响应，尤其是需要在产业层面探索建立起主动响应机制。与此同时，西部弱生态地区抱有强烈的愿望以全面融入"一带一路"倡议，实现产业转型升级，但尚未寻求到"响应机制"之"良方"，需要在理论与应用相统一方面继续探索。由此，本书认为西部弱生态地区的产业转型升级必然要在主动融入"一带一路"倡议的行动中予以实现。据此，本书以"审视—超越—理解—求解"为逻辑主线，通过对适用理论的归纳总结与对产业转型一般经验和西部典型案例的评述（即本书之理论与应用的"审视"），构建"超越"一般转型路径的理论分析框架，继而深刻"理解"西部弱生态地区赖以支持可持续发展的初始禀赋条件、区位比较优势与内生动力的可及能力，为主动融入"一带一路"倡议，超越一般转型路径的产业响应机

---

① 张向阳、朱有为：《基于全球价值链视角的产业升级研究》，《外国经济与管理》2005年第5期；刘伟、张辉：《中国经济增长中的产业结构变迁和技术进步》，《经济研究》2008年第11期；张国胜：《本土市场规模与产业升级：一个理论构建式研究》，《产业经济研究》2011年第4期。

② 任家华、王成璋：《基于全球价值链的高新技术产业集群转型升级》，《科学学与科学技术管理》2005年第1期；黎继子、刘春玲、蔡根女：《全球价值链与中国地方产业集群的供应链式整合——以苏浙粤纺织服装产业集群为例》，《中国工业经济》2005年第2期；汪斌、侯茂章：《浙江地方产业集群嵌入全球价值链的若干问题研究——以杭州典型地方产业集群为例》，《浙江学刊》2006年第4期。

③ 王国安、赵新泉：《中美两国影视产业国际竞争力的比较研究——基于全球价值链视角》，《国际贸易问题》2013年第1期。

制提出本书的"求解"方案。此外,本成果将"一带一路"倡议、区域响应策略和产业配套政策以及经济主体的市场行为等层级所形成的政策叠加效应贯穿于"经济带建设"、国家价值链重构过程;将"经济地理"的空间重塑与利益共同体为内在逻辑落实于西部发展的历史命题中,"重新解读"西部弱生态地区主动融入"一带一路"倡议的区域响应机制和产业转型升级效应。

第一章

审视转型：理论渊源与发展述评

本章主要评述了产业经济发展、产业转型、弱生态性与产业耦合、产业政策与制度安排、全球价值链（GVC）、国内价值链（NVC）等相关理论在本研究中的借鉴意义及适用性，同时据此进行理论综合，为进一步研究提供基础理论指导与借鉴，并以此理论阐释为基础对西部发展状态、历史过程以及经验教训进行了综合性的评述。

一 产业经济理论

"产业"上承宏观经济，是宏观经济发展的实际内容与重要维度；下接微观经济主体，是企业进行合作、展开竞争的时空平台。产业是具有某种共同特质的企业的集合，本部分研究内容及其任务有两个：其一，揭示产业结构调整与升级的纵向演变趋势；其二，反映产业组织的横向关联、形成机理及其结构特征。目前，产业经济理论形成了不同的理论派别，亦伴随产业经济发展的实践得以深化，理论内涵在嬗变中不断实现突破与创新发展。自20世纪末以来，以"产业组织的网络分析法"为研究方向，产业经济理论得以重构和丰富。

（一）经典产业经济理论简评：分歧与进展

经典产业经济理论主要分为两大流派：一是聚焦于产业组织的学术观察，这一流派将以微观经济学研究范式为基础建构起的产业组织理论视为产业经济学的全部内涵，被称为"窄派"，为主流学派；二是继承"窄派"

全部内涵要义,并不断寻求更为广阔研究领域的"宽派",其在"窄派"研究内容的基础上,将产业的政策安排、空间内涵、链式关联等内容纳入理论研究范畴。

"窄派"产业经济理论的研究翘楚以贝恩为代表,贝恩于 1983 年出版了《产业组织》一书。"贝恩式"哈佛学派建构的 SCP 分析范式,将市场结构的作用置于"决定性"之地位。显然,这一理论命题过于武断,带有强烈的偏执色彩,过度强调某种力量的单向关系必然招来争议与批判。其中,施帝格勒便是质疑学者当中的翘楚,他批判性地开创了芝加哥学派。该学派转向对市场行为的研究,认为其在产业经济发展中处于决定性地位,据此提出了产业结构与市场行为的双向机制与逻辑分析框架。当然,无论是哈佛学派,还是芝加哥学派,研究范式均是经验主义的,以先验案例的使用居多。

1970 年以后,则进入了"现代产业组织理论"时代,一个显著性标识是交易成本理论、博弈论、合约理论等理论内容被引入产业组织理论,在融合与创新发展中,建构起了现代产业组织理论的基础。其中,现代产业组织的理论学派主要包括:新奥地利学派、后 SCP 学派以及新产业组织理论学派。1980 年以后,产业规制日益成为产业组织研究的重要内容,以鲍莫尔为代表的诸多学者,把可竞争市场理论创新性地应用于产业组织理论研究,将政府产业政策规制的内容置于市场结构的理论框架体系内。由于产业发展与国民经济发展休戚相关,而国民经济发展始终处于一个动态演变过程中,据此决定了产业组织理论的开放性与不断创新性。例如,伴随区位论、增长极等理论研究的兴起,产业组织理论据此衍生出了产业集群以及产业关联等内容,并且成为 80 年代产业经济发展中的热点理论。伴随产业组织理论的丰富、发展,"窄派"的研究外延不断外扩,与"宽派"的鸿沟不再不可逾越,日益呈现融合发展的集大成之态势。

(二)后产业经济理论的新发展与前沿

此阶段被誉为传统产业组织理论的创新革命,突出表现为:博弈论的引入,纠正了以往经验分析的主观缺陷与观点论陷阱,形成了规范化、标准化的产业组织分析范式。此后,网络分析范式的引入,被誉为 20 世

90年代的方法论革命。无疑，这场源于美国信息技术革命的网络经济理论研究热潮成为那个时代产业组织理论的标签，乃至于西方主流学者将网络经济理论视同为产业组织理论。其中，尽管网络产业经济学派依然承袭经典产业经济学的研究范式，但是其仍然自诩为该领域的重大理论开创者。信息化条件下不同企业间的密切关联将有别于传统模式，不再受限于时空，这一特点被日本学者宫泽健一称为"联结经济性"。这是一种超越了传统企业与市场的新型组织形态，旧的理论体系与研究范围已然无法与之适应，否则，卡茨、夏皮罗、奥伊等诸多学者亦不会对网络产业表现出如此浓厚的研究兴趣。

后产业经济理论主要包括以下几个方面的内容。

其一，以网络经济的基本分析范式为基础建构起来的企业网络理论，始于20世纪80年代，发展于90年代，其不仅用来回答企业家行为与企业发展关系的问题，亦被用来探究市场组织理论的相关议题。

其二，以生态关注为内容的产业生态化理论，引起了极大的反响与热议。事实上，产业生态化的概念并不是这一时期的创新产物，其最早见于20世纪70年代的学术论文，显然，这远远超越了那个时代的发展认知，因此，并没有引起足够的重视。直至耶鲁大学与麻省理工学院于1997年创办《产业生态学杂志》，标志着产业生态学的诞生。鉴于全球气候变暖的时代议题，该学科的研究内容引领了低碳经济、绿色经济、循环经济的发展浪潮。毋庸置疑，产业生态化的理论发展始终围绕着"网络"关联思维与工作范式，始终必须依靠信息化建设的力量，以此改造生产过程，实现精准化作业。

其三，产业网络理论与模块化生产网络。21世纪以来，经济发展的互联网化、信息化势不可挡，以摧枯拉朽之势催生了新的产业经济理论，并进入了快速发展期。信息化技术条件下的分工打破了传统的空间局限，模块化生产网络理论应运而生，成为风靡一时的理论议题。显然，无论是产业网络还是企业网络均是物联关系的变革，或者说是新型组织方式的创新；反观模块化理论，其承袭新产业组织结构创新发展的本质基础，同时亦成为一整套处理复杂系统的新型方法论。该领域内的研究文献不计其数。毫无疑问，信息技术革命挑战了既有的产业经济理论，重构了以产业网络、模块化理论为代表的新型产业经济理论，在重塑与改写的浩大历史过程中，推动了产业融合研究的深化（例如，关于"三网融合"这一典型事实中"互联互通"以及定价权问题的研究），主导了一场新的产业革命。产业经济发展的实践越来越表明：产业融合这一新兴经济现象，必然驱动产业经济研究迈向新的阶段。

其四，双边市场理论。双边市场理论更加强调网络经济时代下的个体消费策略与发生行为，显然，它是以新的研究视角重新审视产业经济理论。双边市场理论认为：个体的消费偏好应当是动态变量，其与购买行为以及消费体验密切相关，不能一概而论，抽象成理论黑洞。此外，双边市场理论亦通过平台竞争与合作的理论视角，重新考察了网络经济各主体的发生行为与绩效的关联。

（三）国内产业经济理论的追溯与发展

在特定的国际发展环境与实际国情下，国内在该领域的研究源于苏联，起初仅仅是个别学者的有限关注。进入 20 世纪 60 年代后，规模经济视角下的产业经济理论研究开始占据主导，例如，工业托拉斯问题、产业结构均衡发展问题。这一阶段的研究自由意志强烈，但不成体系。中国产业经济理论的真正形成与发展始于 20 世纪 80 年代。这一时期，东亚模式的诞生，日本经济发展的巨大成功经验，对于地理位置临近、共处东亚文化圈的中国影响深远。因此，日本产业经济理论对彼时的中国产业经济理论影响较大。例如，产业经济这一舶来概念便是出自日本学者的学术著作。此外，1985 年我国出版的第一部产业经济学专著，便受其影响较大，写作框架、理论逻辑、分析范式带有强烈的"日式"痕迹。这一时期的研究，以翻译、引进为主。正是该时期的学术吸收，尤其是西方产业经济理论的引进，掀起了一场产业经济研究范式的转变浪潮。尽管旧的理论框架还有一定影响，但是这一时期萌生的新生学术力量奠定了我国产业经济研究范式转换的基础，逐步与国际先进经验、国际惯例实现接轨发展。例如，1996 年国内开始把产业经济学作为二级学科，在国内相关大学探索性地开设该门课程。前辈学者长达 10 余年辛苦耕耘，不断引进、探索、吸收、创新，奠定了我国产业经济理论的研究基础。无论是理论基础，还是方法论，乃至研究方向均实现了质性改变与创新性发展。

此后，基于多学科视角的理论研究呈现百家争鸣之态势，形成了"一主多元"①的研究格局。伴随学科分工的不断深化与专业化程度的提升，亦有学者对"宽派"理论提出质疑，并进行了修订。其修订的主要方面是针对研究对象与内容的划分。其认为产业的空间布局不再是产业经济的研究内容，而应当是区域经济学的任务；产业结构则应当脱离产业经济学科，归并为工业经济的一部分。事实上，从一个宏大的长期趋势来看，产业经济的理论研究历经变迁，逐渐统一于一个逻辑体系内，收敛态势显见。同时，我们欣喜地看到，国内与国外的研究尽管仍存在较大差距，但并无鸿沟之别。

（四）产业经济理论的解构与重构

进入 21 世纪以来，网络分析范式成为产业经济理论的重要构成，并贯穿于产业经济分析的各个部分，引致产业经济理论的变革。"网络"，顾名思义，是指企业作为网络节点，在实践中构建起了竞争与合作的关系网格。显然，网络蕴含了复杂的社会关系，而非简单的业务逻辑。在网络分析范式的有力驱动下，产业经济理论解构，逐渐收敛，在网络经济学的范式中实现重构。这对"网络经济视同产业经济"的论断将是致命一击。处于网络经济的时代潮流中，网络以其自组织性、自增长性以及与生俱来的互通性，逐渐成为继个体单位、社会组织单位之后的最活跃的经济活动单位。显然，网络超越了现实局限，突破了产业与组织间的时空限制，在重构与组合中，形成了全新的产业组织形态。整个产业经济的发展与正常运转始终以网络为核心，贯穿于社会经济的全过程，并成为产业政策安排的重要参照与理论依据。苏东水认为：产业经济研究聚焦于产业内部中各企业间的网络化关系，这种网络化关系呈现为产业间的协同效应、企业间的互动关系；同时，产业的空间内涵、区域概念应当被囊括在其研究内容之中，继而有助于揭示背后的事实规律②。

---

① 一主是指以产业组织理论为主，多元是指多学科发展视角下的产业经济理论。
② 苏东水主编《产业经济学》，高等教育出版社，2000。

二 产业转型升级理论与事实：一般规律、路径选择及国际经验

产业转型升级既是一个"老生常谈"的理论话题，亦是一个需要"破陈出新"的实践命题，更是当前我国经济转型的重大议题。一个本质且具有普适价值意义的判断是产业转型的实质就是产业结构的优化，就是一国或一地区产业结构、发展质量、产业模式等由一种状态向另一种状态发生转变的过程和结果①。因此，产业转型升级的一般规律和路径的国际选择，其实就是产业结构演进的一般规律和路径的国际选择。

（一）产业转型升级的一般规律

既有的文献与研究结果表明，在产业结构"梯次逐级"的纵向演变过程中，横向协同的适配、优化亦尤为重要。产业转型升级的一般规律主要有以下几个。

1. "配第—克拉克"定律

配第在其《政治算术》一书中首次提出了产业结构的基本概念，通过不同产业间效率的异质性比较，指出工业比农业的收入多，服务业比工业的收入多，即工业比农业、服务业比工业的附加价值更高②。事实亦是如此，其举例说明：在英格兰，职业农民薪水为 4 先令/周，而海员为 12 先令/周，海员收入是农民收入的 3 倍。巨大的收入差异，将诱使农民选择在合适的时机转型为海员。在配第看来，大部分人口从事高收益商业的荷兰，其人均收入高于同期其他欧洲各国便不足为奇。显然，收入的差异将使劳动力从低收入产业转移至高收入产业。无疑，世界上不同国家产业结构的异质属性，使不同国家经济发展处于不同阶段，并导致收入水平的巨大差异。

站在"巨人"配第的肩上，克拉克在《经济进步的条件》一书中，对配第的思想进行了系统化的归纳、整理，并通过对 40 个国家的实证观察，验证了配第的理论。克拉克提出了著名的产业经济发展的"三阶段理论"。

---

① 李向阳：《产业转型的国际经验及启示》，《经济纵横》2013 年第 10 期。
② 〔英〕威廉·配第：《政治算术》，陈冬野译，商务印书馆，1960。

其一，"农本"生产阶段。在该生产阶段，人们收入依赖于农业生产，但农业生产的非效率性导致农地产出十分有限，由此使人均收入十分有限。其二，制造业生产阶段。该阶段以制造业占比持续提升，并上升至主导地位为标志。毫无疑问，工业化生产势必产生巨大的财富效应，该行业内的人均收入显著高于第一时期，这是顺理成章的，此外，总体的社会财富（收入）亦要高于第一阶段。其三，服务业阶段。该阶段特点突出表现为以服务业为主的第三产业实现了蓬勃发展，成为国民经济发展的主导产业，其增长速率高于第二阶段，并且产业收益所带来的收入分配效应要显著高于前两个阶段。克拉克建立的"产业发展阶段"学说清晰地刻画了产业结构演变的基本趋势，揭示了产业结构演变的内生力量。在实践观察中，这一理论在一个国家的纵向发展历程中得到印证，亦在不同国家间横向时点发展的对比上得到验证。基于经济统计数据的典型规律，克拉克认为，他只是将配第关于产业间收入差异的思想进行了论证。

"配第—克拉克"定律对后续产业结构的研究具有深远影响，他们关于产业结构升级的理论论述是开创性的。正是受益于克拉克"产业发展阶段"学说的启蒙与影响，库兹涅茨方能通过挖掘各国历史资料，在方法论上实现改进与完善。库兹涅茨的创新性贡献主要集中于两点。其一，全面、彻底考察了人均 GDP 与产业结构的规律性认知，其实证研究并非对统计数据的简单利用，而是做出了更为深入的截面数据回归分析，以及历史数据实证研究，考察了总量增长和结构变化的对应关系，使经验分析更具有一般性的意义。其二，总结出三次产业变动的定量规律：工业化前期，第一产业比重大于第二产业比重，且第一产业比重最高；工业化中期，第二产业成为主导，且第二产业比重大于第一产业比重，此外，第一产业占比小于20%；工业化后期，第三产业成为优势产业，主导国民经济发展，第三产业比重大于第二产业比重，且第一产业占比小于10%。伴随这一转型过程，第二产业（工业部分）的占比呈现倒"U"形趋势[1]。

2. 赤松要"雁行模式"

日本经济学家赤松要建构了"进口—国内生产—出口"的产业结构演

① 〔美〕西蒙·库兹涅茨：《各国的经济增长》，常勋等译，商务印书馆，1985。

进理论，后起国家借此实现工业化进程。该理论学说被称为"雁行模式"，其基本理论内涵是充分利用发达国家的资本、技术优势，并加以消化、吸收；由于比较成本结构是一个动态均衡过程，后进国家应发挥低成本劳动力比较优势，加速本国产业结构转型。赤松要的"雁行模式"对于理解东亚产业结构转型，显得非常适用。然而他的"发展中国家"或"后进国家"的观察视角，无疑引起了质疑与恐慌。弗农则站在发达国家的立场，提出了有别于赤松要雁行模式的"产品循环说"。他极力倡导顺序不停且循环往复的螺旋式前进的发展理念，认为新产品研发→国内市场发育、成熟→出口→资本、技术出口→进口→新产品再次研发，是一个闭环链条，并顺序推进。

赤松要的"雁行模式"植根于日本经济发展的实践土壤，其研究尚处于对个别产业的刻画与实证阶段，以此勾勒"雁行"曲线，在动因分析、抽象化、数理模型化方面仍有大量的工作要做①。

3. 霍夫曼定律

20 世纪 30 年代，德国经济学家霍夫曼开始了对产业结构理论的开拓性研究。《工业化的阶段和类型》是他的代表性著述。该书全面、详细考察了 20 个国家的工业化进程，通过大量翔实的数据分析，以及进行了深刻的理论考察后，提出了著名的"霍夫曼定律"：资本品工业净产值在整个工业净产值中所占份额稳定上升，并呈现出大体相同的阶段性质。据此提出的霍夫曼比率（消费品工业净产值与资本品工业净产值的比率），成为工业化四阶段理论的重要划分依据。其中，当霍夫曼比率∈[4，6]时，该阶段的显著特征是以消费品为主的工业成为主导；当霍夫曼比率∈[2，3]时，该阶段的显著特征是消费品工业增长速率<资本品工业增长速率；当霍夫曼比率∈[0.5，1.5]时，消费品工业和资本品工业两者实现大致均衡；当霍夫曼比率<1时，资本品工业占主导地位。

遵从霍夫曼发现的经验法则，考察 20 世纪 20 年代的各国工业阶段，当时处于第一阶段的国家包括智利、印度和新西兰等；澳大利亚、日本、荷兰、丹麦、加拿大等则处于第二阶段；英国、美国、德国、法国、比利

---

① 王乐平：《赤松要及其经济理论》，《日本问题》1990 年第 3 期。

时、瑞典等处于第三阶段。霍夫曼提出的工业化"四阶段"的理论，尽管能够刻画、解释产业结构调整的一般化趋势，但是这一理论将过多的注意力集中在了"重工业化阶段的结构演变"上，显然失之偏颇、不够全面。

（二）产业转型升级的路径选择

通常来讲，产业转型升级势必建立在技术进步的基础上，并淘汰落后产能。当然，实现产业转型升级的路径亦包括：企业兼并重组、产业衰退转移和发展新兴产业①。对既有的文献进行总结，可以发现实现产业转型升级不外乎上述几条路径。谭晶荣等，张德鹏、张凤华、陈晓雁通过对特定经济区域的考察，分别以长三角地区、广东省为考察对象，提出了产业转型升级应在倒逼机制下予以推行②。此外，其他学者则基于不同的理论视角展开研究。杨丹辉通过新型国际分工的视角，重新审视了我国产业转型问题③；盛朝迅则建构了产业生态化的理论分析框架，深入分析了东南沿海的产业发展现状，揭示了生态化视角下的转型难题与基本路径模式④。当然，企业作为产业转型升级的直接行动载体，其自主创新能力的有效提升，对于实现产业生态化意义重大，这对资源型产业的转型升级路径尤为重要⑤。对于该理论命题的认知迅速成为一种共识，不断引向深化。实施创新战略，改造传统产业，驱动新型战略产业发展的内在机理⑥成为学术观察的重点内容。据此，有关学者提出的创新驱动产业转型升级的路径模式已被广泛认可。此外，诸多学者进入细分产业，通过产业链理论揭示产业转型升级的可能方向。例如，在某些行业中，大型零售商成为主

---

① 黄颖：《产业转型升级的方向、途径和思路》，《中国经贸导刊》2011 年第 22 期。
② 谭晶荣等：《产业转型升级水平测度及劳动生产效率影响因素估测——以长三角地区 16 个城市为例》，《商业经济与管理》2012 年第 5 期；张德鹏、张凤华、陈晓雁：《广东产业转型升级的倒逼机制构建及路径选择》，《科技管理研究》2013 年第 17 期。
③ 杨丹辉：《全球化、服务外包与后起国家产业升级路径的变化：印度的经验及其启示》，《经济社会体制比较》2010 年第 4 期。
④ 盛朝迅：《比较优势动态化与我国产业结构调整——兼论中国产业升级的方向与路径》，《当代经济研究》2012 年第 9 期。
⑤ 易开刚、林肖肖：《企业能力提升视角下资源型产业转型升级的路径选择》，《中国矿业》2013 年第 7 期。
⑥ 张银银、邓玲：《创新驱动传统产业向战略性新兴产业转型升级：机理与路径》，《经济体制改革》2013 年第 5 期。

导,在整个产业链的生成、发展、深化中起到了关键性作用,大型零售商主导的产业链格局不失为产业转型升级一种有效路径①。如果放到更大的产业空间来看,全球化分工不断深化,产业国际化必然成为产业转型升级路径的关键所在②。

(三)产业转型升级的国际经验

1. 因地制宜,政策引领

鲁尔工业区是德国乃至世界知名的工业区。20 世纪 60~70 年代,鲁尔工业区以钢铁工业、煤炭工业作为区域内的支柱产业,但这种以重工业为主的产业形态在受到廉价石油产业的冲击后暴露出其脆弱性,导致产业发展急剧衰退、人口外流、生态环境破坏严重等经济和社会问题。为重振鲁尔工业区的经济活力,德国政府积极推动产业转型,通过对区域内的钢铁工业和煤炭工业进行企业合并、技术改造等方式,实现传统产业的升级换代,从而提高了传统产业的运作效率和经济效益。位于英国中部的伯明翰,历史上是一个依托当地丰富的煤、铁资源发展起来的重工业城市,进入 20 世纪,随着煤、铁资源的枯竭,伯明翰重工业逐步走向衰落。为尽快走出衰退的困局,伯明翰当地政府以金融服务业、专业咨询、零售产业和会展产业作为该地区产业转型的突破口,进而成功实现了产业转型。韩国在推进产业转型过程中,特别重视龙头企业的发展,通过重组合并,韩国的汽车企业由 9 家缩减到 2 家,从而有效规避了市场集中程度不高导致恶性竞争等经济无效率现象的发生。在这一政策的支持下,10 余家韩国企业进入世界 500 强企业的行列,三星、现代等超大型企业为韩国经济发展贡献重要力量。为支持转型后产业的持续发展,韩国通过立法、建立基金等多种方式为产业发展提供支持。

2. 清晰定位,目标导向

产业成功转型国家的事实经验表明,要实现产业成功转型,无一例外,均需要清晰产业发展定位,实施目标导向战略。德国鲁尔工业区在对

---

① 徐从才、盛朝迅:《大型零售商主导产业链:中国产业转型升级新方向》,《财贸经济》2012 年第 1 期。

② 吕春成:《略论国际化是产业转型升级的关键》,《经济问题》2013 年第 1 期。

传统产业进行升级换代的同时，根据经济发展的现实需求，积极发展生物制药产业、物流产业和文化产业，特别是以区域传统煤炭产业为基础开发的反映煤炭工业发展的文化旅游产业成为产业转型的主要特色之一。英国伯明翰工业区积极引导已有产业向知识密集化、技术密集化、高附加值方向发展，大力支持传统产业技术改造，从而使传统产业的科技含量不断提高；积极支持微电子产业、医药制造业等高新技术产业和企业的发展，并选取金融业为发展的突破口，通过金融服务业的持续健康发展为区域内企业发展提供充足的资本支持。新加坡是一个自然资源比较匮乏的国家，20 世纪 60 年代中期，新加坡完成了从单一的转口贸易向工业化的转型，石化、机械等劳动密集型产业在新加坡得到蓬勃发展。20 世纪 80 年代到 90 年代，新加坡实现了由劳动密集型产业向技术密集型产业的转型，信息产业和金融业成为新加坡的支柱产业。进入 21 世纪，新加坡将发展知识经济上升到国家战略层面，产业形态也成功由技术密集型转为知识密集型，电子、生物制药、现代金融、文化传媒等产业成为现阶段新加坡的主导产业。

3. 智库建设，创新驱动

创新能力越来越成为影响经济发展质量与效益的决定性因素。因此，加强技术研发，提升创新能力，将显得越来越重要。而依托研发机构，推动智库建设，提升高科技研发能力，提高研发技术的生产力转换率，对于区域或国家产业结构的转型升级意义重大。以德国为例，其政府尤为重视智库建设，建构了一套合作创新的发展支撑体系。例如：不遗余力地推动产学研结合，积极引入大学学术资源、创新发展资源，建立技术孵化、转化机制，通过提供政府专项资金，实现技术创新与企业发展的快速对接、有效吸收，进而不断提升产业创新能力。

4. 优化环境，夯实基础

一个国家或地区的产业转型升级离不开良好的软件环境与一流的基础硬件设施。第一，以德国鲁尔工业区为例。为有效改善区域内产业转型与升级的环境，德国鲁尔工业区打造了由高速公路、联邦公路和乡村公路组成的交通网络。第二，以英国伯明翰工业区为例。政府加大对区域内基础设施建设、环境质量改善、交通和通信条件优化的财政投入力度，从而使伯明翰这个传统的重工业城市逐步发展成为具有浓厚文化气息的现代国际化城市。从以上两个案例可以看出,国家或地区的发展环境,尤其是交通基础设施建设,对产业转型升级将尤为重要。显然,我们的西部地区在交通设施等基础设施方面仍有巨量的"欠账"要弥补。

三 弱生态地区产业转型升级与生态环境耦合关系

(一) 国外相关研究综述

当生态成为发展的问题,人类的"自我救赎"就要求任何地区的产业转型升级之路,都应当且必须回答其与生态环境的耦合关系。因此,恰当引入生态学的理论内涵尤为重要。随着生态学基本理论的发展与实践应用,人们运用生态系统的物质能量流动及循环规律来考虑产业转型升级。

目前,国外对产业转型升级与生态环境关系的研究已形成了系统性理论体系(见表1-1)。人类经济活动越来越无法回避生态环境持续恶化的现实困境。伴随这一过程,人类族群的生态意识得以觉醒,维护生态正义成为共同的价值标尺,因此,产业转型升级与生态环境的耦合关系已然成为学术热点问题,在弱生态地区尤为如此。

表 1-1 国外产业转型升级与生态环境关系的研究综述

研究时间	相关国家、地区和人员	研究内容
20 世纪 60 年代末	日本工业机构咨询委员会	对日本的现有工业体系进行了研究并首次提出了在生态环境中发展区域工业的观点
1972 年	在斯德哥尔摩召开的联合国人类环境研讨会	"可持续发展"概念的提出,促使世界各国加紧对产业与生态环境耦合发展相关领域进行研究
20 世纪 70 年代	丹麦的卡伦堡工业园区	工业共生体的出现——发电厂、自来水厂、养鱼场
1983 年	比利时	《工业生态学研究》,运用生态学理论来解决现代工业持续发展的运行机制问题

续表

研究时间	相关国家、地区和人员	研究内容
1989 年	罗伯特·弗罗什和尼古拉斯·盖洛普	《制造业的战略》一文首次提出工业生态学的基本概念，认为在工业生产过程可以模仿自然环境系统建立"工业生态系统"，在系统中的各个企业相互间紧密联系，通过产品循环利用将废弃物排放量降到最低
20 世纪 90 年代初	一些发达国家	工业生态学和生态工业园建设理论的基本框架初步形成，一些发达国家兴起了生态工业园区的实践
1992 年	加拿大 Bumside 工业园区	园区进行生态化改造，在园区内建立清洁生产中心，使得 1200 多个企业实现绿色化生产
1994 年	美国 Fairfield、Cape Charles、Brownsville、Chattanooga 4 个生态工业园示范区	实施生态建设项目与研究
2001 年	日本川崎	零排放工业园开始运行
21 世纪	印度、印度尼西亚、菲律宾、马来西亚、纳米比亚和南非等国家	研究人类经济活动与区域生态环境演变的耦合关系

　　20 世纪 90 年代，随着生态脆弱问题越来越受到重视，"生态脆弱带"[①] "人地耦合系统脆弱性"[②] 等研究词语在理论界高频出现，并产生了重大影响。国内外经济学家经常运用比较优势理论来研究区域经济发展和经济学的发展。在全球化浪潮中，产业发展要素借助市场化，实现了区域间的优化配置与自主流动；科学技术经历飞跃式发展，新工艺、新材料、新能源技术层出不穷，驱动了新型产业的发展。新型产业能够有效节约劳动力、实现资源的充分利用。当前，仅仅依靠比较优势原则，便能推动区域产业转型升级、形成发展优势的时代已然过去。在这种背景下，以提升竞争优势为核心的国内外研究都集中在产业转型与升级方面。

[①] J. Smithers, B. Smit, " Human Adaptation to Climatic Variability and Change," *Global Environmental Change*, 1997, 7（2）: 129-146.

[②] B. Smit, I. Burton, R. J. T. Klein , et al., " The Science of Adaptation: A Framework for Assessment," *Mitigation and Adaptation Strategies for Global Change*, 1999, 4（3-4）: 199-213.

本书的研究对象是西部弱生态地区，它的属性决定了其在比较优势理论中属于产业转型与升级的承接地，但同时又面临着强大的外部生态约束，显然，可以集中表达为"发展与保护"的矛盾综合体。国外对于弱生态地区区域产业转型与升级没有进行直接的研究，而是从相对比较优势中较弱者作为承接地如何进行其本土化的产业转型与升级入手，研究产业转移对于当地的经济效应、创新能力等产生的震荡影响。自 20 世纪 60 年代开始，发达地区对欠发达地区的 FDI（Foreign Direct Investment，外国直接投资）成为后发地区实现产业转型升级、推动经济发展的重要力量。P. N. Rosenstein-Rodan 和 R. I. Mckinnon 等以资本为研究视角，探究了直接投资的驱动因素，丰富、完善了投资资本需求理论[1]。另外，R. J. Barro 通过建立技术差距、技术进步、技术外溢、人力资本等因素与经济增长的关系模型，对经济增长与技术进步、人力资本的关系以及各因素的趋同性关系做了原创性研究[2]。L. R. De Mello Jr. 以新经济增长理论作为分析依据，认为发展中国家通过承接国外产业转移增加了资本的新品种，促进了经济增长[3]。E. Borensztein 等依据以往模型，以 69 个发展中国家 20 年间承接国际产业转移的相关数据进行实证研究，结论显示，在承接地具有较强的吸收先进技术能力的条件下，承接发达国家的产业转移是发展中国家获得技术转让的重要渠道，也可以促进发展中国家的经济增长[4]。W. Easterly 认为利用优惠政策吸引国际投资承接国际产业转移会阻碍国内投资，即承接国际产业转移具有"挤出效应"，不利于国内投资的增长[5]。Agosin 与 Mayer 通过对 39 个国家的相关数据进行分析后发现：从长期来看，承接

---

① P. N. Rosenstein-Rodan, "International Aid for Underdeveloped Countries," *Review of Economics and Statistics*, 1961, 43 (62); R. I. Mckinnon, "Foreign Exchange Constraints in Economic Development and Efficient Aid Allocation," *Economic Journal*, 1964, 74 (59).

② R. J. Barro, "Inflation and Economic Growth," *National Bureau of Economic Research*, 1995; R. J. Barro, "Determinants of Economic Growth: A Cross-Country Empirical Study," *NBER Working Paper*, 1997.

③ L. R. De Mello Jr., "Foreign Direct Investment in Developing Countries and Growth: A Selective Survey," *The Journal of Development Studies*, 1997, 34 (1): 1-34.

④ E. Borensztein, et al., "How does Foreign Direct Investment Affect Economic Growth?" *Journal of International Economics*, 1998, 45 (1): 115-135.

⑤ W. Easterly, S. Rebelo, "Fiscal Policy and Economic Growth," *Journal of Monetary Economics*, 1993, 32 (3): 417-458.

国际产业转移对承接地的投资影响并不存在确切一致的研究结果，亦即该影响具有不确定性。其中，共有 19 个国家的研究结果显示对投资产生中性影响，而各有 10 个国家的研究结果分别显示为"挤入""挤出"效应[1]。从相关文献来看，产业转移对于承接地的资本供给、经济增长、技术溢出效应以及产业结构都有一定的相关影响。

（二）国内相关研究综述

伴随我国产业发展实践的深化，在区域产业快速迭代与不断调整过程中，产业"三高一低"问题——高消耗、高污染、高投入、低产出问题与生态环境之间的矛盾日益凸显。显然，产业发展上我们遇到了来自生态约束的困局。此外，在新发展理念提出之后，绿色化、生态化发展成为国人产业发展价值共识。因此，探究弱生态地区产业转型升级与生态环境耦合关系，在理论上做出探索，并指导产业发展实践，势必成为新趋势。

1. 产业转型升级对生态环境影响研究

针对产业转型升级的生态环境耦合效应，以特定区域、特定产业的实证分析居多。例如，崔凤军、杨德福构建了人流密度的生态负荷模型，并通过泰安市旅游经济数据进行了实证分析。其研究结果表明：大密度人流、交通流是泰安生态持续恶化的罪魁祸首[2]。该模型对于旅游城市具有很强的解释力，然而并不适用于工业经济发达地区。在工业经济发达地区，由于不同产业类型、空间布局、能源技术的限制，通常会面临工业"三废"问题。显然，这些地区要想实现产业发展与生态环境的良性互动，工业"三废"问题必须予以妥善解决。其中，行之有效的路径便是通过产业结构的优化调整，实现总量规模控制，适度化发展，强调新能源技术的利用，统筹布局，实现生态空间与生产空间的合理布局[3]。黄宗楚等基于常州市农业生产数据，得出结论：传统农业作业模式有害于当地生态环

---

① M. R. Agosin, R. Mayer, "Foreign Investment in Developing Countries：Does it Crowd in Domestic Investment," No. 146, February 2000.

② 崔凤军、杨德福：《旅游开放活动对城市生态环境的影响：泰安市实证分析》，《城市环境与城市生态》1997 年第 4 期。

③ 廖金凤：《工业对生态环境的影响：以广东顺德市为例》，《生态科学》2000 年第 2 期。

境。因此，须转变农业生产方式，进行现代改造，以消解这种不利影响[①]；刘芳进一步佐证了黄宗楚的结论，并且通过对畜牧业的深入分析，力图寻求畜牧业对生态环境破坏效应的传导机制，提出我国畜牧业发展面临的两个问题：其一，布局不合理；其二，政策法规缺失[②]。在交通运输业中，集中表现为噪声污染、土地资源侵占、尾气排放[③]。在建筑行业，主要有扬尘、噪声、废弃物、水污染等严重问题；当然，这些问题并非病入膏肓，可以通过技术革新、应用新材料得到妥善解决[④]。此外，利用系统动力学的相关理论，借鉴内部因子效应分析，进行产业转型升级与生态环境耦合关系研究的学者亦不在少数。陈雁、吴海贤通过细分产业发展的内部因子（结构状态、组织形态、空间布局、转移态势），系统性地分析了各因子与生态环境的耦合效应；并通过对美国、日本的历史经验进行论述与探讨，发现绝大多数学者对于产业因子中产业结构转型升级因素持肯定态度，其不断优化的实践导向，可以有效遏制生态环境持续恶化，极大改善生态环境状态[⑤]。徐颂、黄伟雄在考察珠三角地区时，通过实证分析支持了上述理论判断；同时尤为强调既有产业结构的转型升级，是实现经济、社会、生态、资源协同发展的根本性措施[⑥]。显然，这一论证亦得到了强有力的回应。通过构建生态—环境—产业协调度模型，王强以济南为例，对该理论进行了实证观察，发现产业结构效益与生态环境质量效应并不是一个自动耦合的过程，在不同的历史时期、产业发展阶段，两者协调发展的正向关系，差异较大，且市辖区之间的两者协调关系亦呈现显著差异[⑦]。当然，在可预见的未来，产业转型升级与生态环境改善具有高度的一致

---

① 黄宗楚等：《常州市农业产业对生态环境的影响及治理对策》，《云南地理环境研究》2004年第3期。

② 刘芳：《畜牧产业发展对环境的影响》，《农业环境与发展》2000年第1期。

③ 周宏春：《我国交通运输对资源环境的影响评价》，《经济研究参考》2000年第4期。

④ 李斌：《重庆城市建设与生态环境——论重庆建筑业对环境的影响与保护》，《重庆建筑大学学报》（社科版）2001年第1期。

⑤ 陈雁、吴海贤：《产业发展对环境的影响及其经验借鉴》，《特区经济》2011年第7期。

⑥ 徐颂、黄伟雄：《珠江三角洲城乡一体化区域差异的定量分析》，《热带地理》2002年第4期。

⑦ 王强：《产业结构效益与生态环境质量耦合研究——以济南市为例》，硕士学位论文，山东师范大学，2007。

性、协同性。"协同一致"并不是"同步律动"，而应该有一个滞后时限，对生态环境效应而言，这个滞后时限应为 1 年[①]。

2. 产业转型升级与生态环境耦合评估研究

关于产业转型升级与生态环境的耦合关系，有多位学者展开了评估研究。王丽娟、陈兴鹏构建了城市生态系统模型，采用灰色关联分析方法开展实证评估[②]。陈燕武在主成分分析的基础上，引入 P-S-R 模型，建构了产业转型升级与生态环境耦合的指标体系；之后，通过福建省的实证数据进行观察、测算得到两者的协调系数；最后，建构 VAR 模型，进行方差分解，得到脉冲效应函数，验证了两者之间的正向关系以及互动效应[③]。方创琳等采用线性加权平均法，以武汉市（1997~2006 年）为例，通过构建城市群视角下产业集聚与生态环境耦合的评估指标群，测算城市群的产业集聚效应与生态环境的耦合变动态势[④]。朱明明则基于山东省的历史统计数据，对产业系统各因子与生态环境的协调关系进行了适配性分析，据此，结合产业空间布局、结构优化、适度规模、技术创新、生态承载力等各因子的横向关联，提出了一条契合山东实际，推动产业转型升级与保护生态环境协同推进的实践路径[⑤]。邹伟进、李旭洋、王向东通过构建产业结构转型升级与生态环境的评价指标体系及耦合协调度模型，分析表明：产业结构的优化与生态环境呈现整体向好的趋势，两者协调关系不断优化。但是我们仍需警惕，脆弱的生态环境与产业转型升级的严重迟滞，两者之间的矛盾没有发生根本性逆转，产业转型升级与生态环境的耦合关系并不理想[⑥]。文彦君、刘嬉以陕西省为例，在对产业结构效益与生态环境质量耦合关系的研究中指出，尽管产业

---

① 汤进华、钟儒刚：《武汉市产业结构变动的生态环境效应研究》，《水土保持研究》2010年第 2 期。

② 王丽娟、陈兴鹏：《产业结构对城市生态环境影响的实证研究》，《甘肃省经济管理干部学院学报》2003 年第 4 期。

③ 陈燕武：《福建省产业结构效益与生态环境质量耦合关系研究》，《华侨大学学报》（哲学社会科学版）2013 年第 1 期。

④ 方创琳等：《中国城市群可持续发展理论与实践》，科学出版社，2010。

⑤ 朱明明：《山东省工业发展与资源环境的耦合研究》，硕士学位论文，山东师范大学，2012。

⑥ 邹伟进、李旭洋、王向东：《基于耦合理论的产业结构与生态环境协调性研究》，《中国地质大学学报》（社会科学版）2016 年第 2 期。

结构效益转换与生态环境处于强协调关系，但是要特别警惕总体协调度下降、生态环境质量不断降低的事实。实际上，整个西部地区面临同样的困境①。

3. 产业经济关联系统与生态环境的耦合研究

产业经济发展并不是固化的封闭式系统，与之关联的系统复杂多样。目前，针对关联系统与生态环境的耦合研究主要集中于城市体系、社会经济系统。显然，针对这些关联系统的研究，将是对产业转型升级与生态环境耦合关系研究的有益补充与丰富，且具有较高的学术价值与实践指导意义。刘耀彬、李仁东、宋学锋基于中国城市化的发展实践，考察了20世纪80年代以来的城市化、生态环境的时空变迁，基于耦合机理的实证分析表明：城市化的历史路径与生态环境的进化历程，未能呈良性互动，耦合度极低②。张文龙、邓伟根、余锦龙则基于城镇化发展的空间内涵、社会要义、人口特征、经济内容，同时按照产业生态化的基本理论框架，构建了P-S-R模型，探讨城市系统与产业生态化的内在关联与耦合发展现状③。袁榴艳、杨改河、冯永忠以特定生态环境系统（干旱区生态环境类型）为研究切入点，构建了其与经济系统的耦合协调发展模型，通过对新疆维吾尔自治区15地（州）市生态系统与经济系统的理论观察与实证分析，得出结论：新疆生态环境和经济社会发展处于低水平，且生态系统与经济系统的耦合发展也处于低水平④。梁磊磊运用"系统耦合理论"，通过对吴起县农业生态系统与农业经济耦合发展关系的研究，深入分析了农业产业嵌入生态化发展的基本模式，据此，提出县域农业产业与生态环境协同发展的学术建议及可能的政策导向⑤。

---

① 文彦君、刘嬉：《陕西省产业结构效益与生态环境质量耦合关系研究》，《江西农业学报》2016年第3期。

② 刘耀彬、李仁东、宋学锋：《中国城市化与生态环境耦合度分析》，《自然资源学报》2005年第1期。

③ 张文龙、邓伟根、余锦龙：《城市化与产业生态化耦合发展的PSR机理与政策研究》，《广西社会科学》2012年第1期。

④ 袁榴艳、杨改河、冯永忠：《干旱区生态与经济系统耦合发展模式评判——以新疆为例》，《西北农林科技大学学报》（自然科学版）2007年第11期。

⑤ 梁磊磊：《黄土高原丘陵区农业生态经济系统耦合发展模式研究——以吴起县为例》，硕士学位论文，西北农林科技大学，2010。

四　产业转型升级的制度安排

产业转型升级的理论分析范式有三种：其一，崇尚市场主义的古典解释范式；其二，追求制度力量的制度主义分析范式；其三，强调网络主义的新兴产业组织分析范式①。其中，制度主义分析范式尤其强调国家、政府及其制度建构的重要作用。西部弱生态地区的产业结构转型升级显然不能仅仅考量"市场效率"，其仍有很多意识形态的价值判断蕴含其中，例如生态环境保护、地区协调均衡发展。据此，一个强有力且行之有效的制度安排是必需且必要的。制度作为社会经济运行的法则与遵从机制，可以通过交易成本的节约、信息的传递以及对微观主体的激励与约束，引导企业的投资行为，实现资源的有效配置。通过梳理既有文献，可以发现企业产权制度、不同经济力量、企业组织制度、投融资制度、税收制度、人口流动制度、政府分权等配套协同效应推动了产业结构转型升级。

（一）产权制度对产业转型升级的影响

产权制度被视为经济生活领域内秩序赖以运转的基本准则，具有强烈的排他性，能够有效规范财政权益的分配行为。无疑，产权制度规制的所有制形式势必会对产业转型升级产生深刻影响。所有制结构所蕴含的发展事实为：市场环境中，所有制等同于资源的分配权、拥有权，决定权。一国或地区所有制结构的确立，往往与其历史条件、现实发展状态密切相关。在我国，所有制结构的改变必须服从、服务于国民经济整体战略。为盘活民营经济发展的力量，激活经济发展动力，实现产业结构的转型升级，要根据当前经济战略的结构性调整，改变产业所有制结构，使国有资本力量有序退出，以满足国内不同层次的发展需求。尤为需要强调的是，产业转型升级过程中两种力量不可或缺。一方面是来自政府宏观产业政策的正确调控；另一方面则是市场配置力量的发挥，以规避政府的行政庇护导致的产业行为非效率性，此时，产权制度将变得极为重要。基于系统理

---

① 梁波、王海英：《市场、制度与网络：产业发展的三种解释范式》，《社会》2010 年第 6 期。

论的观察视角，产权制度对产业转型升级的影响主要有以下几个方面。

1. 激励效应与约束机制并存

产权制度的重要特性就是独占性、排他性。因此，健全的产权制度有助于明晰物权，独占性所带来的排他性收益使激励效应显而易见。同时，由于产权界定清晰，可以有效规制经济主体间的不当得利行为。根据具体观察可知，相较于其他类型企业，微型或小型私有制企业的约束机制与激励效应最大，这进一步验证了上述结论。由于企业规模的扩大，现代企业制度的不断发展，产权主体的多元化态势催生了新的产权关系：委托—代理模式。相较于非国有制产权体系环境，国有产权体系非排他性特征不明显，由此导致寻租行为滋生、决策非效率性、创新动力不足、市场敏感度低、交易成本高昂等问题，长此以往，将不利于产业结构的转型升级，且妨害产业经济的可持续发展。

2. 目标主体不同，导致产业经济发生行为差异巨大

产权清晰的产业主体，为获取独占性收益，理性行动目标以利润最大化的充分实现为基准前提。反观国有制产权，往往带有强烈的行政色彩、承担过多的政治任务、社会公益任务，产权界定不清楚，导致目标定位不准、导向混乱。相较于私有制企业，国有力量占主导的产业转型升级往往存在很大困难，面临着更多的改革障碍。与此同时，我们必须警惕，国有优势力量背后的行政性行业进入壁垒与庇护主义，它们将是产业转型升级的最大障碍。而对于建立于市场经济基础之上的私有产权制度，似乎并不存在上述症结。产权主体基于自身利益考量，以收益最大化为行动逻辑，且被视为合法、理性，因此，它可以采用略显残酷的淘汰方式实现既定产业目的；任何行动的逻辑都应在保障社会利益的目标下予以决断与推行，而不必陷进国有产权制度下的痛苦泥淖。我们不可否认，私有产权充分展示了市场化的效率力量，但是国有产权在产业转型升级过程中仍有不可替代的作用，两者不可一概而论。

3. 竞争的优势力量不同，导致产业转型升级效应不尽相同

以混合所有制企业为例，因为多产权主体的入驻，使其形成了强大的发展合力，一方面得益于技术资源的共享，另一方面受益于强大资本的坚强后盾。因此，相较于其他产业发展主体而言，该类型企业的发展并不存在资本、技术进入壁垒与限制；反观微型或小型企业，由于得不到有效的金融支持，加之研发能力不足，因此不具备技术优势。当然，微型或小型企业拥有更加强烈的自主意识与更加高效的自觉行动。毫无疑问，基于差别化竞争优势的考量，不同产权性质的所有制企业其产业发展策略、定位、转型升级的路径亦不尽相同。

（二）不同经济力量对产业转型升级的影响

在当代中国产业发展的实践中，存在两种截然不同的经济力量，据此导向的产业发展路径分化明显。改革开放以前，我国产业发展教科书式照搬苏联计划经济模式，该阶段产业发展路径均在计划之内，并确定了重工业优先的产业发展战略。改革开放以后，我国实行社会主义市场经济，释放了前所未有的发展力量。事实证明，不同经济力量主导的产业转型升级过程呈现较大差异。市场化的经济力量具有强大的生产效率，在推动协同合作、互助共赢，实现有效信息交流，推动知识传播、融合、创新等方面，具有与生俱来的先天优势。其对产业结构转型升级的影响机制，总结如下。

一是快速实现市场信息畅通传导，有力推动生产要素的自由流动。市场力量主导的产业转型升级过程，不会存在行政性壁垒与人为干预。产业发展的主体（企业）可以根据市场信息，自主选择退出或进入某个产业领域。因此，构建信息快速传播，实现知识生产、快速传递、高效融合的市场制度意义重大。它将有助于实现要素的自由流动和优化配置。

二是建立市场竞争的游戏规则，维护发展秩序。理论发展与实践认知业已证明，市场作为一种公平的制度安排，在维护交易秩序、规制交易行为、构建流动规则、降低风险成本等方面，表现出强大的公平与正义力量。无疑，市场力量提供了有序竞争的制度基础。

三是提供交易与合作的基本准则，构建制度保障体系。市场运行的要义旨在提供交易与合作的基准原则，建构起一整套制度保障体系，其作为有效的制度安排则是通过货币制度、市场体系相关制度等一系列的制度设计与配套的政策安排、法制体系，把相互排他、独占的产权主体有机联动起来，实现"惊险一跳"。

产业结构的实质是经济资源在产业之间和产业内部的配置关系。无疑，资源配置方式将决定产业结构的性质和特征。不同经济力量（计划与市场），在资源配置方式上存在显著差异，由此导致两者的效率各异。计划经济力量带有明显的行政色彩，它依靠强大的国家行政统治力量得以推行，许多指令性任务必须无条件执行。毋庸置疑，计划经济下，企业主体的独立精神严重缺失，独立主体地位得不到有效认同与尊重。毫无疑问，企业不需要进行"生产什么、怎样生产、为谁生产"等问题的判断与回答，因为一切都在计划之内，都由计划机关和行政主管部门决定。强大的外部干预导致产业发展并不是内生过程，产业的链式关联脆弱，利益链接机制不紧密，极其容易脱节，产业间协同效应丧失，不具优势。尽管计划经济以集体力量快速实现了产业迭代，推动产业结构的转型升级，但这种"大跨越"的后遗症显而易见，例如，产业结构同质化、产能过剩等深层次结构矛盾必将凸显。而市场经济的制度安排谋求资源配置的效率性，尊重市场产业主体的生产意愿。但是，由于生态环境的公共属性，加之企业主体的短视与"功利主义"的行为方式，完全市场化的路径极易导致生态环境的恶化与环境污染问题。

不同经济力量下的典型特征可表述为：首先，计划经济力量下，以政府产业政策为主导，资源配置的决定权在政府，生产要素的可流动性差，产业发展面临层层壁垒，官员晋升的锦标赛机制，导致地方保护主义盛行，官员目光短视，生态破坏严重；其次，市场经济力量下，更加强调发展的公平性、自主性、创新性，以利润最大化为行动目标势必追求高效率，有助于资源集约利用、循环利用，产业间的利益链接机制更为密切、稳定、可靠。

（三）企业组织制度对产业转型升级的影响

现代企业发展的实践表明，产权问题是事关企业组织制度的一个核心议题。产权结构按照产权主体的数量分类，可以分为独占型产权结构（单一主体）、合作型产权结构（多主体）。在实践中，合作型产权结构普遍存在。因此，现代企业组织理论认为，企业的治理结构要着力解决两大现实难题。其一，股东间的监督与激励问题，以规避"搭便车"行为；其二，代理人风险问题。当然，单一产权结构的企业并不存在上述问题。在多元产权结构的企业中，一个合理的治理结构设计，将是创新机制有效性的根本保障。这种治理结构的设计将直接影响到产业的转型升级。以美国 19 世纪并购浪潮为审视视角，不难发现：并购的主体均是微观企业，他们更倾向于高效的公司治理结构，因此，无数微观个体的集体行动，共同推动了美国高新技术产业的发展与进步。与之相对应的，则是以日本、德国为代表的大投资环境下的企业治理模式。对于绝对权力的掌控，使得企业股东成员倾向于风险厌恶，并成为产业集团的行动意愿，因此，这种治理结构不利于高新技术产业发展。由此直接导致日本、德国在通信、生物等高新产业发展方面，远远落后于同时代的美国。

（四）投融资制度对产业转型升级的影响

资本作为一种生产要素，是驱动宏观经济发展的重要力量。中国经济三十年的辉煌，资本在其中的重大作用不可或缺。按照要素禀赋理论，资本作为一种发展资源，亦是资源配置的实质对象。计划经济资源配置方式下，产业政策设计的权力归政府所有，在此制度环境中，政府成为事实上产业政策的实施主体，通过行政的强力干预影响社会或企业投资。1978年以后，市场化改革的行动路径与发展取向，促使我国产业金融制度逐渐转向市场化运作，一改以前财政拨款的计划模式，并逐步过渡为以银行金融信贷为主的运作模式。在市场力量主导下，资本主要来源于投资方向。伴随这一过程，国家、集体企业逐渐从该领域内有序退出，私营、外资企业逐渐上升至投融资主体地位。在银行信贷歧视与高门槛问题普遍存在的计划制度环境中，微型或小型企业难以获取发展的产业资本；而通过成熟的资本市场可以便捷、快速获取所需发展资本，与此同时，亦能够减少中间环节，降低融资成本，因此能够有效激发其发展活力。同时，在处于市场化转轨过程中的中国，非公有制得以蓬勃发展，有效刺激了经济增长，但亦有学者通过研究对"非公有制经济势必会推动产业转型升级"这一理论判断提出了质疑。这或许缘于非公有制力量往往处于弱势地位，面临很多"进入壁垒"。

在既有文献中，学者对政府主导下的投融资制度改革褒贬不一。支持者认为,它是实现产业转型升级的重要驱动力量。后发国家通过行政性力量干预融资,事实上扮演了企业家的角色。这在企业家精神缺失的时代,不失为一种有效的制度安排,并且能够帮助后发国家实现"弯道超车"与经济赶超。质疑者或批判者,则持非效率性论断。国有企业无疑是计划融资制度的附属产物,其从属于政府,按照政府行政意志进行生产活动,并非基于市场需求视角;此外,国有企业产权界定不明晰,这容易滋生寻租行为,导致其运行效率低下,并且进行技术升级的意愿并不强烈,显然,这将妨害或无助于产业转型升级。因此,持有该论点的学者认为,市场化的融资制度才有助于培育企业家。同时,他们引入产权理论,并认为:由于市场力量的内在要求,非国有产权企业能够建立有效的存量资产优化、劣质资产淘汰的识别机制。借此,非国有企业会创造出巨大的"鲇鱼效应",诱导国有企业放弃封闭产权结构,走向多元合作型开放式产权结构发展之路,以此提高市场竞争能力,避免在市场化的洪流中被淘汰。基于此,投融资主体的多元化、分散化将产生存量资产优化及劣质资产淘汰效应,这无疑将有助于产业结构的转型升级。

(五) 税收制度对产业转型升级的影响

按普遍意义上的理论认知,产业转型升级的基本含义应表达为生产要素(资本、劳动、技术)及产业政策安排由低端产业流动至更高层级产业,以实现资源的优化配置。显然,税收制度安排将对产业结构转型升级产生重要影响。一方面,税收制度是一国财政资金的基础保障,通过强大的财政力量,可以引导产业发展;另一方面,政府的税收优惠安排可以产生激励或限制效应,引导生产要素向优势产业集聚,提升高品质产品的流通性,以此改变不同产业要素收入和投入成本的相对水平,引导产业实现转型升级。在计划经济向市场经济转轨时期,税收应当发挥其经济调控的杠杆效应,促使微观产业主体(企业)经济活动行为服从于产业政策。伴随经济发展与产业结构转型升级的深化,税收在促进技术进步、技术创新等方面发挥越来越重要的作用,例如,征收能源税可以诱导企业积极进行自主创新,研发利用新型能源。

（六）人口流动制度对产业转型升级的影响

人口流动的制度安排深刻影响着劳动力的流动与劳动力市场的形成。获取充足的劳动力供给是企业生产和扩大再生产的重要前提，因此，人口流动是满足企业获得劳动力的一个必要条件。基于人口流动或迁移的一般规律，劳动力人口的流向一般是：欠发达或后进地区→发达或先进地区、农村→城镇。举例来讲，我国上海地处东部沿海，是典型的人口净流入城市。巨量廉价劳动力的涌入，为上海产业发展提供了充足的人口红利。显然，上海市经济中心城市地位的确立，与人口流动存在必然联系。相关学者研究指出，人口流动限制解禁以后（一般指1978年以来），上海市户籍人口人均GDP的增加主要受益于外来劳动力，并且与人口的净迁入率呈正向变动趋势。观察人口净流出的省份或地区，这一现象的产生缘于人口从低端产业中解放出来，打工经济效应日益显现，亦影响了人均GDP的增加。综上所述，一个好的人口流动制度安排，将有利于人口的正常流动，有利于农业人口向非农产业转移，实现非农化过程，导向区域间产业结构的优化与升级。

（七）政府分权对产业转型升级的影响

市场主义的内生力量与威权主义的冲突，势必要求政府职能的准确定位，不越权力红线，回归自然本质角色。其中，一个重要内容就是政府分权。一场始于财税分权的变革，赋予了地方更多的自主发展权，例如：财政权、事权。因此，地方政府对于产业发展的直接干预能力不断增强，依托强有力的财政力量，直接可以主导地区产业投资，推动区域产业转型升级，突出表现为两个方面的内容。一方面，地方政府的发展意愿变得更加强烈，能动性被充分调动起来，主动发展意识增强。例如，不遗余力地进行招商引资，为产业发展积极铺路，更加注重产业基础设施建设。另一方面，问题与矛盾也不断出现，症结亟待破解。

当前，在生物大健康产业、互联网产业蓬勃发展之际，地方政府应加强合作，避免盲从、短视、闭门造车，制定产业发展规划应契合区域经济发展实际，同时，要放在更大的行政空间范围内审视产业布局，警惕新一轮产业布局的同构和产能过剩问题。

五 全球价值链理论

(一) 全球价值链的概念

经济全球化势如破竹，将世界密切联系在一起。国际分工不断深化，市场一体化发展态势不可逆转。在此背景下，国际贸易蓬勃发展，成为世界经济不可或缺的一支重要力量。与之相伴，全球价值链被高度凝练为当代世界经济的本质特征。迈克尔·波特提出了价值链理论，其主要关注产业内部企业间价值链分工，并理所当然地认为：原本分布于一国之内的产品价值链环节跨越国家或地区分布时就会形成全球价值链[1]。Gereffi 将其称为"全球商品价值链"（简称"全球价值链"，GVC[2]），并认为"全球商品价值链不仅是企业跨国生产经营的结果，而且是企业跨国生产与贸易一体化的结果"[3]。此外，Gereffi 基于波特的价值链理论体系，深入考察了全球价值链的基本含义与实践意蕴，据此提出了全球价值链分类模式：生产者驱动与购买者驱动[4]。通常意义上来讲，全球价值链（GVC）被等同为全球供应链（Global Supply Chain），无论是内涵还是外延，两者均保持了高度的一致性。

(二) 全球价值链的理论演进过程

全球价值链理论的提出具有深刻的产业发展实践内涵，其缘于经济全球化背景下的国际化分工，是价值增值在国际经济关系中的体现，其大致历经企业价值链→"片段化"价值链→全球商品链→全球价值链四个发展阶段。基于相关文献，表 1-2 梳理了全球价值链理论的演进过程。

---

[1] M. E. Porter, *Competitive Advantage: Creating and Sustaining Superior Performance*, Simon & Schuster Inc., 1985.

[2] GVC 为 Global Value Chains 的简写。

[3] G. Gereffi, "The Organization of Buyer-Driven Global Commodity Chains: How U. S. Retailers Shape Overseas Production Networks," in G. Gereffi and M. Korzeniewicz, eds., *Commodity Chains and Global Capitalism*, Westport, CT: Praeger Publishers, 1994, pp. 95-122.

[4] G. Gereffi, "International Trade and Industrial Upgrading in the Apparel Commodity Chain," *Journal of International Economics*, 1999, 48 (1): 37-70.

表 1-2　全球价值链理论的演进过程

价值链理论	企业价值链理论	"片段化"价值链理论	全球商品链理论	全球价值链理论
代表人物	波特	科古特	格里芬等	UNIDO、英国 Sussex 大学等
提出时间	20 世纪 80 年代中期	20 世纪 90 年代中期	20 世纪 90 年代中期	20 世纪 90 年代末
主要观点	企业与企业的竞争不只是某个环节的竞争，而是整个价值链的竞争；形成全球价值链概念的基础	生产过程的"片段化"；价值链组成环节在全球空间范围内的配置，对全球价值链观点的形成至关重要	围绕某种产品的生产形成的一种跨国生产组织体系，在全球价值链研究中具有里程碑意义	以产品为轴线的全球性跨企业网络组织，看重研究产品的增值环节，以及价值链内企业关系与利益分配

（三）全球价值链分工的特点

基于分工视角，将全球价值链置于经济全球化的框架体系内，包括产品设计与研发、生产与市场行为、终端服务支持等内容。尽管全球价值链中各个价值环节在形式上可以视为连续过程，但是在全球化过程中，这一完整的价值链条实际上分段特征明显，并在空间上呈现离散式分布。关于全球价值链分工的条件、利益非均衡性原因及其理论代表人物和观点梳理结果如表 1-3 所示。

表 1-3　全球价值链分工的条件、利益非均衡性原因及其理论代表人物和观点

全球价值链分工的条件	全球价值链分工的主体（跨国公司）应具备的条件	全球价值链分工的利益非均衡性原因	全球价值链分工理论的代表人物和观点	全球价值链分工理论的研究形式
条件之一：一种商品在多个阶段连续生产	条件之一：跨国公司须在两个或两个以上的国家布置产业	原因之一：全球价值链推动了国际分工主体由国家向企业过渡	主要代表人物和观点之一：张二震[1]等指出决定一国在国际分工交换中所获利益大小的，是企业以什么样的要素、什么层次的要素参与了国际分工，以及对整个价值链的控制能力有多少	纵向维度形式：产业越庞大，专业化分工越有可能获得规模经济

---

[1]　张二震：《全球化、要素分工与中国的战略》，《经济界》2005 年第 5 期。

续表

全球价值链分工的条件	全球价值链分工的主体（跨国公司）应具备的条件	全球价值链分工的利益非均衡性原因	全球价值链分工理论的代表人物和观点	全球价值链分工理论的研究形式
条件之二：两个或两个以上的国家在商品生产过程中提供价值增值	条件之二：跨国公司须有一个中央决策体系，制定的政策可反映公司的全球战略目标	原因之二：企业的竞争优势不再仅仅来源于一国的比较优势，而且来自世界各国的比较优势	主要代表人物和观点之二：林毅夫等[①]指出在世界比较优势成为产品成本基础的条件下，国家的比较优势只能表现在某个特定价值链环节上的竞争优势，不能完全转化为本国企业的竞争优势	横向维度形式：更有可能形成规模宏大、结构复杂的生产网络
条件之三：至少有一个国家在生产过程中使用进口投入品，生产的产品被出口	条件之三：跨国公司的各个实体分享资源及信息，并分担责任	原因之三：主要利润流分布在产品价值链的两端，一端是研发设计，一端是品牌和营销	主要代表人物和观点之三：曹明福[②]对此做出了进一步的研究，认为全球价值链分工的利润来源包括两个方面：一是"分工利益"，二是"贸易利益"。比较优势和规模优势产生的是"分工利益"，"价格倾斜"优势产生的是"贸易利益"	—

如表 1-4 所示，发展中国家通过考察市场治理环境，做出效益分析与风险评估，并参照评估结果做出授权或激励决策，进而构建全球生产网络。

表 1-4　参与 GVC 贸易对发展中国家的效益和风险分析

参与 GVC 贸易对发展中国家的效益分析	参与 GVC 贸易对发展中国家的风险分析
效益分析之一：促进 GDP 增长。贸易对全球 GDP 的贡献率约为 1/5，其中对发达国家 GDP 的贡献率为 18%，对发展中国家 GDP 的贡献率为 28%，对非洲国家 GDP 的贡献率为 30%	风险分析之一：GVC 的潜在收益不会自动实现，特别是技术扩散、能力建设和产业升级不会自动实现，发展中国家可能被固定在相对低附加值产业活动中

---

① 林毅夫、李永军：《比较优势、竞争优势与发展中国家的经济发展》，《管理世界》2003 年第 7 期。

② 曹明福、李树民：《全球价值链分工的利益来源：比较优势、规模优势和价格倾斜优势》，《中国工业经济》2005 年第 10 期。

续表

参与 GVC 贸易对发展中国家的效益分析	参与 GVC 贸易对发展中国家的风险分析
效益分析之二：利于嵌入跨国公司生产网络。围绕特定产业的研发、设计、制造和营销，也形成了专业化的"国际知识网络"	风险分析之二：GVC 分布由动态因素决定，包括相对劳动生产率和成本，这些可能在跨国公司国际产业网内迁移
效益分析之三：参与 GVC 对发展中国家具有重要的发展收益。例如，提供全球市场准入、融于世界经济、创造就业、加快经济发展和人均收入增长以及提高发展中国家的生产能力（包括技术扩散、能力建设和长期产业升级）等	风险分析之三：GVC 对可持续发展的冲击十分显著，如跨国公司将污染产品和生产转移到管制不严的地区，对社会和劳工也会带来冲击

（四）全球价值链与产业升级

基于全球价值链的理论视角来解读产业转型升级，则表达为：未能参与到价值链之中的企业，在嵌入价值链发展的过程中，旨在寻求技术进步，拓展企业网络化关系，以满足自身发展诉求，不断提升市场竞争力，谋求在更高价值的环节实现企业既定目标。Humphrey 等提出了融入全球价值链之中而实现产业转型升级的 4 种层次：过程升级→产品升级→功能升级→链条升级（见表 1-5）[1]。

表 1-5　产业升级四层次的实践与表现

升级类型	升级的实践	升级的表现	升级与创新
过程升级	过程更加有效率	通过降低成本、优化传输体系、引进新的组织方式，获取更多的价值	全球价值链治理模式的创新：处于全球价值链低端位置的发展中国家是存在升级可能性的，只要决定全球价值链动态变化的三个关键因素发生变化，比如若采购商与供应商之间传递的信息更复杂、信息的可编码程度更高、供应商的能力更强等，就存在升级的可能

---

① John Humphrey, Hubert Schmitz, "How does Insertion in Global Value Chains Affect Upgrading Industrial Clusters?" *Regional Studies*, 2002, 36 (9).

续表

升级类型	升级的实践	升级的表现	升级与创新
产品升级	比对手更快的产品研发	通过增大新产品市场份额、改进商品增加市场份额,获取更多的价值	全球价值链动力机制的创新:出现了从生产者驱动模式向购买者驱动模式转变的趋势。也就是说品牌、销售渠道、链条管理能力等无形资产在全球价值链中的作用正处于不断上升的过程中。动力机制动态性研究的研究对象实际上就是在经济全球化过程中发展中国家与发达国家之间如何分工合作和竞争的问题,尤其是在发达国家在新的分工体系中攫取更多利润的时候,发展中国家如何利用经济全球化带来的机遇完成产业升级,最终步入发达国家行列
功能升级	在价值链中的位置改变	通过提升在价值链中的地位、专注于价值量高的环节,而把低价值的活动外包,获取更多的价值	—
链条升级	移向新的、价值高的价值链	通过涉足高收益的相关产业领域、相异领域,获取更多的价值	—

(五) 全球价值链与西部弱生态地区产业价值升级

开放条件下,参与国际分工无疑是驱动地区产业转型成长的重要力量。尤其是若使西部弱生态地区加入国际价值链分工,势必会把西部弱生态地区纳入全球制造业的一体化生产中,对西部弱生态地区的产业转型升级产生重大影响。一方面,价值链分工直接带来了制造业的国际市场需求,在中国东部地区人力成本上升、产能过剩的背景下,能够充分挖掘西部弱生态地区加工组装的生产能力;另一方面,西部弱生态地区可采用OEM①模式,以此助力产业转型升级。其基本思路就是主动融入"一带一路"建设,充分做好国际市场文章,研发或生产出口直接面向国际市场的产品,通过产品需求市场的扩大,诱导国内相关产业再生产规模的不断扩

---

① OEM:原始设备制造商 (Original Equipment Manufacturer)。

大及转型升级。在国内价值链环节上，做好转移与承接。利用东部地区向西部弱生态地区产能转移的机遇，引导、鼓励相关企业到西部弱生态地区进行投资建厂，尤其是要鼓励绿色产业、生态产业、低碳产业的转移或培育，以此解决西部弱生态地区产业发展资本积累不足的问题，同时起到引领示范效应。显而易见，FDI 的引入和东部产能转移是西部弱生态地区快速获取产业资本、提升自主创新能力、推动绿色发展的重要手段。在整个价值链分工体系中，西部弱生态地区企业可以利用自身优势（区位优势、生态优势、政策优势等），寻求契合自身发展实际与诉求的价值链环节，并积极参与其中，充分实现"干中学"，抓牢模仿机会、不断积累知识、学习先进技术，注重吸收、融汇，确定创新发展方向，制定技术赶超目标，不断培育自身产业创新发展能力，提升技术水平，推动技术进步。此外，FDI 的引入或东部地区产业转移会直接带来先进生产工艺、前沿技术、成熟的管理经验与经营理念，形成生产关联效应、技术溢出效应，而这均是西部弱生态地区实现产业转型升级的必要路径。

六 国家价值链理论

（一） 国家价值链的定义

关于国家价值链的定义，Schmitz 指出：本土企业首先依仗国内的本土市场获得发育和成长的空间与土壤，继而进入区域乃至全球市场的价值链分工体系，因此，该产业或企业有着很强的生产功能和链条升级能力，这即是国家价值链的内涵[①]。而南京大学经济学院的刘志彪教授认为国家价值链是指基于国内本土市场需求发育而成、由本土企业掌握产品价值链的核心环节，在本土市场获得品牌和销售终端渠道以及自主研发创新能力的产品链高端竞争力，然后进入区域或全球市场的价值链分工生产体系[②]。

---

① Hubert Schmitz, *Local Enterprises in the Global Economy: Issues of Governance and Upgrading*, Edward Elgar Publishing, 2004.

② 王晓琳：《浙江纺织服装业的国家价值链构建研究》，硕士学位论文，浙江理工大学，2012。

（二）国家价值链建立的重要性

在经济全球化背景下，国际分工不断深化，大致经历了三阶段演变：产业间分工（关联产业之间的合作）→产业内分工（同一产业内，不同中间产品的合作）→价值链分工（同一产品，不同价值链环节、生产工艺流程的合作）。以代工方式切入全球价值链（GVC）的企业通过吸收外来投资，发展当地配套企业及企业网络，业已被证明是后进国家主动应对经济全球化挑战的行之有效的工业化战略。然而这种发展效力也仅仅局限于工业化进程中的起端或低端阶段，一旦进入更高层级阶段或价值链环节，就不得不被动地陷入"俘获"陷阱①，亦即：后进国家在参与全球价值链（GVC）过程中，往往会遭遇既得利益者的技术壁垒或阻击，甚至成为资本的奴隶，由此只能停留在低价值链环节、低收益环节进行相关生产。可见，后进国家参与 GVC 的本土企业为了能使自己突破这种"俘获"型网络的"压榨"，就必须建立国内价值链（NVC）②；通过国内价值链的建立，实现与全球价值链的主动对接，并形成内生赶超优势，以摆脱"俘获"陷阱。这无疑是契合当前中国产业转型升级实践，推动区域经济协同发展的新思路、新模式、新路径③。我国东部地区企业在初加入全球价值链时，尚且处于"世界加工厂"的低端位置，东部地区企业所处的末端地位显然将无助于中西地区的产业转型升级。东部地区自身尚不能释放更加强大的发展势能，起到领头羊的应有作用，建立以自身为核心的国内价值链（NVC④）体系，这无疑在一定程度上抑制了中西部地区的发展。因此，一条契合中国发展实际，旨在摆脱"俘获"陷阱，实现更高层级的全球价值链参与，获取更高价值收益，推动区域产业转型升级的基准原则或可行路径就是：延伸国内产业链，构建国家价值链体系。基于此背景，如何构

① H. Schmitz, "Local Upgrading in Global Chains: Recent Findings," in The DRUID Summer Conference, 2004.

② 刘志彪、张杰：《全球代工体系下发展中国家俘获型网络的形成、突破与对策——基于 GVC 与 NVC 的比较视角》，《中国工业经济》2007 年第 5 期。

③ 张少军、刘志彪：《全球价值链模式的产业转移——动力、影响与对中国产业升级和区域协调发展的启示》，《中国工业经济》2009 年第 11 期。

④ NVC 为 National Value Chains 的简写，译为：国家价值链。

建国内价值链成为学术关注的热点。刘志彪、张杰认为，在中国产业发展背景下，一是通过双边交易平台载体模式（专业化市场）和单边交易平台载体模式（领导型企业网络），构建自主发展能力的国家价值链，以推动国内产业转型升级；二是通过专业化市场，努力培育和构建中国的跨国领导型企业，构建基于本土市场的国家价值链[①]。

（三）国家价值链与产业转型升级

理论上，全球价值链以附加值高低作为升级衡量标准，在一定程度上忽略了各行业、各产业的不同特点和不断变化的实际[②]，导致企业在依照全球价值链理论进行转型升级时会遇到诸多困难。因此，理论和实践的困境使越来越多的学者开始转向从国家价值链视角来研究产业集群的转型升级。国家价值链由此开始得到学术界的关注，相关学术研究也开始多了起来。关于国家价值链与产业转型升级的研究及主要学术观点如表1-6所示。

表1-6　国家价值链与产业转型升级研究综述

年份	相关人员	研究内容	主要观点
2004	Bazan 和 Nava	巴西 Sinos Valley 制鞋业集群，对 NVC 的运作特征、治理模式和升级方式进行比较全面的论述	提出了 NVC 和 DVC[③]等词；认为 NVC 更利于该集群的功能升级
2004	Schmitz	对一些发展中国家本土企业先凭借本土市场获得发育和成长进行研究	有利于本土企业再进入全球价值链分工生产体系，并帮助企业培养出很强的功能和链条升级能力
2005	Giuliani 和 Pietrobelli	对拉丁美洲行业集群、GVC、升级和行业创新方式之间的关系进行研究	指出行业差异性将影响"切片"式嵌入 GVC 模式下集群的升级模式和升级程度
2008	Pietrobelli 和 Saliola	对价值链治理模式进行研究	认为价值链治理模式对 DVC 的影响范围更深

① 刘志彪、张杰：《从融入全球价值链到构建国家价值链：中国产业升级的战略思考》，《学术月刊》2009 年第 9 期。
② 李陵申、祝秀森：《国家价值链下的纺织产业集群升级》，《纺织学报》2009 年第 9 期。
③ DVC 为 Domestic Value Chains 的简写，译为：国内价值链。

续表

年份	相关人员	研究内容	主要观点
2009	Feser 和 Isserman	对美国 45 条产业价值链的最新分类和新型城乡类型进行研究	在 NVC 中农村经济有可能有赖于且有助于其他地方价值链获得竞争性成功
2008 2009	刘志彪、张杰、张少军	对 NVC 与 GVC 进行比较，对 NVC 构建以及如何依靠 NVC 实现转型升级等方面进行研究	中国加工贸易企业在 GVC 中存在被"俘获"现象
2008 2009	张杰、康志勇等	对我国 NVC 分工体系的"小企业群生型"创新动力缺失、社会信用体系缺失、知识产权保护制度缺位进行研究	阻碍了产业转型升级
2009	刘志彪、于明超	对 NVC 的方式进行研究	市场驱动型、主导企业驱动型和价值链融合构建 NVC 主导能力三种方式
2009	巫强、刘志彪、张杰	对双边交易平台载体模式和单边市场平台载体模式自动对接以及政府在专业化市场的功能引导进行研究	有利于发挥区域一体化（RI）的"垫脚石"作用，培养高级要素驱动发展能力
2006 2007 2008 2009 2010	黄永明、张少军、刘志彪、李陵申、祝秀森、岳中刚、于明超	对技术创新、市场扩张能力、创建自主国际品牌、长三角制造企业摆脱单一依赖 GVC 进行研究	培养全球市场渠道控制能力，摆脱发达国家俘获型网络治理关系，实现可持续升级和发展，促进区域经济一体化
2007 2010	潘峰华、项星、张明龙、张琼妮	将浙江制造业的 116 个典型产业集群分为不同的集群类型，以直接贸易和参与准层级型价值链形式嵌入采购商驱动的 GVC 进行研究	造成"低端锁定"，无法实现功能升级，也难符合低碳经济发展要求
2002 2008 2010	贺灿飞、池仁勇、杨潇、王小芳、顾庆良	对外资流入众多导致其正向溢出效应因负向效应而抵消和行业集聚与技术进步之间存在显著性动态关联进行研究	一是受大中型企业、专业化市场、品牌和消费行为与模式等要素的影响重大；二是纺织服装业可以从建立产业保障机制和升级扶持政策、增强企业自主创新力和产品附加值、推行市场多元化战略、走节能减耗可持续的发展之路等方面促进产业转型升级

续表

年份	相关人员	研究内容	主要观点
2004 2007 2008 2009	傅纯恒、吴昕、杨叶辰、朱婷、池仁勇	对浙江纺织服装业集群主要以区域专业化集聚为主，其地理位置和产业互补性的关联度较好，但集聚层次和发展档次方面仍存在偏沿海、低档次、优势弱等问题进行研究	数量众多的中小企业可以构建包含实力、活力、潜力、魅力四方面的中小企业集群网络体系提升竞争力

相比 GVC 研究，国内 NVC 研究相对较少。国外以 NVC 为视角的应用研究比较集中，主要研究发展中国家或地方产业集群立足于本土市场需求实现 GVC 条件下难以实现的功能升级和链条升级。反观国内，关于 NVC 的研究起步较晚，多是基于 GVC 和 NVC 模式分析发展中国家生产企业转型升级方式的不同，尚属于宏观层面的定性分析和经验范式总结；而基于 NVC 视角对具体产业和行业升级路径的实证研究则十分缺失，对西部弱生态地区产业的 NVC 构建进行的研究则更少，仍处于探索和进一步深入阶段。

（四）国家价值链与西部弱生态地区的产业转型升级

由于特定历史发展条件、地理条件与外部发展环境，西部弱生态地区纵向分工特征明显，且呈强化之态势。一方面，这有助于丰富资源的开发利用，促进资源型产业发展；另一方面，由于产业发展的内圈化，开放能力不足，与东部市场存在严重脱节，封闭式产业环境下，导致资源产业一家独大，新型战略产业发展薄弱。西部弱生态地区由于长期进行攫取性的资源产业发展战略，且处于价值链低端（以原材料供给为主），产业发展被严重初级化，以致被发达地区"俘获"，长此以往势必会落入"资源诅咒"。鉴于此，构建 NVC，提升西部弱生态地区价值链的层级与主体地位，以主动对接 GVC，积极吸纳国际资本，参与国内、国际分工，将显得迫切和必要。在这方面，有不少学者持相对一致的观点，如刘志彪、张少军[1]，罗建兵[2]，高煜、高鹏[3]，Gereffi[4] 等。相关学者关于国家价值链的产业转型升级效应的研究结论主要有下面几个。一是国内形成以东部地区为主导的、贯穿东中西部地区的 NVC，就可以通过处于价值链高端的东部地区的企业，把改革开放多年学到的国际经验有效地延伸到西部弱生态地区的企业，同时促进西部弱生态地区劳动密集型企业的发展。二是以本土企业为主，立足于国内市场，会使中西部地区的地理劣势不再严重和显现，从而促进中西部地区加入 NVC。三是 NVC 的建立有利于东部沿海地区企业进行产业升级和从事高附加值的活动，从而为中西部地区提供相应的价值链生产环节。四是 NVC 可以充分发挥国内外产业特别是国内循环的产业间的关联效应，带动上下游产业的发展，改变 GVC 在国内链条太短的缺陷。同时链条的延伸和完善，带来了生产的迂回和专业化的加深，不仅可以产生规模经济和范围经济效应，而且可以积累高端的人力资本和知识资本。五是与 GVC 相比，NVC 的本土优势能够更好地和政府的产业政策相配合，有利于执行政府的区域平衡发展战略。

因此，本书以西部弱生态地区产业转型升级为研究对象，通过比较分析方法和案例分析方法，探讨西部弱生态地区如何以自主的 NVC 实现同 GVC 的平行对接，并以此为基础提出西部弱生态地区产业转型升级的路径选择，最终实现西部弱生态地区产业在 GVC 中的地位提升和国际竞争优势的提高。

---

① 刘志彪、张少军:《中国地区差距及其纠偏:全球价值链和国内价值链的视角》,《学术月刊》2008 年第 5 期;张少军、刘志彪:《区域一体化是国内价值链的"垫脚石"还是"绊脚石"——以长三角为例的分析》,《财贸经济》2010 年第 11 期。

② 罗建兵:《加工贸易产业升级与国内价值链构建》,《当代财经》2010 年第 2 期。

③ 高煜、高鹏:《区域产业发展中国内价值链构建的模式选择》,《求索》2012 年第 1 期。

④ G. Gereffi, "The Governance of Global Value Chains: An Analytic Framework," *Journal of Review of International Political Economy*, 2005, 12 (1): 177-205.

第二章

超越转型：产业观重塑、"一带一路"倡议政策集成与价值链重构

中国长期以来都是全球价值链的参与者。全球价值链将发展中国家当地的生产者推入国际化市场中，将原材料生产商与最终消费者相联系，中国依靠自身对产品生产的资源禀赋和人口红利优势，跻身于由美日等发达国家主导的全球价值链中，西部弱生态地区在区位和资源禀赋上的优势在此过程中能够发挥重要作用。在国际经济发展中，发达国家在资本、技术等方面存在相对优势，因而在全球价值链分工体系中处于主动地位，而中国长期以来被"锁定"在价值链中所谓"制造大国"的中低端地位，中国面临产业转型升级带来的价值链升级问题。

一　生态伦理下的产业观与"去政治化"的产业选择机制

（一）生态伦理下的产业观

1. 生态伦理的概念

"伦理"作为一种道德范式，是人类独有的社会属性，主要作用在于规范和约束人的行为，以协调人与人之间的关系，解决个体主义与集体主义的矛盾冲突。由此可见，一般伦理概念集中表达的是人与人之间的关系，而对于人与自然的关系并没有予以考虑。现实中，人不仅要处理与人的关系问题，而且，伴随生产力的发展，同样需要妥善处理与自然的关系问题。而生态伦理学则秉承人类社会基本的道德范式，将人与自然的关系视为核心命题，主张对人与自然应一视同仁，对人与自然的关系适用同样

的道德标准、价值准则，以规范人类行为。

生态伦理上存在两个不同的价值立场：人类中心主义和非人类中心主义。人类中心主义将人类置于"绝对道德主体地位"，认为人类是唯一的"道德主体"，正如约翰·巴斯莫尔的著名论证：人、植物、动物和土壤不构成一个社会；细菌和人没有相互的道德义务，也没有相同的利害关系。人类中心主义的价值观根植于依托科学技术而崛起的工业文明，工业文明的巨大生产改造能力进一步巩固了这一价值判断，理性对于人类的价值被科学技术的持续进步所反复证明①。人类中心主义的生态观将"人类利益与立场"视为人类与生态环境关系的"根本价值尺度"，人类保护环境的行动取向只是利己主义。无疑，秉承人类中心主义的生态伦理观难以有效避免人类的短视行为。非人类中心主义则秉承"敬畏生命""尊重自然""大地伦理"的论调，但是非人类中心主义似乎正在陷入"唯生态论"的陷阱，以致容易被强烈注入的"意识形态"所绑架。

2. "弱生态"的概念

伴随发展中生态环境问题的凸显，近年来，"弱生态"理论得到了广泛的社会关注与学术思考。对于"弱生态"含义的研究，国内外学者也展开了激烈的讨论。目前，关于"弱生态"内涵的探讨与界定，主要集中在两个方面。其一，生态环境内部稳定性较差、抵御外界干扰能力低，其主要特征为敏感性与不稳定性②。显然，敏感性与不稳定性是基于对生态环境自身的考察与理解，与之相对应的一个概念为"生态平衡"。作为一个整体的生态环境系统，内部各要素之间密切关联，当内部要素发生变动或被扰乱，便会"牵一发而动全身"，形成链式反应。当生态系统内部各要素之间的平衡被破坏并且超过自身调节的阈值，便会导致生态环境失去自我恢复能力，生态稳定性被破坏③，进而形成"弱生态"现状。其二，基于生态环境的承载力所引申出的内涵界定。生态承载力的概念则是指生态环境基于自我维持、调节、恢复三方面能力以支撑或适配社会进步与经济

---

① 潘立：《生态脆弱区产业经济负外部性的政府治理策略探析》，《生态经济与美丽中国——中国生态经济学学会成立 30 周年暨 2014 年学术年会论文集》，2014 年 11 月。

② 兰岚：《中国西部生态脆弱区的空间格局及其现状研究》，硕士学位论文，四川大学，2005。

③ 史德明、梁音：《我国脆弱生态环境的评估与保护》，《水土保持学报》2002 年第 1 期。

发展，并可承载的保持一定生活水平的人口数量[1]。该理论的出发点，主要通过生态环境与人口、资源、经济发展水平之间的相互关系、协调程度来考虑环境的生态承载容量。一般来说，生态承载力越大，地区生态环境越好，可容纳的人口数量越多，社会经济发展的后盾越坚固，发展动力越充足。高吉喜认为生态承载力可分为三个方面：生态弹性力、生态资源承载力和生态环境承载力。生态弹性力是生态资源承载力的支持条件；生态资源承载力是生态环境承载力的基础条件；生态环境承载力是生态承载力的约束条件[2]。生态系统具有自身的承受阈值，人类活动程度一旦超过生态阈值，生态环境将处于退化状态，自我修复机制也难以维持下去。

综合相关学者的学术观点及实践观察，"弱生态"的概念应当包含三个方面的内容。第一，自然属性的先天脆弱，表现为较强的不稳定性。第二，社会属性的被破坏或恶化。任何"弱生态"的概念内涵不应抛开人类活动而空谈[3]。第三，"弱生态"应置于一个空间范围中来观察，即"弱生态"是一个相对于既定空间或范围的概念。

据此，"弱生态"的概念可表述为：在既定空间范围内，由于人类的经济活动超出了生态自我修复的阈值，强烈的外部干扰破坏了生态系统本身的平衡状态，使得生态环境向恶化的方向发展，以致难以人为控制或修复的一种状态。

3. 西部地区弱生态的类型[4]

由于自然地理、气候特征的异质性，西部地区生态差异性显著。本研究借鉴方兰、王浩、王超亚、王思博、袁渊[5]，刘燕华[6]的分类方法，将西

---

① 林建华、任保平：《主体功能区建设：西部生态环境重建的新模式选择》，《生态经济》2009 年第 2 期。

② 谭鑫：《西部弱生态地区环境修复问题研究——基于经济增长路径选择的分析》，博士学位论文，云南大学，2010。

③ 冉圣宏、金建君、薛纪渝：《脆弱生态区评价的理论与方法》，《自然资源学报》2002 年第 1 期。

④ 关于弱生态类型的划分以及本部分下第二、三段的相关学术表达，均引自方兰、王浩、王超亚、王思博、袁渊《西部地区生态环境评价与分析报告》，载姚慧琴、徐璋勇主编《中国西部发展报告（2014）》，社会科学文献出版社，2014。

⑤ 方兰、王浩、王超亚、王思博、袁渊：《西部地区生态环境评价与分析报告》，载姚慧琴、徐璋勇主编《中国西部发展报告（2014）》，社会科学文献出版社，2014。

⑥ 刘燕华：《我国脆弱生态环境类型及综合整治》，《科学中国人》1996 年第 9 期。

部地区分为两种弱生态类型：西北干旱、半干旱类型，西南山地类型（见表2-1）。

第一，西北干旱、半干旱类型。该地区主要涉及新疆、宁夏、陕西、甘肃、内蒙古、青海6个省（自治区）。其深处亚欧大陆腹地，面积约429.17万平方公里。西北地区水资源十分匮乏，年均降水量仅占西部地区的34.78%、全国的18.55%。该地区矿藏资源丰富，以大规模矿产资源开发为主的工业化发展导致该地区面临资源约束；同时，加之本地区植被覆盖率较低，其面临的典型生态问题为：水土流失、沙漠化、盐渍化。

第二，西南山地类型。该地区主要包括云南、贵州、广西、四川、重庆、西藏6个省（自治区、直辖市），面积约258.7万平方公里。相较于西北地区，西南地区降水量丰沛，水资源丰腴。同时，西南地区地形地貌复杂多样，山地、丘陵、盆地、高原层叠变化，植被覆盖率高。该地区典型的生态问题主要为石漠化、水土流失、植被破坏现象严重。由于具有良好的生态基础，西南地区被誉为"生态屏障"，同时西南诸多生态地区面临限制或禁止开发的政策导向。其产业结构转型升级主要面临生态约束，这种约束有一部分来自本身的基础生态条件，但更多是来自外部的政策压力。此外，一个事实尤为值得关注，在全国贫困人口中，以西南地区人口居多。在弱生态刚性约束下，西南地区的产业结构转型升级更应凸显民生导向。

表2-1 西部地区弱生态的分类

弱生态类型	地貌类型	涉及省（自治区、直辖市）	典型问题
西北干旱、半干旱类型	山地丘陵、沙地、洪—冲积平原	新疆、宁夏、陕西、甘肃、内蒙古、青海	沙漠化、水土流失、盐渍化
西南山地类型	山地、丘陵、盆地、喀斯特	云南、贵州、广西、四川、重庆、西藏	石漠化、水土流失、植被破坏严重

4. 生态补偿理论

西部地区生态环境良好，其生态保护与建设具有典型的正外部性；其以保护生态环境并牺牲地区发展利益为代价支持国家发展[1]。在国家生态

---

[1] 林建华：《基于外部性理论的西部生态环境建设的基本思路》，《西北大学学报》（哲学社会科学版）2006年第4期。

功能区划中，西部很多地区是限制或禁止开发区，显然，在弱生态性以及生态建设与保护的过程中，西部地区的产业转型升级因外部强约束必然面临成本加大的问题，加之该地区本就属于欠发达地区，这就与地区"发展意愿"背离。例如：云南省怒江州资源丰腴，但守"金饭碗"的怒江人却承受着外人难以想象的贫困与痛楚[①]。显然，西部地区生态环境的受益者并非只有西部地区，在相当程度上，受益主体是中东部地区。据此，基于政府层面的经济制度安排，调节生态保护利益相关主体的利益关系尤为重要[②]。如若西部地区生态建设成本得不到补偿，势必会陷入"贫困—生态恶化"陷阱，亦必会牵连影响中东部地区的发展利益[③]。西部地区的生态补偿应着力于生态建设补偿机制的规范化、常态化，并形成与产业发展之间的良性互动机制。

（二）"去政治化"的产业选择机制

"西部弱生态地区的产业转型升级"命题本身蕴含两个生态伦理上的价值判断。第一，弱生态的脆弱性表明：西部地区的产业转型升级不应该以牺牲或破坏生态环境为前提，这亦是西部地区产业发展的基准前提，据此，产业转型升级应框定在一个绿色发展的系统体系之内。第二，产业转型升级应有"选择识别"机制。这种选择识别机制的目的在于：判断产业转型升级是否匹配或服从于西部整体生态环境利益。在实践中应避免"政治化"的产业选择机制，基于政绩目标的导向，一味谋求地方利益的短视行为，会导致生态环境破坏与产业发展的冲突。因此，要发挥市场化在资源配置中的决定性作用，避免用"自上而下"的一整套制度安排，使"国家产业力量"从占据的"优势资源"中"市场化"退出，以营造平等竞争的市场环境。

所谓"政治化"产业选择机制，是指在以经济建设为中心的发展观的

---

① 章轲：《怒江：依然蜿蜒在环保争议与发展压力之间》，《第一财经日报》，2008 年 1 月 8 日，第 A6 版。
② 王昱：《区域生态补偿的基础理论与实践问题研究》，博士学位论文，东北师范大学，2009。
③ 荆炜：《西部地区生态建设补偿机制及补偿类型区划研究》，《新疆社会科学》2014 年第 6 期。

指导下,在实践中为调动地方发展的主动性、积极性,与之相匹配,必然需要建立一整套"唯 GDP 论"的行政绩效考核机制(官员晋升锦标赛机制)。毫无疑问,经济绩效与行政绩效直接挂钩的评价体系,在积贫积弱的发展初期,释放了巨大的发展动能;但是地方政府行政意志的表达并非"发展意愿"的真实呈现,甚至其"决策立场"仅限于对"个人晋升"与"工作绩效"的考虑,扭曲了关于"产业发展"与"生态环境保护"的基本价值判断,形成了牺牲生态与环境利益而选择经济增长的行动取向。因此,必将显著降低地方政府治理环境污染与保护脆弱生态环境的效能并削弱它们的道义责任感。

西部地区作为我国的欠发达地区,产业发展基础薄弱。在"强政府"与"弱产业"的力量对比中,政府主导产业选择的力量更加彰显。例如,相较于东部沿海地区,西部地区规模企业中以大型国企为主,国有企业和集体企业在经济结构中占比较高,民营企业比重较低,甚至在某些地方,大型国有企业产值和税收占当地产值和税收比重非常高。这导致国有企业在面对地方政府时有着很强的话语权和影响力,为自身争取了大量的发展资源,而这又反过来对当地民营企业发展环境产生负面影响,限制民营企业的发展,造成恶性循环。西部地区制造业主要类型为重装备主导型、能源化工主导型和原材料主导型。在地区经济"锦标赛"式的竞争中,地方政府推动的吸引产业的政策主要表现为税收优惠、土地优惠、降低环境监管力度等手段,地区之间差异并不明显,不能发挥本地的比较优势,导致西部地区各省区市的工业行业同构化趋势明显,内蒙古、新疆、青海、陕西、贵州、青海、甘肃、宁夏、云南、广西等 10 个省区的产业发展均主要集中于能源化工、矿产开发及其加工两大行业。由于西部地区弱生态性特征明显,在政府力量主导的产业选择机制内,生态环境非常容易受到损害,从而妨害地区经济的可持续发展。本书希望通过政府角色视角,辨析"政治化"产业选择机制存在的主要问题,尤其是分析其对地区生态环境的影响;据此,提出以弱生态性构建政府角色回归与产业转型的"倒逼机制"的相关思考。

二　区位禀赋与"一带一路"倡议的政策集成

（一）区位禀赋

"西部地区"在概念上是一个地理区位的概念。显然，一个地区的区位因子与其产业布局、发展与转型升级密切相关。按照区位理论，区位因子主要有以下几个。其一，自然因子，主要包括自然条件与自然资源；其二，交通因子，主要指现代交通工具；其三，劳动力因子，主要指区域内的劳动力数量、质量（人力资本）；其四，市场因子，涉及市场规模、市场结构（城市等级序列）；其五，集聚因子，产业集群发展；其六，文化、价值观等其他因子。

20世纪80年代，中国开始实施非均衡的区域发展战略，优先发展具有开放优势、经济基础较好的东部沿海地区。此阶段，东部地区区位优势彰显，并优先享受到政策优惠。实际上，在国际生产与跨国企业的相关学术研究中，区位优势往往难以受到足够的重视[1]。国际商务中，大多数研究都将目光集中在如何理解东道国的特点吸引或阻止外国投资者[2]；近期，又将重点转移至了解本国的特点，及其对公司的全球战略产生的直接或间接影响[3]，研究母国和东道国如何交互影响企业[4]。区位优势是一个国家级的现象，但位置作为一个空间概念经常被模糊使用。我们将其微分化，细小到一个国家的区域战略，来分析中国不平衡的区域发展战略下，西部地区的协调发展。

---

[1]　J. H. Dunning, "Location and the Multinational Enterprise: A Neglected Factor?" *Journal of International Business Studies*, 1998, 29 (1): 45-46.

[2]　A. M. Rugman, ed., *The Oxford Handbook of International Business* (2nd ed.), Oxford University Press, 2009.

[3]　A. Guervo-Cazurra, "Global Strategy and Global Business Environment: The Direct and Indirect Influences of the Home Country on a Firm's Global Strategy," *Global Strategy Journal*, 2011, 1 (3-4): 382-386.

[4]　K. E. Meyer, R. Mudambi, R. Narula, "Multinational Enterprises and Local Contexts: The Opportunities and Challenges of Multiple Embeddedness," *Journal of Management Studies*, 2011, 48 (2): 235-252.

(二)"一带一路"倡议的政策集成

第一,西部大开发战略。作为国家产业政策的顶层设计,向西开发的国家战略旨在推动东部与西部地区产业的协调发展,将东部经济发展剩余势能转换成西部地区自我发展的强大动力。第二,"一带一路"倡议。"一带一路"倡议中丝绸之路经济带范围是:新疆、重庆、陕西、甘肃、宁夏、青海、内蒙古、黑龙江、吉林、辽宁、广西、云南、西藏 13 个省(区、市),其中涉及西部省(区、市)共计 10 个。显然,"一带一路"倡议的实施将构筑新时期中国对外开放的新格局,使西部地区的优势地位得以凸显,为西部弱生态地区跨越式发展提供契机,为其融入全球价值链提供机遇。西部弱生态地区应抓住机遇,有效利用"一带一路"沿线各地区比较优势,并将优势集成;加强政策沟通,实现贸易畅通,推动资金融通,强化设施联通,以此推动区域互动合作和产业集群发展,打造西部弱生态地区经济发展新的战略支点;统筹利用国际、国内两个市场和两种资源,形成横贯东中西、连接南北方的对外经济走廊,进一步为西部弱生态地区的产业承接升级和进一步融入全球价值链创造前提条件。

三 价值链与外部环境支持

对西部弱生态地区产业转型升级的路径分析应置于价值链作用的机理之中,这基于两个基本判断:首先,价值链是一个与空间关联的概念,基于空间的生产联结与分工,参与国内、国外价值链各个创造环节,实现产业转型升级;其次,价值链应当包含产业链或产品链的基本内涵,任何价值分工都必须建立在特定的产业基础上,提供产品和服务价值,而链式合作的基础则是要实现各自比较优势在各个环节的最大价值。

价值链升级不仅依赖于契合实际的方法与路径,还需要以各种外部基础性条件的改善与发展作为有力支撑,例如:人力资本的积累、服务能力的改善、制度环境的激励、先验政策的制定等。产业在市场规模或者创新力上的变化引致的产业升级主要表现为产业边际利润的增加,利润率的增长体现为产业的产出效率的提升。根据厂商生产理论,企业利润率主要由产品的市场需求规模、平均生产成本以及市场结构三个因素决定，其中市场结构主要决定产品在市场中的地位及议价权。传统生产理论认为，企业生产决策者提高企业生产的边际利润的主要途径有提高生产专业化程度、采用先进技术及设备降低平均生产成本、通过产业内的垂直或者水平一体化形成范围或规模经济、改变市场结构获得需求规模最大化等[①]。传统生产理论的企业产业升级路径是我国东部地区典型的产业升级路径，依据现有国内外经济环境和西部地区的自然、资源、产业等基础条件，西部弱生态地区不可能再复制东部地区产业升级的路径，主要原因有两个：第一，西部地区的自然资源禀赋基础条件不及东部；第二，次贷金融危机的后滞效应使深陷欧债危机的发达国家对我国的进口需求减少，发展内需是我国当前以及未来经济发展的主要方向。在当前的国际国内环境下，西部地区要借助产业承接转移，打破在分工体系中的弱势地位，并以产业承接促进产业结构优化升级，以满足本区域内以及国内的市场需求为导向，基于区域内资源、资本和技术等要素禀赋，利用产业承接和自主创新，延长区域产业价值链，推动内生式经济增长。

西部弱生态地区产业内企业可以通过抓住承接东部产业转移的机遇加大投资或实施并购等方式来扩大产能，使西部弱生态地区产业整体逐步达到生产最佳规模，达到产业的生产可能性边界，并使产业平均成本沿着成本曲线逐渐趋于最低成本水平，提高产业的边际利润，提高西部弱生态地区产业的产出效率。另外，根据新古典经济增长理论，在西部弱生态地区加入全球价值链的过程中可以使技术进步具体化为人力资本积累或投资的过程，克服生产要素收益递减和规模收益递减对经济增长的制约，同时，通过知识积累的外部效应和对生产新知识的研究及开发投资，促进劳动分工不断加强，实现规模收益递增及对技术进步的溢出效应，保证西部地区长期的经济增长。

一些学者在对全球价值链进行分析的基础之上，立足于我国的经济梯度提出了构建国内价值链的想法。国内价值链是在全球价值链基础上发展和衍生而来的，由本土企业主导和治理，基于本土市场需求发育而

---

① 陈仲常编著《产业经济学理论与实证分析》，重庆大学出版社，2005。

成,立足于国内市场,采用代工方式,推动产业创新和整合,由本土企业掌握产品价值链的核心环节,在本土市场获得品牌和销售终端渠道以及自主研发创新能力等产品链高端竞争力,然后进入区域或者全球市场的价值链分工生产体系。国内价值链主要划分为生产者驱动价值链、购买者驱动价值链、原材料驱动价值链以及混合驱动价值链四种方式。所谓生产者驱动价值链是指由生产者投资来推动市场需求,处于主导地位的领导型企业,借助其在 NVC 中的控制地位,充分利用在国外市场所获得的技术能力和学习效应,推动国内市场品牌建设和自主创新能力的培育,通过国内市场的品牌建设和能力提升,不断地向国际价值链的高端攀升[①]。延长 GVC 在国内的环节对于构建国内价值链具有重要的作用,通过企业的升级使其获得国际承认的生产率和质量标准,最终得以对接 GVC,参与全球竞争。

从企业角度来看,地理位置的重要性在于外部资源的可得性。外部资源的重要性来自在正确的地方进行相应操作有助于企业开发自己的专有资源,巩固自己的竞争地位,甚至成为跨国企业[②]。例如自然资源,具有熟练技能的人才,外来的资本,技术[③]。因此根据现阶段西部弱生态地区的资源约束现状,实现西部地区产业转型升级势在必行,其可能的实现方式有以下三种。第一,印随模式,即跟随先行发展的东部产业,根据传统的发展经验,积极承接东部产业转移,实现其传统产业的转型升级,这是最保守也最保险的模式。第二,阶梯模式,即利用西部地区自身所独有的要素禀赋比较优势,将其独特性进行充分发挥与挖掘,从而融入国内价值链,然后实现从融入国内价值链到全球价值链的转换。第三,等级链模式,即西部弱生态地区利用其区位优势,跃过融入东部地区或国内价值链的环节,而直接利用相对优势进行对外贸易或渗入,从而直接融入全球价值链中。当然这一模式对于环境、机遇、技术、资源以及大形势要求很高,是难度最大的方式。

---

① 陈维忠:《国内价值链构建下地方产业集群升级机理研究》,《地域研究与开发》2012 年第 3 期。

② M. E. Porter, *The Competitive Advantage of Nations*, New York: Free Press, 1990.

③ J. H. Dunning, *Multinational Enterprises and the Global Economy*, New York: Addison Wesley, 1993.

①印随模式。中国经济多年的区域不平衡发展造成了东中西部经济发展水平以及经济结构存在较大差异，东部地区在产业技术、创新能力、生产技能等方面都具备了一定的竞争优势，随着土地价格、工资成本的上升以及受政策导向的影响，东部地区劳动密集型产业出现转出的趋势。中西部地区产业历经长期发展，基础设施水平不断提升，生产条件得到有效改善，技术水平不断提升，因此，有能力、有条件承接东部地区的产业转移。在目前中国经济面临转型升级的关键时期，充分发挥东部地区的在位优势，发展总部聚焦经济，利用中西部日渐成熟的生产条件、便利交通和资源优势发展制造业基地，在全国统一大市场基础上构建国内价值链，不失为推动中国产业调整和价值链升级的选择之一。这就是我们提出印随模式的出发点。另外，东部地区劳动密集型行业存在着对外转移的需求和趋势，受到文化因素、地理因素和政策因素的影响，此类企业的转移会更多地倾向于转至中国中西部地区。东部地区产业转移政策的实施，为西部地区提供了参与国际国内制造业生产分工的机遇，促进了西部地区工农业的发展，因此西部地区应当抓住这次东部地区产业调整的机会，充分利用自身优势和政策优惠，积极承接来自东部地区的产业转移。聂华林、赵超认为中国东西部地区的差异使西部地区易于承接东部地区的产业转移，其结果有利有弊。其积极作用体现在，西部地区的产业技术水平因为"手把手"的"师带徒"模式而大幅度提高，随之产业得到升级，产业结构也得到调整优化。由此也缓解了长期以来西部地区内部存在的产业趋同现象，有利于防止资源的统一化破坏或不可控的消耗。但是东部地区向西部地区进行产业转移的消极效应似乎更为显著：进一步拉大甚至固化了西部与东部地区之间业已存在的产业极差和技术差距，甚至带来了环境污染与生态破坏，使得西部弱生态地区的产业无法绵延存活①。

钱纳里和斯特劳特提出的两缺口模型表明，利用国外资源可以改善相对落后地区的资本、技术和知识等高级生产要素相对稀缺的状况。综合来看，西部弱生态地区承接产业转移的动力有：中央和地方的政策支持；丰富的资源及成本优势；巨大的市场潜力（内部厂商较少，对产品的需求较

① 聂华林、赵超：《我国区际产业转移对西部产业发展的影响》，《兰州大学学报》（社会科学版）2000 年第 5 期。

大，每年需要通过区际贸易购买大量的商品以满足居民需求）。现阶段西部弱生态地区产业转移的特点为：承接产业转移的层次逐步提高，规模明显扩大，逐渐向集群化的模式发展，承接产业转移的后发优势也开始凸显出来。

②阶梯模式。产业的转型升级离不开国内价值链。对于西部弱生态地区来说，由于之前一直沿用的是以资源环境作为代价来换取地区产业经济发展的错误模式，导致本地区资源优势不可逆转地弱化，不会带来可持续的发展。这里引进一个发展中的"蛙跳"理论，简单地说就是落后地区的产业升级可以通过"蛙跳"的方式来实现。对于落后国家来说，新技术的引进，将会对产业链上的分工模式产生影响，后起国家更多地占据价值链上附加值较高的环节（比如研发），这些国家逐渐地部分专业化。转型时期，随着生产率的逐步提高，这些国家的贸易条件得到改善，达到某一个节点时，后起国家的生产率超过了其他的国家，实现了贸易模式的完全逆转。通过新技术的推动作用，在地区的产业发展时期可以较早地占据知识自主权，从而成功地实现产业的转型升级。"蛙跳"的实现最关键在于新技术的应用，可以通过外部引入或者内部的自主研发获得。其他国家的经验也反复证明的一点是：我国可以利用国内市场的梯度分布，为一些新兴产业在国内创造一个足够大的市场，形成国内的分工体系，扩展基于国内市场的价值链空间，在国内市场的适度竞争中完成产业升级。在这一进程中，实现产业升级的同时也完成国内价值链的构建，国内价值链构建又反过来促进产业的升级，最终形成良性的动态循环。

多年来中央和地方政府在中西部进行了大量的投资，大大改善了中西部的基础设施条件。每年中西部地区都有大批民工进入东部企业打工，通过培训、学习和实践，掌握了一定的劳动技能。因而在中西部投资办厂，就近劳动力来源地，不仅能够充分利用低价要素优势，还能够获得丰富的有经验的劳动力供给，解决了东部地区近年来劳动力短缺的问题。另外，通过省际乃至城际的合作，在政府协调推动下，配合以东部地区为中心的国内价值链构筑，形成以东部为经济聚集总部、以中西部为生产加工制造基地的国内价值链整体联动产业循环体系。客观上要求东部沿海地区充分发挥在资本、人才、地理位置、人文环境、服务业、政府管理经验等方面的比较优势，大力发展以现代服务业、高精尖技术、现代制造业为主的总部经济聚集区，要求中西部地区发挥地域辽阔、资源丰富、劳动力充裕、政策扶植等方面的比较优势，积极承接大型加工制造活动。这种国内价值链构建过程中形成的产业空间动态调整和要素资源地域间的重新配置，不仅要求劳动力、资本等生产要素在全国范围内自由流动，而且总部经济活动与加工制造活动的分离客观上要求总部基地与制造基地要保持空间上的高度协同和紧密的分工协作。这就使国内形成了一个国家内部的统一大市场，通过市场机制将最合适的产业分配到最合适的地区，以国内价值链动态调整推动企业升级发展，从而提升中国整体产业的国际竞争力。

③等级链模式。全球价值链由不同价值环节链式构成。显然，不同价值环节所创造的效益势必不同，不可等量齐观，只有某些特定的占据着战略地位的环节创造的附加值较高，而一般的环节创造的附加值比较低，这些环节只是起着辅助性的作用。嵌入全球价值链上的企业进行着产品设计、开发、制造、营销、消费、售后服务等各种增值的活动。我国是典型的人口大国，但仍然是发展中国家，虽然经济总量达到了世界第二的水平，但是人均 GDP 偏低，所以我国一直是廉价劳动力的供应地。不止国外的企业，我国的企业也偏向于使用大量的劳动要素，在节省成本的同时，提高产品的市场竞争力。有理论曾经指出，影响产业结构演化的主要因素是需求与供给，市场的需求是产业结构演化的领路人，而供给因素是产业结构演化的主要动力。供给的主要决定因素是一国的要素禀赋结构，我国作为劳动要素充足的国家，可以利用劳动要素禀赋优势进入全球价值链中，利用外国企业的技术、市场、网络信息等进入国际市场，参与国际分工，这样既可以改善外国市场劳动要素昂贵的情况，同时也可以改善我国高端技术、信息等高级要素稀缺的情况。20 世纪 60 年代前后欧美发达国家制造业的加工生产转移的浪潮，为我国香港地区的服务业和台湾地区的电子信息产业的转型升级带来了发展的机遇，这些产业在"边干边学"的过程中积累了很多高级要素（很多是我国的市场满足不了的）这也为其相关的产业价值链中的升级奠定了坚实的基础。对于像我国这样的发展中国家而言，产业的转型升级在全球价值链的分工形态下有两重含义：一是本

国的产业在以发达国家为主导的产品价值链上不断地从价值链的低端环节向高端环节升级；二是通过参与全球价值链分工逐步构建本土企业主导的产业价值链，掌握价值链上的战略性环节，提升整合全球资源的能力。

西部地区可以发挥自身不同于东部地区，而在国际上表现独特的相对优势，吸引跨国公司在西部地区投资，建立国际价值链中的环节企业。例如，在许多非洲国家，大量的生物燃料是良好的条件与优势。非洲的大多数国家有一个共同的优势，即良好的气候、肥沃的土壤与丰富的生物燃料资源，因此其在国内和国际都存在一个巨大的潜在市场。他们从地区级别到国家级别最后到国际层次有一套完整的农业价值链。它们的劳工分配，如农场耕作，存在于村镇级别；而主要的燃料运输与加工则在国家级别协调；同时，这些非洲产的生物燃料也有助于别的国家高产可再生能源。由此形成了完整的农业价值链，从地区到全国范围，最后到国际传递的经济活动。从非洲的价值链的现状我们可以看到，运用一定的方式发展一个价值链可以缓解贫困，同时可以帮助处理可持续发展问题。当我们想用全球价值链的方式来推进西部地区的发展时，这就相当于西部地区的生产力为上游，国际化消费为下游，需要通过价值链这条河流将其产品带到全球的消费者手中。我们首先就要辨别清楚当地商品的生产力或服务力与其全球化消费者的巨大差距[1]。罗建华、邱先裕对承接国际产业转移的企业进行研究，提出导致近年来我国区域经济增长差异的主要原因是国际产业转移在我国的区域分布不平衡；认为我国东部聚集了大量的外企，东部地区成为国际化代理产业所在地，这就加快了其工业化进程和产业集群的行程，同时还带动了国内企业技术创新和制度变革，但是西部地区受到的影响与刺激则较少[2]。东西部地区的发展差异限制了西部地区在价值链中发挥的作用，中西部地区吸引外资是其产业结构升级中的第一步。但是因为近年来生态与经济协调发展的问题，以及西部地区的资源约束的现实情况，要求中西部地区吸引外资不能仅在低价要素成本和政策优惠方面与中国周边发展中国家展开竞争，而要更多地依托在基础设施条件、劳动力素质和外

---

① J. Bair, "Global Capitalism and Commodity Chains: Looking Back, Going Forward," *Competition & Change*, 2005, 9(2): 153-180.

② 罗建华、邱先裕：《国际产业转移与中国区域经济的发展》，《山西科技》2005 年第 1 期。

部环境等方面存在的优势。西部地区企业可以积极嵌入由国际大购买商和跨国公司主导的全球价值链分工体系，从而实现供需升级、产品升级乃至功能升级。

综合以上观点，西部弱生态地区面临产业竞争力不足的问题，主要表现为产业主要集中在三类部门：资源、能源产业，以内向发展为主的传统产业，以及发展相对不足的高新技术产业和现代服务业。而最能发挥西部地区比较优势的劳动密集型产业并未充分发展，最终形成弱生态地区继续陷入弱生态的不可持续发展状态，同时高新技术产业和现代服务业也因为失去依托而发展缓慢。因此，我们认为，在全球价值链的视角下，西部弱生态地区因被自身资源条件约束，而难以提高自身竞争力，因而要通过构建国内价值链，发展具有比较优势的国内价值链，以此带动全面发展从而嵌入国际价值链。

四 超越转型的一个理论解释框架：价值链重构

基于理论梳理与事实观察，西部弱生态地区主动融入"一带一路"倡议的产业响应机制与转型路径的理论分析框架如图2-1所示。

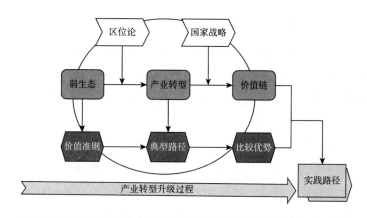

图2-1 西部弱生态地区产业响应机制与转型升级的理论分析框架

第一，生态伦理观和弱生态理论是分析西部地区产业转型升级的基准价值前提。其中，生态伦理观强调产业转型升级不能违背生态伦理中

"人与自然和谐共生发展"的基本道义；弱生态则是西部地区产业转型升级的外部条件与刚性约束，这种"脆弱性"事实上在表达：以牺牲生态环境利益换取发展代价沉重且不可持续。同时，弱生态性亦是强烈的外部条件与刚性约束，是产业转型升级过程中必须妥善处理的矛盾与冲突。

第二，西部地区首先是一个地理学的空间概念，与之相关的则是"区位论"。显然，一国或地区的产业转型升级与其区位因素密切相关，如果不能全面把握西部地区的区位因素，缺乏对基本事实与要素禀赋的判别，那么据此倡导的产业转型升级理论必然"水土不服"，是不切实际的空想。

第三，产业转型升级理论在一国或一地区产业发展过程中，具有重要指导价值。西部地区的产业转型升级有其自身特殊性，但这并不是要求其背离一般化的产业转型升级之路，而是要在遵从事实规律的基础上，寻求契合区域实际的发展道路。因此，产业转型升级理论能够为西部地区的转型升级之路提供一个标准化的分析范式，具有重要的指导意义。

第四，西部弱生态地区的产业转型升级，这一命题本身蕴含三个国家战略的导向。其一，推动西部欠发达地区产业转型升级是实现区域均衡发展的内在要求，西部大开发战略即旨在缩小东中西部地区的差距，是西部地区民生福祉得以实现的有效路径；其二，西部地区很多是边疆省（区、市），其发展关系国防安全的利害，同时，又独具陆路开放优势，"一带一路"倡议的伟大设计与构想，正在形成西部地区产业转型升级的巨大政策势能；其三，西部地区，尤其是西南地区，在国家生态功能区划中，是国家的"生态屏障"，其生态战略的实施，关系子孙后代福祉与可持续发展。

第五，价值链有别于产业链，价值链理论是对价值创造环节进行细分的理论学说。将西部弱生态地区产业转型升级置于价值链的分析机制内，应有两个基本判断：其一，对于西部而言，价值链是个空间概念，基于空间的联结与分工，参与国内、国外价值链各个创造环节，实现产业转型升级；其二，价值链应当包含产业链或产品链的基本内涵，任何价值分工必须建立在特定媒介基础上，例如物质或服务，而链式合作的基础则是实现各自比较优势在各个环节的最大价值。

综上，对于西部弱生态地区的产业转型升级之路径，应以"绿色"发展为主线，构建起西部地区发展的绿色产业体系；以区位优势为载体、国家战略为契机，发挥独具特色的生态要素禀赋，主动参与到价值链的分工体系内，成为联系国内（东、中部地区）、链接国外的中间枢纽。

第三章

理解转型：主动融入"一带一路"倡议的初始禀赋与内生动力分析

一 初始条件禀赋与瓶颈约束：发展诉求的现实性、迫切性

本部分主要讨论西部弱生态地区主动融入"一带一路"倡议产业响应机制的初始条件禀赋。其一，生态环境基础：西部地区的弱生态性分析，包括弱生态性概况、评估。其二，产业条件：产业发展现状，包括产业发展的动态趋势、阶段、绩效与问题（主要问题简要概述：不能承受之"重"与不可或缺之"轻"；"优势资源"独占性与退出困难，投资拉动已是"强弩之末"，自主创新活力亟待激发；国有企业主导资源配置的退出难题与效率陷阱、垄断地位与创新动力欠缺、过度依赖投资拉动；资源禀赋转变为产业发展优势的可行路径，可期待前景，以及现实瓶颈的可突破性）。其三，区位演化的地缘历史与文化，包括地缘关系的沿革与状态，对外开放的历史条件、文化基础。其四，开放的地缘优势与国际环境的外部性条件支持。

（一）西部地区弱生态性概况与评估

1. 西部弱生态性概况

（1）西部弱生态性的基本概况

我国根据各个地区社会经济水平，在 20 世纪 80 年代中后期就开始使用东中西三大经济区域的划分方式。从地理位置来看，西部地区是指处于

我国西部、西北部以及西南部的省份,主要包括 12 个省(区、市),即内蒙古、宁夏、新疆、西藏、陕西、甘肃、青海、四川、重庆、贵州、云南、广西,面积达 681 万平方公里,占全国总面积的 71.4%[①],至 2014 年末,总人口为 3.68 亿人,占全国总人口的 26.9%,2013 年西部地区生产总产值为 19499 亿元,占全国的 25.38%。西部地区土地辽阔,自然条件复杂,煤炭、石油、天然气等矿产资源储量都极为丰富。西部地区处于我国地势的一、二级阶梯,地形多样复杂,以高原、山地为主,地势起伏大,形成了青藏高原、云贵高原、四川盆地、内蒙古高原等主要地形。由于地形、气候等自然原因,西部部分地区的生态环境先天就比较脆弱,不可抗力性的自然灾害时常发生,再加上长期以来的传统型经济发展模式,以牺牲环境为代价换取经济增长的生产方式造成西部地区生态环境的脆弱性加剧,由此进一步压缩了产业的生存空间,限制了产业发展的选择。

(2)西部弱生态地区分布

西部地区自然条件复杂,地域辽阔。赵跃龙、刘燕华根据不同的地形分布、气候条件、地理位置等因素,将中国分为七大弱生态地区,其中有五个弱生态地区分布在西部地区[②]。西部这五个弱生态地区主要分布在内蒙古高原、云贵高原、青藏高原和柴达木盆地周围,地貌以高原山地为主。从脆弱程度来看,西部弱生态地区多为极度脆弱、重度脆弱和中度脆弱。从整体看,西部弱生态地区生态环境问题比全国其他地区更为严峻。

西部大开发以来,西部地区产业结构的转型升级得到了国家战略的支持,也取得了一定的成绩。西部地区第一产业比重逐渐降低,国家主导下的西部大开发战略有力地促进了农业生产效率的提高以及农业产业的转型,加速了第一产业向第二、第三产业的梯度转移。但由于各种条件的限制,尽管第二产业已经是西部地区产业结构的主导产业,但第二产业的业态陈旧,层次水平较低,拓展潜力不足。而第三产业发展迟缓,业态传统,低端服务业在产业中所占比重过大,现代转型和高层次跃升路径不畅。在经济全球化和我国产业布局日益

---

① 王益谦:《中国西部生态脆弱区的保护与重建》,载赵昌文、Wing Thye Woo 主编《可持续发展与全球化挑战——中国西部开发新思路》,巴蜀书社,2006。

② 赵跃龙、刘燕华:《中国脆弱生态环境类型划分及其范围确定》,《云南地理环境研究》1994 年第 2 期。

融入全球价值链的趋势下，西部地区承接的产业转移更多为劳动密集型和能源密集型产业，由此加重了对西部弱生态地区的产业负重与生态修复和环境保护的压力，加上历史积累而至的开拓与发展的生态负荷，其生态环境问题存在新的恶变可能。由此，可以判断，生态环境的进一步破坏与难以修复将会成为阻碍西部弱生态地区产业转型升级的关键因素。

西部地区是我国弱生态地区分布的主要地区，全国七大弱生态地区中西部地区占有五个。西部地区主要的生态问题有植被破坏、草原退化、水土流失、土地沙漠化和石漠化等，并且具有分布面积广、生态脆弱度高的特点。赵跃龙在《中国脆弱生态环境类型分布及其综合整治》一书中界定了全国主要省（区、市）的环境脆弱度。[①] 如表 3-1 所示，西部 12 个省（区、市）的环境脆弱度都处于极强、强的状态，而东部地区大部分省市的环境脆弱度处于中度或轻度状态。

表 3-1　东中西部各省（区、市）生态脆弱度对比

西部省（区、市）	脆弱度	中部省（区、市）	脆弱度	东部省（区、市）	脆弱度
宁夏	0.8353	河南	0.5893	北京	—
西藏	0.8329	安徽	0.5380	天津	—
青海	0.8045	吉林	0.5248	河北	0.6204
甘肃	0.7821	湖北	0.4766	辽宁	0.4400
贵州	0.7153	山西	0.6676	上海	0.4540
内蒙古	0.6186	黑龙江	0.4314	江苏	0.2072
陕西	0.6613	江西	0.4237	浙江	0.2017
新疆	0.6537	湖南	0.3418	福建	0.3123
四川	0.6285			山东	0.2575
云南	0.5925			广东	0.1647
广西	0.4507			海南	0.2568
重庆	—				

注：大于 0.65（包含）属于极强脆弱度；0.45（包含）~0.65（不含）属于强脆弱度；0.3（包含）~0.45（不含）属于中度脆弱度；0.3（不含）以下属于轻度脆弱度。重庆、北京、天津原始数据缺失。

资料来源：赵跃龙编著《中国脆弱生态环境类型分布及其综合整治》，中国环境科学出版社，1999。

———————

① 赵跃龙编著《中国脆弱生态环境类型分布及其综合整治》，中国环境科学出版社，1999。

2. 西部弱生态性评估

（1）典型生态问题

①草原退化及沙化。草原是西部生态最为脆弱也是分布最广的生态系统类型。西部草原面积共有 3.31 亿公顷，占总面积的 49.04%[①]，草原退化及荒漠化是草原地区的主要生态问题。其中青海、宁夏、甘肃、西藏、陕西五省（区）表现最为严重，宁夏草原退化率超过 90%。草原退化及沙漠化地区主要分布在我国北方干旱区和西北干旱区，长期以来高强度的开发、无限索取草地资源是草原退化的主要原因。据统计，近 30 年来西部各省（区、市）累计近 700 万公顷草原被开垦为耕地，由于部分地区灌溉方式不当，又有 40% 左右的耕地出现沙化、盐渍化[②]。此外，过度放牧是草原退化的重要因素。宁夏、青海、内蒙古等省（区、市）部分草原超过正常利用率（牲畜放牧量与可放牧草原面积的比例）50%，导致优质牧草难以正常发育，草原自身恢复系统失去平衡，形成恶性循环。再加上气候变异，全球变暖的影响，草原地区鼠虫灾害加剧等自然因素是造成西部草原地区草原退化、生态环境恶化的根本因素。

②植被破坏及水土流失。随着人口的快速增长、过度的资源开发、植被砍伐和城市建设进程的加快，水土流失已经成为中国及西部弱生态地区最为严重的生态环境问题。水土流失主要分布在西北、西南和青藏高原地区，具体分布在长江中上游的四川、重庆、贵州等省（市），风蚀现象严重的内蒙古、甘肃等西北地区，以及云南地区。这些地区由于乱砍滥伐，植被破坏最为严重，植被覆盖率仅为 12%，水土流失面积约 104.5 万平方千米，占全国水土流失面积的 58%，水土流失率高达 15%，成为世界上水土流失最严重的地区之一[③]。严重的水土流失使得耕地面积逐渐减少，土壤肥力缩减，进一步降低了西部弱生态地区农业的生产效率，成为阻碍农业产业转型升级的关键因素。此外，自然资源的过度开发以及土地的不合理利用，是水土流失的根本原因之一。西部大开发以来，城市建设如火如

---

①　赵跃龙、刘燕华：《中国脆弱生态环境类型划分及其范围确定》，《云南地理环境研究》1994 年第 2 期。

②　张苏琼、阎万贵：《中国西部草原生态环境问题及其控制措施》，《草业学报》2006 年第 5 期。

③　李从平：《中国西部水土流失及其综合治理》，《中国西部科技》2011 年第 7 期。

茶，大规模地将自然地开发为城市建设用地，使可耕地与供植树造林的土地越来越少。西部地区是我国重要的能源供给基地，大量的石油、煤炭、天然气、重金属的开采，使得这些不可再生资源数量急剧减少，并造成了开采地严重的环境污染，如六盘水、攀枝花等依赖矿产开发发展的城市均在我国大气、工业固体污染最为严重的城市之列。

③土地荒漠化。土地荒漠化是指干旱、半干旱和亚湿润干旱地区的土地退化现象，土地荒漠化会导致可耕地质量下降，土地生产力退化，生物多样性减少，破坏生态平衡[1]。西部弱生态地区是我国土地荒漠化最为严重的地区之一，西部地区的土地荒漠化现象主要集中在西北半干旱地区和西南山地地区，其中西南包括云南、四川、贵州、广西、重庆等地区，西北包括甘肃、青海、新疆、宁夏等地区。云南、贵州、广西、重庆地区的土地荒漠化问题主要表现为耕地石漠化，这是由于这些地区以喀斯特地貌为主，耕地土层浅薄、植被稀少。经过长时间的累积，部分地区形成了蔚为壮观的石林溶洞风光。如云南喀斯特地貌面积达11万平方千米，占全省总面积的29%；贵州石漠化土地主要分布在六盘水、铜仁一带，达13万平方千米，占全省面积的7.9%。广西是西南地区石漠化最为严重的地区，喀斯特地貌山区的石漠化面积占总面积的37.8%。据统计，西南主要省（区、市）的土地石漠化面积仍在以每年3%~6%的速度增长，有进一步扩张的趋势[2]。因此，退耕还林政策需要坚持实施，发展生态农业的政策不能改变，以此才能有效地延缓土地石漠化。西北地区土地荒漠化主要表现为草原退化，对于草原退化以及沙漠化问题上文已有介绍，在这里就不多叙述。

（2）环境污染问题

西部地区的产业发展呈现"高消耗、高污染、低效益"的典型粗放式发展特征，西部地区通过产业承接一定程度上带动和促进了区域经济的发展，但是长期以来承接的产业主要为对资源和能源依赖性较强的上游产业或高耗能、高污染的劳动密集型产业，呈现明显的"污染西迁，

---

① 张苏琼、阎万贵：《中国西部草原生态环境问题及其控制措施》，《草业学报》2006年第5期。

② 王双怀：《中国西部土地荒漠化问题探索》，《西北大学学报》（哲学社会科学版）2005年第4期。

高技术产业东移，工业产值向东部地区集聚"的特征，西部地区甚至陷入分工体系中的"路径依赖"、"低端锁定"和"资源诅咒"陷阱。因此，西部地区在工业与经济规模获得较快增长的同时，生态环境日益恶化。因此，明晰西部地区环境和资源约束现状，突出环境和资源约束视角下的产业承接研究，是推动西部地区经济可持续发展的必然要求。西部地区绝不能走东部地区先污染后治理、牺牲环境换取经济增长、注重末端治理的老路。

下面主要从环境污染和环境治理两个视角对西部地区的环境污染问题进行分析，并对各个行业的能源消耗进行评价。我国环境污染评价指标如表 3-2 所示。

表 3-2　我国环境污染评价指标

一级指标	二级指标	三级指标
整体绩效	资源环境绩效指数	资源环境综合绩效指数
环境污染	水污染指标	COD* 排放绩效指数
	大气污染指标	SO_2 排放绩效指数
	固体废物污染指标	固体废物排放绩效指数
环境治理	工业污染治理投入	工业污染治理完成投资额
	废水治理投资额	单位废水治理投资额
	废气治理投资额	单位废气治理投资额
	废弃物治理投资额	单位固体废弃物治理投资额
	水污染治理指数	废水排放达标率
	大气污染治理指数	SO_2 排放达标率
	固体废物污染治理指标	固体废弃物综合利用率
能源消耗	能源消耗绩效指数	能源消耗绩效指数
	工业分行业能耗值	分行业单位产值能耗

注：* 为化学需氧量（Chemical Oxygen Demand）。

资料来源：李少林：《资源环境约束下产业结构的变迁、优化与全要素生产率增长》，博士学位论文，东北财经大学，2013。

根据这些指标，我们对 2002～2012 年西部弱生态地区各个省（区、市）的污染指数进行了整理，以评价其整体绩效，如表3-3所示。

表3-3　2002~2012年西部弱生态地区环境污染评价指数

地区	指标	2002年	2003年	2004年	2005年	2006年	2007年	2008年	2009年	2010年	2011年	2012年
云南	资源环境综合绩效指数	1.342	1.337	1.310	1.346	1.450	1.512	1.529	1.556	1.531	1.729	1.661
	COD排放绩效指数	1.146	1.137	1.124	1.076	1.115	1.169	1.172	1.181	1.204	1.196	1.139
	SO_2排放绩效指数	0.983	1.115	1.100	1.095	1.154	1.205	1.193	1.245	1.273	1.169	1.598
	固体废物排放绩效指数	1.890	1.809	1.752	1.853	2.137	2.251	2.317	2.350	2.165	2.873	2.453
	能源消耗绩效指数	1.348	1.287	1.266	1.364	1.392	1.424	1.434	1.447	1.483	1.168	1.452
贵州	资源环境综合绩效指数	3.442	3.463	3.364	3.056	3.198	3.080	2.824	2.843	2.801	2.335	2.159
	COD排放绩效指数	1.451	1.574	1.589	1.471	1.484	1.514	1.481	1.473	1.464	1.131	1.040
	SO_2排放绩效指数	6.656	5.837	5.557	4.912	5.234	5.135	4.695	4.623	4.584	4.118	3.723
	固体废物排放绩效指数	2.948	3.576	3.620	3.329	3.556	3.143	2.710	3.126	2.963	1.933	1.803
	能源消耗绩效指数	2.713	2.867	2.688	2.512	2.519	2.529	2.409	2.150	2.193	2.156	2.068
四川	资源环境综合绩效指数	1.413	1.448	1.383	1.264	1.273	1.304	1.289	1.236	1.245	0.978	0.968
	COD排放绩效指数	1.744	1.787	1.651	1.387	1.404	1.404	1.413	1.410	1.397	0.856	0.879
	SO_2排放绩效指数	1.477	1.424	1.405	1.276	1.232	1.202	1.233	1.235	1.208	0.912	0.877
	固体废物排放绩效指数	1.232	1.305	1.211	1.196	1.248	1.383	1.267	1.105	1.089	0.875	0.871
	能源消耗绩效指数	1.200	1.275	1.256	1.199	1.206	1.228	1.245	1.282	1.285	1.270	1.236
重庆	资源环境综合绩效指数	1.299	1.302	1.291	1.153	1.157	1.161	1.133	1.057	1.009	0.839	0.814
	COD排放绩效指数	1.106	1.168	1.199	1.015	1.023	1.034	0.992	0.980	0.959	0.785	0.756
	SO_2排放绩效指数	2.197	2.121	2.093	1.751	1.839	1.902	1.823	1.759	1.666	1.246	1.213
	固体废物排放绩效指数	0.862	0.795	0.737	0.705	0.663	0.675	0.659	0.653	0.596	0.485	0.431
	能源消耗绩效指数	1.209	1.213	1.135	1.140	1.103	1.032	1.056	0.836	0.817	0.840	0.857

续表

地区	指标	2002年	2003年	2004年	2005年	2006年	2007年	2008年	2009年	2010年	2011年	2012年
广西	资源环境综合绩效指数	1.703	1.935	1.906	1.890	1.866	1.873	1.877	1.841	1.753	1.034	1.050
	COD 排放绩效指数	2.951	3.348	3.456	3.512	3.572	3.512	3.430	3.358	3.172	1.277	1.282
	SO_2 排放绩效指数	1.690	1.949	1.949	1.863	1.750	1.801	1.782	1.766	1.734	0.946	0.948
	固体废物排放绩效指数	1.279	1.546	1.277	1.205	1.171	1.181	1.274	1.226	1.084	0.921	0.964
	能源消耗绩效指数	0.892	0.896	0.940	0.980	0.972	0.999	1.020	1.014	1.022	0.994	1.008
陕西	资源环境综合绩效指数	1.454	1.477	1.452	1.395	1.347	1.360	1.301	1.196	1.154	1.082	1.017
	COD 排放绩效指数	1.262	1.264	1.271	1.165	1.135	1.152	1.080	1.039	0.985	0.847	0.794
	SO_2 排放绩效指数	1.768	1.863	1.826	1.700	1.728	1.734	1.644	1.515	1.413	1.573	1.431
	固体废物排放绩效指数	1.631	1.541	1.602	1.604	1.444	1.441	1.386	1.135	1.134	0.839	0.787
	能源消耗绩效指数	1.155	1.119	1.107	1.110	1.080	1.115	1.093	1.095	1.083	1.068	1.055
内蒙古	资源环境综合绩效指数	1.802	2.169	2.002	2.114	2.017	2.012	1.798	1.762	1.790	1.861	1.881
	COD 排放绩效指数	1.079	1.171	1.080	0.995	0.913	0.862	0.784	0.763	0.764	1.207	1.192
	SO_2 排放绩效指数	2.352	3.393	2.749	2.705	2.631	2.441	2.279	2.211	2.193	2.087	2.137
	固体废物排放绩效指数	1.830	2.065	2.059	2.594	2.359	2.585	2.065	2.078	2.425	2.382	2.406
	能源消耗绩效指数	2.018	2.046	2.119	2.160	2.166	2.161	2.063	1.994	1.779	1.769	1.787
新疆	资源环境综合绩效指数	1.304	1.304	1.512	1.482	1.487	1.553	1.596	1.667	1.617	1.850	1.851
	COD 排放绩效指数	1.119	1.236	1.415	1.362	1.431	1.581	1.632	1.789	1.764	1.961	1.938
	SO_2 排放绩效指数	1.146	1.104	1.541	1.446	1.506	1.773	1.892	2.124	1.986	2.506	2.599
	固体废物排放绩效指数	1.257	1.283	1.469	1.462	1.349	1.090	1.039	0.798	0.834	0.855	0.604
	能源消耗绩效指数	1.695	1.592	1.622	1.675	1.661	1.769	1.821	1.956	1.882	2.079	2.261

续表

地区	指标	2002年	2003年	2004年	2005年	2006年	2007年	2008年	2009年	2010年	2011年	2012年
青海	资源环境综合绩效指数	1.218	1.310	1.444	1.858	1.954	2.068	2.022	2.078	2.121	4.134	4.020
	COD排放绩效指数	0.853	0.833	1.008	1.723	1.747	1.829	1.741	1.879	1.994	1.191	1.173
	SO$_2$排放绩效指数	0.587	0.968	1.126	1.656	1.675	1.810	1.793	1.936	1.944	2.037	1.991
	固体废物排放绩效指数	1.174	1.314	1.452	1.634	1.941	2.143	2.168	2.083	2.198	0.660	0.250
	能源消耗绩效指数	2.257	2.126	2.196	2.409	2.454	2.490	2.387	2.414	2.384	2.645	2.670
宁夏	资源环境综合绩效指数	2.481	2.633	2.530	2.958	3.024	3.013	2.734	2.638	2.708	2.902	2.797
	COD排放绩效指数	2.591	2.273	1.470	3.047	2.920	2.870	2.604	2.468	2.334	2.142	2.085
	SO$_2$排放绩效指数	3.676	4.049	3.868	4.062	4.409	4.336	3.911	3.572	3.380	4.271	4.256
	固体废物排放绩效指数	1.574	1.728	1.599	1.552	1.572	1.722	1.568	1.727	2.429	2.354	1.994
	能源消耗绩效指数	2.048	2.483	3.184	3.173	3.197	3.123	2.854	2.783	2.690	2.840	2.850
甘肃	资源环境综合绩效指数	1.708	1.809	1.643	1.678	1.639	1.699	1.731	1.737	1.766	1.951	1.900
	COD排放绩效指数	0.929	1.153	1.121	1.233	1.185	1.240	1.281	1.324	1.318	1.498	1.475
	SO$_2$排放绩效指数	2.165	2.221	2.032	2.112	2.004	2.084	2.145	2.272	2.460	2.653	2.483
	固体废物排放绩效指数	1.792	2.003	1.687	1.600	1.624	1.681	1.669	1.554	1.513	1.892	1.862
	能源消耗绩效指数	1.945	1.861	1.773	1.770	1.742	1.792	1.828	1.799	1.775	1.761	1.779

从资源环境综合绩效指数看,西部地区环境绩效出现分化。其中,贵州和宁夏地区的资源环境综合绩效水平较高,其历年资源环境综合绩效指数均值分别为2.960和2.765。宁夏主要是由于COD排放绩效指数、SO$_2$排放绩效指数、能源消耗绩效指数三项指标表现较好,而贵

州则主要是由于 SO_2 排放绩效指数、固体废物排放绩效指数、能源消耗绩效指数三项指标表现较好。重庆和四川的资源环境综合绩效水平相对较低，其历年资源环境综合绩效指数均值分别为 1.110 和 1.250。重庆主要受能源消耗绩效指数和 COD 排放绩效指数影响，四川则主要受固体废物排放绩效指数和 SO_2 排放绩效指数的影响。

从总体上看，云南、新疆、甘肃和青海四个地区的资源环境综合绩效指数呈上升趋势，其中，青海的 COD 排放绩效指数上升幅度较大，新疆的 COD 排放绩效指数和 SO_2 排放绩效指数上升幅度较大，云南的 SO_2 排放绩效指数上升幅度较大。广西、贵州、四川、陕西和重庆五个地区的资源环境综合绩效指数呈下降趋势，其中，广西资源环境综合绩效指数下降主要是受 COD 排放绩效指数下降影响，贵州主要受 SO_2 排放绩效指数下降影响，陕西和重庆主要受能源消耗绩效指数下降的影响。内蒙古和宁夏的资源环境综合绩效指数先上升后下降。

综合上述分析发现，我国西部地区各省（区、市）的资源环境综合绩效存在较大的差异，各省（区、市）在 COD 排放绩效、SO_2 排放绩效、能源消耗绩效、固体废物排放绩效方面的表现并不均衡，表现出我国西部地区发展的差异性。从变化趋势来看，各地区提升资源环境综合绩效的重点领域也存在较大的差异，比如云南主要依靠 SO_2 排放绩效提升，青海主要依靠 COD 排放绩效提升。这说明西部地区在改善地区资源环境绩效时，应根据当地的资源环境约束和产业结构等条件，探索适合当地的产业转型升级的差异化路径。

（二）西部地区产业发展的动态趋势、阶段、绩效与问题

1. 产业结构动态变化趋势

（1）西部地区产业结构总体动态变化趋势

产业结构是一个国家或地区各产业中经济和资源的相互关系，或产业间各种经济技术的比例关系[①]。具体来说，产业结构是一个国家或地区产业发展水平的直接体现，是经济体系运行效率和形态的重要影响因素，产

---

① 苏建军、徐璋勇：《西部地区产业结构演变及转型发展研究》，《宁夏社会科学》2015 年第 1 期。

业结构是否合理在很大程度上决定了一个地区经济发展水平的高低[1]。不同区域有着不同的历史发展背景、自然资源禀赋、外部影响等,这些内外特征影响着地区产业结构的发展演进,使得西部各地区表现出不同的产业结构特征。西部地区有着丰富的自然资源,新中国成立初期国家在西部地区重点发展的一批能源、原材料工业,在 20 世纪六七十年代迅速发展壮大。到 20 世纪 80 年代初,西部地区已经成为国家工业化的能源、原材料供应基地。至今,西部地区形成了以能源、原材料重工业产业为主导产业的产业结构。西部大开发以来,随着国家产业政策的支持和经济的发展,西部地区产业结构表现出由低级向较高级、由简单化向复杂化演进的态势,第一产业在国民经济中比重逐渐下降,第二产业比重持续上升,第三产业比重上升速度最快。总体来说,西部弱生态地区的产业结构是以第二产业为主导产业的发展模式,主要特点是:第二产业在西部弱生态地区的经济发展过程中成为主要的推动力,在产业结构之中占有较大比重。西部地区总体产业结构基本符合产业演进的一般规律,产业结构不断优化,呈现"二三一"的产业结构特征。如果继续以牺牲生态为代价来推进西部地区工业的发展,持续以传统的能源、原材料加工为主加大产业聚集和规模扩张,必然使得原来产业与生态的紧张关系更加严重,使得西部弱生态地区生态环境对产业的约束刚性增强,使产业发展与生态平衡的治理难度提高,最终导致"产业与生态"的双向掣肘。

(2)西部地区产业结构特征

①形成第二产业主导的产业格局。从产业结构来看,西部地区处于工业化中期的产业结构模式,即"二三一"模式。2014 年末西部地区的第一、二、三产业在三次产业中所占的比重分别为 11.9%、47.4%、40.7%,第二产业在三次产业中占有明显的优势。从各产业产值来看,各个产业都呈现稳定的增长趋势,但是第二、三产业的增长速度要快于第一产业,2004~2014 年,第一产业产值从 5369 亿元增长到 16433 亿元,第二产业产

---

① 王双怀:《中国西部土地荒漠化问题探索》,《西北大学学报》(哲学社会科学版)2005 年第 4 期。

值从 12230 亿元增长到 65440 亿元,第三产业产值从 9986 亿元增长到 56227 亿元,可见第二产业不管是比重还是增长速度都占有明显的优势,支撑着西部经济的发展。

②增长中表现出产业结构的不协调。根据有关数据,从 2004 年至 2014 年西部地区产业结构发展趋势来看,西部弱生态地区第一产业在三次产业中的比重呈现不断下降的趋势,由 2004 年的 19.5%下降到 2014 年的 11.9%,而同期全国的第一产业比重则由 15.2%下降到 9.2%。截至 2014 年,西部地区的三次产业比重分别为第一产业 11.9%、第二产业 47.4%、第三产业 40.7%,而同期全国的水平分别为 9.2%、42.7%、48.1%。西部地区的产业发展明显落后于全国的平均水平,与东中部地区相比,差距更大,第三产业发展严重不足,产业结构不相协调。因此,西部地区的产业发展面临着转型升级的重要任务。

③对社会就业的贡献度较低。产业结构的发展除了可以通过经济的增长量来评价之外,还可以通过各产业中的就业人数来衡量。一个地区产业的发展能够带动更多的人口就业,不仅说明该地区的劳动力充足,还能够说明该地区产业发展较好。截止到 2013 年,西部地区第一产业的就业人数从 2005 年的 10299 万人下降到 9046 万人,第二产业的就业人数从 2005 年的 2704 万人增长到 3819 万人,第三产业就业人数从 2005 年的 5123 万人增长到 6232 万人,可以看出各产业就业人数的变化和产业结构占比的变化保持一致。虽然西部地区第二产业和第三产业的就业人数都有所增长,但是和东中部地区比起来增长的幅度还是较小,第一产业就业人数还是远远超过东中部地区。另外,我们可以看到西部地区就业人数最多的是第一产业,但是第一产业的生产产值非常小,从业人员的劳动生产率很低;第三产业的就业人数虽然比较多,但是由于第三产业业态较为落后,生产产值不高(低于第二产业的生产产值)。由此,西部地区三次产业呈现与东中部地区的"三二一"产业产值位序不同的特征。可见西部地区的第三产业发展远远落后于东中部地区,发展动力不足,发展速度缓慢。

④西部弱生态地区产业结构比较分析——选取部分地区产业数据为例。本部分选取了广西河池、重庆市、四川攀枝花、云南昭通、陕西汉

中、宁夏固原和甘肃天水七个地区作为典型地区进行西部弱生态地区产业发展的分析，在与全国的总体水平进行比较的基础上，分析和解释西部弱生态条件与落后产业发展之间的相互掣肘关系。

从工业发展总体水平来看，西部弱生态地区的发展水平处于工业中期阶段，虽有不断向前发展的趋势，但增长速度较为缓慢，第一产业比重逐步下降，第三产业比重逐步上升。

通过表 3-4 我们可以看出，选取的七个地区彼此之间的差异比较大，并且大多数地区的产业发展与全国水平相比还是处于较低的水平。通过表中数据可以看出，从 2004 年到 2014 年，各个地区的三次产业都处于不断优化的状态，和全国的发展趋势保持一致。但是在这几个地区之中，四川省的攀枝花市是一个比较特殊的地区，尽管该地区的第三产业发展落后于全国水平，但是如果仅仅从第一产业和第二产业所占的比例来看，其发展程度要高于全国水平。攀枝花市的第一产业比例要远远低于其他六个地区，第三产业的比例在这几个地区中最低，但是第二产业的比例要远远高于其他地区，由此可以很明确地知道攀枝花市是一个典型的工业发展型地区，并且发展程度还是比较高的。除了攀枝花市，可以看出其他六个地区的发展水平还是比较接近的。在除攀枝花市外的六个地区之中，从 2014 年的数据来看，只有重庆市和宁夏固原市两个地区的发展水平最接近全国的总体水平，尽管第一产业和第二产业的发展接近甚至要优于全国水平，但是第三产业的发展要低于全国水平，但差距不是很大。而剩下的四个地区的产业发展状况比较接近，第一产业的比例集中在 20% 左右，第二产业的发展水平有一些差距，但是基本上靠近全国水平，第三产业的比例除了天水市外，另外三个地区集中在 35% 左右。

综上所述，从各次产业的构成比例来看，这七个地区在一定程度上都或多或少地落后于全国的产业发展状况。从这几个代表地区的数据来看，可以知道西部弱生态地区的产业结构要落后于全国水平，和东中部地区比较的话要更加落后，因此，要想缩小区域间发展的差距，西部弱生态地区的产业发展任重而道远。

表 3-4　2004 年和 2014 年西部弱生态地区典型城市和全国产业构成状况

单位：%

地区	2004 年			2014 年		
	第一产业	第二产业	第三产业	第一产业	第二产业	第三产业
河池市	31.2	34.9	33.9	25.9	35.8	38.8
重庆市	15.9	44.3	39.8	7.4	45.8	46.8
攀枝花市	5.5	72.5	22.0	3.3	73.1	23.4
昭通市	28.1	36.9	35.0	20.3	44.7	35.0
汉中市	23.4	36.4	40.3	20.2	45.1	34.7
固原市	—	—	—	7.9	48.7	43.4
天水市	17.9	39.4	42.3	18.6	37.0	44.3
全国	15.2	52.9	31.9	9.2	42.7	48.1

资料来源：根据各省（区、市）统计年鉴整理所得。

通过表 3-4 可以看出选取的这几个地区的产业构成状况尽管彼此之间存在差异，但是其数据表现出来的基本趋势并没有受到个别地区的影响。通过数据可以看出这些地区中除了几个很明显的工业地区外，其他地区的第一产业比例都要高于全国水平，第二产业的构成比例则比较接近，第三产业构成比例低于全国水平。将三次产业的数据综合来看，就会看到这些地区第一产业的比例较高，像河池市，或者第二产业的比例非常高，像攀枝花市。某一产业构成比例过高或者过低都会影响产业的发展，使产业发展表现出不协调，甚至会成为产业合理发展的阻碍因素，最终影响的将是整个地区或者某一地区的经济发展。

通过表 3-5 我们可以看出西部弱生态地区三次产业的产值构成状况，除了重庆市、固原市和攀枝花市三个地区之外，其他地区的第一产业产值对于总体产值的贡献都在 20% 左右，这说明西部弱生态地区第一产业的发展对于其经济的发展还是起着举足轻重的作用，这和上面分析的全国的产业发展状况有一定差距。这些地区的第三产业产值基本和第二产业的产值贡献度相当，除了攀枝花市的第二产业产值占总产值的 73.1%，由此可以看出攀枝花市的发展主要依赖第二产业的发展，其是一个典型的工业发展型的地区，但是这样的地区发展模式很有可能成为产业结构转型升级的阻碍因素。

表3-5 2014年西部弱生态地区典型地区的三次产业产值构成状况

单位：亿元,%

地区	生产总值	第一产业	第二产业	第三产业
河池市	528.6	25.9	35.8	38.8
重庆市	14262.6	7.4	45.8	46.8
攀枝花市	870.8	3.3	73.1	23.4
昭通市	669.5	20.3	44.7	35.0
汉中市	881.7	20.2	45.1	34.7
固原市	201.0	7.9	45.8	46.8
天水市	454.3	18.6	37.0	44.3

资料来源：根据各省（区、市）2015年的统计年鉴整理所得。

通过以上分析，可以知道西部弱生态地区的第一产业还是占有很大的比重，对西部弱生态地区的产值也有着很大的贡献度，但第三产业落后于全国的总体水平。西部弱生态地区的产业发展基本处于工业化中前期的阶段，第二产业逐渐成为主导产业，第三产业逐步发展，但是应该重点注意到西部弱生态地区第一产业所占的比重较高，导致第二和第三产业的比重较低，这也是西部弱生态地区产业结构的一个弱点，并影响其经济的增长质量，对这一问题的解决也是西部弱生态地区产业转型升级的重点。

（3）西部地区产业结构变化趋势具体分析

①西部地区产业产值增长变化态势分析。从"十一五"和"十二五"期间西部地区三次产业产值的变化情况来看，各个产业都呈现稳定增长的趋势，第二、三产业的产值增长量与增长速度都超过第一产业。西部地区第二、三产业产值分别从2004年的12229亿元和9986亿元增加到2014年的65440亿元和56226亿元。随着市场经济体制的完善、国家政策的倾斜，西部地区第一产业无论是在总量上还是发展速度上都取得了巨大的提升。2000年西部地区第一产业生产总值是3648亿元，2014年这一数字达到16426亿元，是2000年的4.5倍。

②西部地区产业结构变化态势分析。从21世纪初西部大开发战略实施以来，西部地区的宏观产业结构沿着钱纳里"发展型式"产业结构理论在演进，即随着经济的发展，国民生产总值中第二产业所占份额逐渐上升，第一产业所占份额下降，第三产业所占份额则呈缓慢上升的态势。西部地

区加速了基础设施的建设和资源的开发进程,使产业结构向着更加合理化、高级化的方向发展。从 2004~2014 年西部地区产业结构发展趋势来看,西部地区第一产业在三次产业中的比重呈现不断下降的趋势,由 2004 年的 19.46% 下降到 2014 年的 11.90%,而同期全国第一产业的比重则由 15.17% 下降到 9.17%,可见西部地区的第一产业比重依然高于全国整体水平,比重仍然过高。2014 年西部地区第一、二、三产业占地区生产总值的比重分别是 11.90%、47.39%、40.71%,全国水平分别是 9.17%、42.72%、48.11%(见表 3-6、图 3-1)。与全国相比,西部地区第一、二产业比重过高,经济的发展过度依赖农业与工业,形成了典型的以工业为主导产业的产业结构,虽然第三产业也有所发展,但依旧低于全国水平,与中东部相比,差距更加明显。第三产业严重发展不足,导致西部地区产业结构不够协调,产业结构转型升级是当前西部地区面临的首要任务。

表 3-6 2004~2014 年西部地区与全国产业构成比例对比

单位:%

年份	第一产业		第二产业		第三产业	
	西部	全国	西部	全国	西部	全国
2004	19.46	15.17	44.34	52.89	36.20	31.94
2005	17.69	12.60	42.79	47.54	39.52	39.85
2006	16.18	11.73	45.23	48.92	38.58	39.35
2007	15.97	11.26	46.32	48.64	37.70	40.10
2008	15.56	11.31	48.10	48.62	36.34	40.07
2009	13.73	10.35	47.46	46.30	38.81	43.36
2010	13.15	10.10	49.99	46.75	36.87	43.14
2011	12.74	10.04	50.92	46.61	36.34	43.35
2012	12.58	10.09	50.13	45.32	37.28	44.59
2013	12.46	9.41	49.49	43.67	38.05	46.92
2014	11.90	9.17	47.39	42.72	40.71	48.11

总体而言,西部地区产业结构呈现产业体系过于单一的特征,产业重心集中在工农业的一些基础产业上,演进速度迟缓。经济的发展过于依赖第二产业是西部地区产业结构的一个鲜明特征。西部地区产业结构变化态势为:第一,产业结构仍然处于一、二、三产业递进式梯度转移的进程之

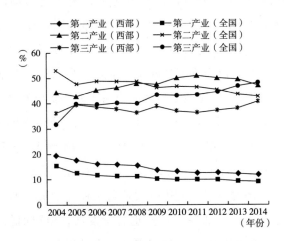

图 3-1　2004~2014 年西部地区与全国产业结构演变趋势

资料来源：根据 2004~2014 年《中国统计年鉴》和西部各省（区、市）统计
年鉴整理所得。

中，且第三产业增长势头迅猛，但是产业业态传统，新型服务业和高端服务业发展滞后；第二，第一产业比重虽然呈直线下降趋势，但是和东中部地区相比其所占的比重仍然过高，第三产业有所发展，但比重依然偏低。截至 2014 年，西部地区三次产业结构仍阻滞于"二三一"层级关系上，产业结构高度化、协调化程度不足。

　　③西部地区三次产业就业态势分析。伴随着社会经济的发展，人均收入水平的提高，劳动力会不断从传统产业流向现代产业，具体来说，随着工业化程度的加深，劳动力会逐渐由第一产业向第二产业转移，继而向第三产业转移，最终劳动力在第三产业聚集，形成以第三产业为主导的"三二一"产业递进层次的就业结构。就业人员在三次产业中的分布状态是影响产业结构演进的重要指标，对产业结构和就业结构的协调性研究，以及对产业转型升级相关政策和规划的制定具有较高的现实意义①。

　　西部地区就业人数由 2004 年的 18085 万人增加到 2013 年的 19499 万人，净增加了 1414 万人，劳动力资源相对丰富。随着工业化的发展，劳动

----

① 苏建军、徐璋勇：《西部地区产业结构演变及转型发展研究》，《宁夏社会科学》2015 年第 1 期。

力开始从农业部门向非农业部门流动,从事第一产业的人口数呈现持续下降的趋势,从表3-7、图3-2得知,其占三次产业就业人口的比重由2004年的56.53%下降到2013年的46.39%,下降了约10个百分点,2013年西部地区第一产业就业人口比例比全国高约15个百分点,第一产业的劳动力转移幅度较小。从就业人口总量构成来看,2013年第一产业就业人口增至19499万人,由于受机械化程度极低、劳动生产率不高等因素影响,西部地区不得不在第一产业投入大量的劳动力,造成了第一产业劳动力数量绝对规模仍然过大的状况。根据2014年汇率计算出西部地区人均GDP为1567.1美元,参照表3-8中三次产业中劳动力的比重,西部地区第一产业就业人口比重比标准水平高出约20个百分点,第二产业就业比重比标准低了约10个百分点,第三产业就业比重低了约11个百分点,由此看出,西部地区产业结构偏离度较大,农业部门占有大量的劳动力资源,二、三产业部门得不到充分的劳动力支持,因此依然处于传统的农业地区状态。由于工农业基础薄弱,以及二、三产业发展的瓶颈限制,劳动力从农业部门向非农业部门的转移极为缓慢,至2013年西部地区第二产业就业人数虽然在稳步增长,但增长的速度缓慢,2013年西部地区从事二、三产业的人口数分别为3819万人、6232万人,第二产业就业人口比例从2004年的14.28%增长到2013年的19.59%,增长了约5个百分点,年均增长量仅为123万人左右。再看第三产业增长比重,从29.18%上升到31.97%,增长了不到3个百分点,第三产业年均增加的就业人口为120万人左右。二、三产业就业人口数量的不足,严重阻碍了西部地区产业结构的转型升级。

表 3-7　2004~2013 年西部地区与全国三次产业就业人口构成比例对比

单位:%

年份	第一产业		第二产业		第三产业	
	西部	全国	西部	全国	西部	全国
2004	56.53	46.90	14.28	22.50	29.18	30.60
2005	56.95	44.80	14.96	23.85	28.33	31.35
2006	55.38	42.62	15.39	25.16	29.48	32.22
2007	54.27	40.84	16.88	26.79	29.13	32.36
2008	52.70	39.56	17.50	27.24	30.10	33.19

续表

年份	第一产业		第二产业		第三产业	
	西部	全国	西部	全国	西部	全国
2009	51.65	38.09	18.66	27.80	30.00	34.11
2010	50.24	36.70	19.65	28.70	30.43	34.60
2011	49.04	34.80	20.26	29.50	31.04	35.70
2012	47.73	33.60	19.09	30.30	30.94	36.10
2013	46.39	31.40	19.59	30.10	31.97	38.50

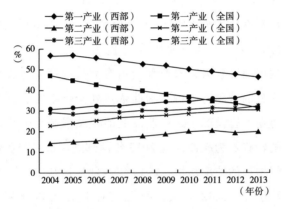

图 3-2 2004~2013 年西部地区与全国三次产业就业人口结构演变趋势
资料来源:根据 2004~2013 年《中国统计年鉴》和西部各省(区、市)统计年鉴整理所得。

表 3-8 钱纳里多国发展模型①

单位:美元,%

人均 GDP	100	200	300	400	600	1000	2000	3000
第一产业劳动力比重	68.1	58.7	49.9	43.6	34.8	28.6	23.7	8.3
第二产业劳动力比重	9.6	16.6	20.5	23.4	27.6	30.7	33.2	40.1
第三产业劳动力比重	22.3	24.7	29.6	33.0	37.6	40.7	43.1	45.2

资料来源:苏东水编《产业经济学》,高等教育出版社,2000。

---

① 钱纳里多国发展模型是利用 101 个国家 1950~1970 年的统计资料归纳分析得出的,旨在求出一个经济发展的"标准结构",钱纳里认为在经济发展的不同阶段,人均 GDP 的不同导致劳动力在三次产业中的分配具有不同比例。表 3-8 是作者根据钱纳里标准模型和 2000 年不变汇率计算所得。

④西部地区三次产业的相对劳动生产率的变化态势分析。相对劳动生产率又称为比较劳动生产率,是指各产业或产业内部部门之间生产总值的比重与其对应的劳动力比重的比,反映的是一个产业或部门内劳动力生产产品的效率的高低[①]。三次产业间的差距越大,说明产业结构失衡越严重。

由表3-9可知,西部地区第一产业相对劳动生产率最低,第三产业稍好,第二产业最高。第一产业相对劳动生产率小于1,总体呈下降趋势,主要是由于第一产业产值比重下降的速度要低于第一产业就业人口的比重下降速度,这说明了西部地区大量的就业人口还依附在农业部门,第一产业整体的效益水平处于极低的状态。第二产业相对劳动生产率最高,远高于1,呈先上升后下降趋势,由于西部地区资源丰富和西部大开发以来东中部面向西部的固定资产投资增加,再加上人口红利的巨大优势,资源密集型产业和人口密集型产业的快速发展带动了第二产业相对劳动生产率的上升,但是西部地区的主导性产业为粗放型产业,这不利于经济的长远发展和生态、社会环境的可持续发展。第三产业的相对劳动生产率明显高于第一产业,总体上呈下降趋势且接近于1,反映出西部地区第三产业的发展十分依赖于传统的服务业,而且随着服务业的发展,第三产业逐渐成为吸纳第一产业转移劳动力的主力军。但从2012年的数据来看,第三产业相对劳动生产率开始上升,可以推断出西部地区第三产业部分部门转型升级取得良好效果,产业链得以拉长,劳动力市场还有拓展的潜力,具有更为宽广的劳动力容纳空间。

表3-9 2005~2013年西部地区三次产业相对劳动生产率

单位:%

年份	第一产业	第二产业	第三产业
2005	0.31	2.86	1.39
2006	0.29	2.94	1.31
2007	0.29	2.74	1.29

① 柏吉元:《云南省产业结构转型升级综合评价研究》,硕士学位论文,云南师范大学,2014。

续表

年份	第一产业	第二产业	第三产业
2008	0.30	2.75	1.21
2009	0.27	2.54	1.27
2010	0.26	2.54	1.21
2011	0.26	2.51	1.17
2012	0.26	2.63	1.20
2013	0.27	2.53	1.27

资料来源：根据 2005~2014 年西部各省（区、市）统计年鉴整理所得。

总体上看，西部地区三次产业相对劳动生产率的差距虽然呈缩小的趋势，但是三次产业间的差距依然很明显，2013 年第二产业相对劳动生产率是第一产业的 9.4 倍，第三产业是第一产业的 4.7 倍，并且第三产业与第二产业差距也非常明显。从横向对比来看，2013 年西部地区三次产业相对劳动生产率大于全国平均水平，说明西部地区产业结构的调整进程缓慢，产业之间的失衡问题依然很严峻。

2. 产业发展阶段判断

从上文的分析中可知，西部弱生态地区处于工业中期的产业结构模式，即"二三一"模式。按照工业化进程判断产业发展阶段是有其客观逻辑的。当前我国总体上是处于工业化的成熟阶段，但是因为地域辽阔和地区间发展不平衡，不同地区间产业发展的状况存在非常大的不同。2007 年就有研究指出中国的东部地区和京津沪已进入工业化发展成熟阶段的后期，包括西部地区在内的另外一些内陆地区则处于工业化发展初期的后半阶段[①]。

判断西部弱生态地区的工业产业发展阶段，根据国内外的经济理论和相关文献，人均收入的增长和经济结构的转换是工业产业发展的主要标志[②]。基于"一带一路"倡议所带来的新一轮西部大开发的发展机遇，重新审视西部弱生态地区的产业发展情势，评判和分析产业发展的阶段性、工业化发展水平是评价"产业—弱生态"协调关联的必要前提。

---

① 陈佳贵等：《中国工业化进程报告：1995~2005 年中国省域工业化水平评价与研究》，社会科学文献出版社，2007。

② 莫建备：《区域一体化发展：拓展和深化——长江三角洲区域经济社会协调发展研究》，上海人民出版社，2007。

（1）样本和指标的选取

我们基于 2014 年西部各省（区、市）统计数据，通过构建经济发展水平、工业内部结构、产业结构、空间结构、就业结构五个构面（维度），采用因子分析法，以此计算得到西部 12 个省（区、市）的工业化指数。其中，分别选取人均 GDP（X_1）代表经济发展水平，工业化率（X_2＝全部工业增加值/GDP）代表工业结构，三次产业产值结构比（X_3）代表产业结构，人口城镇化率（X_4）代表空间结构，三次产业就业结构比（X_5）代表就业结构。

我们用因子分析法对西部弱生态地区的部分省（区、市）的相关数据进行数据处理。其中人均 GDP、工业化率、人口城镇化率等正向指标是相对量或绝对量，不用处理。但对两个结构性指标即三次产业产值比（%）与三次产业就业比（%）需要采用阶段阈值法进行指标的无量纲化处理。这两个指标都是逆指标，都用第一产业具体数值进行计算。

正指标的阶段阈值法的公式为：

$$\lambda_{ik} = (J_{ik}-2) \times 33 + 33 \times (X_{ik}-\text{Min}_{kj})/(\text{Max}_{kj}-\text{Min}_{kj})$$

逆指标的阶段阈值法的公式为：

$$\lambda_{ik} = (J_{ik}-2) \times 33 + 33 \times (X_{kj}-\text{Min}_{ik})/(\text{Max}_{kj}-\text{Min}_{kj})$$
$$J_{ik} = 2,3,4; \lambda_{ik}=0(J_{ik}=1); \lambda_{ik}=100(J_{ik}=5)$$

其中，i 代表 i 地区；k 代表第 k 项指标；λ_{ik} 为 i 地区 k 指标的评测值；J_{ik} 为 i 地区 k 指标所处的阶段，$k \in [1, 5]$，J_{ik} 的取值区间为 $[1, 5]$，取整数。如果 $J_{ik}=5$，则 $\lambda_{ik}=100$（即 i 地区的 k 指标已经达到产业成熟阶段的标准，有研究称之为后工业化阶段）；如果 $J_{ik}=1$，则 $\lambda_{ik}=0$（即 i 地区的 k 指标还处于产业起步阶段的标准，有研究称之为前工业化阶段）。

阶段阈值法的具体实施过程如下。

第一，工业化阶段的基本判定；第二，测算准则：如果指标真值处于工业化第 1 阶段，则判定 i 地区 k 指标的评测值得分为 0，亦即表明，该地区还未进入工业化阶段；如果指标真值判定为第 5 阶段，则 i 地区 k 指标的评测值得分为 100，亦即表明，区域工业化进程已进入后工业化阶段；如果该指标处于第2、3、4 阶段，则 i 地区 k 指标的评测值得分＝阶段基础值（分别为 0、33、

66) + （实际值-该阶段最小值）/（该阶段最大值-该阶段最小值）。2014 年西部弱生态地区的工业产业阶段描述性统计结果如表 3-10 所示。

表 3-10　2014 年西部弱生态地区的工业产业阶段描述性统计

单位：元,%

地区	人均 GDP（元）（X_1）	工业化率（X_2）	人口城镇化率（X_4）	三次产业产值比重（X_3）			三次产业就业比重（X_5）		
				一产产值比重	二产产值比重	三产产值比重	一产就业比重	二产就业比重	三产就业比重
重庆	47859	36.3	59.6	7.4	45.8	46.8	32.7	27.4	39.9
陕西	46929	45.7	52.6	8.8	54.8	36.4	47.5	20.4	32.1
甘肃	26427	33.1	41.7	13.2	42.8	44.0	58.0	16.1	25.9
四川	35128	43.5	46.3	12.4	50.9	36.7	39.5	26.4	34.1
贵州	26393	34.0	42.0	13.8	41.6	44.6	61.3	15.3	23.4
青海	39633	41.5	49.9	9.4	53.5	37.1	36.6	22.9	40.5
云南	27264	30.4	41.7	15.6	41.2	43.2	50.7	13.2	33.1
宁夏	41834	35.4	53.6	7.9	48.7	43.4	45.3	19.2	35.5
西藏	29252	7.2	25.8	9.9	36.6	53.5	43.7	14.7	41.6
新疆	40607	34.3	46.1	16.6	42.4	41.0	45.4	16.0	38.6
广西	33090	38.7	46.0	15.4	46.8	37.8	51.9	19.3	28.8
内蒙古	71046	44.5	59.5	9.2	51.3	39.5	39.2	18.3	42.5

注：工业化率以全部工业增加值计算。
资料来源：根据 2015 年西部各省（区、市）统计年鉴整理所得。

（2）因子分析过程

本书使用 SPSS 进行数据处理及后续的因子分析。首先，对数据进行同向化处理，其中，X_1、X_2、X_4 不需要进行处理，X_3、X_5 为结构性指标，利用阶段阈值法进行预处理。其次，进行因子分析前的相关检验，主要是 KMO 和巴特利特球形检验，检验结果如表 3-11 所示。其中，KMO = 0.630 大于 0.5 的临界值水平，处于相对合理水平；巴特利特球形检验中的检验值 P = 0.002 小于 0.01 的临界值水平，统计显著。再次，求相关系数矩阵、相关系数特征根和特征向量。各因子相关性分析如表 3-12 所示，可以看出各因子相关性较强，相关系数在 0.5 左右，适合进行因子分析。进而，用主成分分析法提取公因子并确定公因子的个数。最后，计算出每个省（区、市）工业化进程的因子得分。

表 3-11 KMO 和巴特利特球形检验结果

取样足够的 KMO 检验统计量		0.630
巴特利特球形检验	卡方检验	28.264
	自由度	10.000
	差异性显著的检验值 P	0.002

表 3-12 相关系数矩阵

项目		X_1	X_2	X_3	X_4	X_5
相关系数	X_1	1.000	0.502	0.545	0.764	0.501
	X_2	0.502	1.000	-0.067	0.814	0.017
	X_3	0.545	-0.067	1.000	0.313	0.606
	X_4	0.764	0.814	0.313	1.000	0.250
	X_5	0.501	0.017	0.606	0.250	1.000

(3)因子分析的结果

相关系数矩阵的特征根和贡献率(见表 3-13)表明:第一主成分人均 GDP 的特征值为 2.779 大于 1,贡献率达 55.574%;第二主成分的特征值为 1.484,方差贡献率为 29.674%;前 2 个成分的累计贡献率为 85.248%大于 85%,说明主成分 1、主成分 2 涵盖了绝大部分有效信息。

表 3-13 相关系数矩阵的特征根和贡献率

主成分	初始特征值			未经旋转提取因子的载荷平方和		
	合计	方差贡献率(%)	累计贡献率(%)	合计	方差贡献率(%)	累计贡献率(%)
1	2.779	55.574	55.574	2.779	55.574	55.574
2	1.484	29.674	85.247	1.484	29.674	85.248
3	0.418	8.351	93.599			
4	0.229	4.574	98.173			
5	0.091	1.827	100.000			

对两个公因子进行命名。主成分 1 与 X_1(人均 GDP)、X_2(工业化率)、X_4(人口城镇化率)相关性很高,可命名为产业经济发展水平;主成分 2 与 X_3(三次产业产值结构比)、X_5(三次产业就业结构比)相关性

很高,可命名为产业结构发展水平。

　　基于因子分析法计算得到的 2014 年西部各省(区、市)工业化进程综合指数及工业化阶段划分如表 3-15 所示,可以看出西部 12 个省(区、市)工业化进程差异较大,呈现明显的分化态势。其中,内蒙古、重庆工业化指数位居前二,得分分别为 1.16、0.68,处于工业化后期的前半段;陕西、青海、宁夏、四川工业化指数得分依次为 0.50、0.37、0.25、0.11,处于工业化中期的前半段;新疆、广西、贵州、甘肃、云南工业化指数依次为 -0.16、-0.21、-0.52、-0.53、-0.57,其中,新疆、广西、贵州、甘肃处于工业化初期的后半段,部分指标已经进入工业化中期;西藏工业化指数为 -1.08,处于前工业化时期的后半段,已经开始迈入工业化初期。

表 3-14　旋转后的成分矩阵

变量	成分	
	1	2
X_1	0.695	0.602
X_2	0.947	-0.141
X_3	0.063	0.900
X_4	0.935	0.249
X_5	0.070	0.863

提取方法:主成分分析法。旋转方法:正态化最大方差法。

表 3-15　基于因子分析法计算的 2014 年西部各省(区、市)工业化进程
综合指数及工业化阶段划分

地区	得分排序	因子得分	工业化阶段	地区	得分排序	因子得分	工业化阶段
内蒙古	1	1.16	四(I)	新疆	7	-0.16	二(II)
重庆	2	0.68	四(I)	广西	8	-0.21	二(II)
陕西	3	0.50	三(I)	贵州	9	-0.52	二(II)
青海	4	0.37	三(I)	甘肃	10	-0.53	二(II)
宁夏	5	0.25	三(I)	云南	11	-0.57	二(I)
四川	6	0.11	三(I)	西藏	12	-1.08	一(II)

注:"一"为前工业化阶段,"二"为工业化初期,"三"为工业化中期,"四"为工业化后期,"五"为后工业化时期;I 表示处于该阶段的前半段,II 表示处于该阶段的后半段。

3. 产业结构变化的绩效评估

(1)产业结构演变的效率分析

在这里,通过构建地区相对劳动生产率对西部地区产业结构效益进行分析,相对劳动生产率的计算公式为:

$$M_i = C_i / l_i$$

其中,M_i 表示区域三次产业中第 i 产业相对劳动生产率,C_i 表示区域第 i 产业产值占 GDP 的比重,l_i 表示区域第 i 产业就业人数占总就业人数的比重。通过采集 2000~2015 年《中国统计年鉴》和西部各省(区、市)统计年鉴数据,获得三次产业产值和三次产业就业结构,计算得到三次产业相对劳动生产率,如表 3-16 所示。

表 3-16 2000~2014 年西部地区三次产业相对劳动生产率

单位:%

年份	第一产业	第二产业	第三产业
2000	0.353	2.593	1.629
2001	0.328	2.713	1.700
2002	0.318	2.730	1.652
2003	0.311	2.738	1.597
2004	0.320	2.824	1.473
2005	0.302	2.892	1.427
2006	0.279	2.954	1.360
2007	0.283	2.754	1.350
2008	0.274	2.779	1.289
2009	0.261	2.596	1.334
2010	0.257	2.585	1.247
2011	0.255	2.557	1.206
2012	0.252	2.596	1.211
2013	0.249	2.443	1.248
2014	0.253	2.373	1.233

资料来源:2000~2015 年《中国统计年鉴》,西部各省(区、市)统计年鉴。

在市场化程度比较高的经济体内,生产要素(包括劳动力)可以在不同部门内自由流动，各产业的相对劳动生产率之间会出现趋同，这是因为当工业部门和服务业部门劳动生产率较高时，工业和服务业部门的工资水平会高于农业部门。当劳动力可以在不同部门间流动时，劳动力会从低工资部门转移到高工资部门，这种转移会一直持续到各产业间的相对劳动生产率水平接近于 1 时，即当各产业的劳动力生产率接近时，这种转移才会停止。

如表 3-16 所示，西部地区第一产业的相对劳动生产率 2000～2014 年整体上呈波动下降趋势，从 2000 年的 0.353 下降到 2014 年的 0.253。这主要是由于西部地区第一产业产值增长速度大大低于二、三产业产值的增长速度，虽然劳动力也在从农业部门向二、三产业转移，但第一产业产值占 GDP 份额的下降速度超过农村剩余劳动力向二、三产业转移的速度。这说明西部地区第一产业劳动力仍然过剩，单单依靠第一产业的发展无法从根本上提高第一产业劳动生产率。因而，要提高西部地区农村劳动力收入水平，在大力推动第一产业发展的同时，还要重视劳动力从农业部门向二、三产业的转移。

2000～2014 年，西部地区第二产业的相对劳动生产率呈现先上升后波动下降的趋势，从 2000 年的 2.593 上升到 2006 年的 2.954，随后开始下降，到 2014 年下降至 2.373。同时，西部地区工业部门的相对劳动生产率明显高于农业和服务业，这说明尽管西部大开发等战略推动了西部地区工业发展，但是西部地区工业类型主要偏重于高耗能、高排放和高污染的"三高"产业，这些产业尽管能够为地方带来 GDP 的增长，但对就业并没有产生较大的带动作用，吸纳劳动力的作用尚不明显。

2000～2014 年，西部地区第三产业的相对劳动生产率整体上呈现波动下降的趋势，从 2000 年的 1.629 下降到 2014 年的 1.233。服务业的相对劳动生产率高于农业部门但低于工业部门，说明服务业在推动地区经济增长、带动劳动力就业方面发挥了重要作用，但相对劳动生产率下降说明服务业产值的相对增长速度低于其吸纳劳动力就业的相对增长速度。

综上所述，尽管西部地区二、三产业产值快速增长，产业结构不断优化，但三次产业之间的相对劳动生产率差异持续存在，在产业结构得到优化的同时，就业结构并没有更合理化。可见，产业结构的优化并不自动带来就业结构的优化,推动就业结构和产业结构之间的协调,仍是西部地区发展过程中的重要挑战和任务。

(2)产业结构演变的贡献率分析

产业结构的演变既是经济增长的结果,又反过来对经济的持续增长具有重要影响。因此,产业结构演变与经济增长有着极其密切的关系。西部弱生态地区国民生产总值由 2005 年的 34086.72 亿元增加到 2014 年的 138099.80 亿元,增长了 3.05 倍。产业贡献率指产业产值增量与 GDP 增量之比。据此,可计算出我国西部地区三次产业对经济增长的贡献率,如表 3-17 所示。

表 3-17　2005~2014 年西部地区三次产业对经济增长的贡献率

单位:%

年份	第一产业	第二产业	第三产业
2005	9.83	37.41	52.76
2006	7.70	31.93	60.37
2007	11.42	44.37	44.21
2008	10.99	54.95	34.05
2009	10.41	61.73	27.86
2010	4.49	45.67	49.84
2011	11.17	54.31	34.52
2012	15.23	49.71	35.06
2013	6.13	56.96	36.91
2014	17.36	43.20	39.44

资料来源:根据 2005~2015 年西部各省(区、市)统计年鉴整理所得。

从表 3-17 中可知,三次产业发展对经济增长的贡献非常明显,贡献率在小幅震荡中呈现扩大的趋势。第一产业对经济增长的贡献率相对另外两个产业较小,且远低于第二产业和第三产业。从其波动幅度来看,表现为非规律性的波动起伏。

这一阶段(2005~2014 年)西部地区第一产业发展水平不高,农牧业以种养业为主体,农业初级产品占比很大,大农业、特色优势农业培育等观念还未形成。尤其是农业基础设施建设严重滞后,为了增加收入,就不得不开荒种粮和对草原过度利用,造成生态环境不断恶化,进一步制约了农业的发展。因此,第一产业发展对经济增长的贡献率与拉动效应较小。

2005~2012 年是西部地区第一产业快速增长与发展阶段。我国提出西部大开发战略，国务院出台的《关于实施西部大开发若干政策措施的通知》和《关于西部大开发若干政策措施的实施意见》提出要巩固农业的基础地位。2002 年农业部出台的《关于加快西部地区特色农业发展的意见》，指出西部地区农业发展重点是特色种植业。2004 年国务院出台的《国务院关于进一步推进西部大开发的若干意见》，将"进一步加强西部地区农业和农村基础设施建设，加快改善农民的生产生活条件"作为进一步推进西部大开发要抓好的重点工作之一。2010 年中央在西部大开发工作会议上指出，西部地区要积极推进环境保护的生态补偿措施，稳步扩大森林生态效应补偿范围，并提高其标准，尤其是对于国家级公益林，要继续加大对上游重点生态功能区的财政转移支付力度。这些政策与措施的实施，使西部地区在基础设施建设和生态环境保护方面取得较大成就，有力地推动了西部地区农业经济发展。西部地区逐渐建立起了以生态为主导的农业产业化经营体系，优势种植业、特色养殖业、优势园艺业等得到极大的发展，推动了农业产业化进程。西部地区第一产业增加值不仅逐年创新高，与东中部地区的差距也不断缩小，更为重要的是，它对经济增长的贡献率和拉动效应表现出稳定的态势。第二、第三产业对经济增长的贡献率和拉动效应非常明显，在交替演变中呈现扩大的趋势。这种交替演变趋势表现为"两高一低"3 个阶段，其中 1992 年是第二产业贡献率与拉动效应高于第三产业的阶段。这一阶段西部农业在发展水平提高的同时为工业发展提供了更多的原料，西部农村工业化进程也明显加速，乡镇企业取得较快的发展，不但推动了农村产业结构的调整，而且为农村过剩劳动者提供了就业岗位，为西部经济增长作出了贡献。

西部地区不仅是我国重要的能源接替区，也是我国重要的民俗旅游与边境贸易开发区。在市场经济的作用下，西部地区与东南亚地区国家、中亚地区国家和俄罗斯等国的旅游业、物流业和边境贸易发展迅速，这些产业逐渐成为西部地区经济发展中最具活力和优势的产业，特别是为现代农业发展和城镇化建设提供支持的新兴服务业已成为第三产业发展中的亮点，第三产业发展态势良好。尽管这一时期第二产业增加值绝对值也在上升，但其相对增加量低于第三产业，因而导致其对经济增长的贡献率不及第三产业。

2001~2014 年是第二产业贡献率与拉动效应高于第三产业的第二个阶段。自 20 世纪 90 年代国家实施西部大开发战略以来,一系列优惠政策和措施连续出台,为西部产业结构调整和经济增长提供了莫大的机遇。各地区在"赶超"的发展思路引导下,投资明显增加,一批以能源、重工业、原材料工业为主的政策导向型重化工业迅速建立起来。到 2007 年,国家在西部地区开工的重点项目已经超过 80 项[①]。西部地区还在经济技术相对落后的情况下不惜投入巨额资金,追求发展高附加值的加工工业、高新技术产业。随着经济逐渐景气,西部地区的重化工业结构发挥效应,导致"结构红利"突出,西部地区生产率的增长主要来自第二产业内部[②]。因此,这一阶段第二产业对经济增长的贡献率应远高于第一、第三产业。

4. 产业转型的典型问题

(1)产业结构演化层级低下,产品科技含量低,位于价值链的低端

总体上看,西部地区的企业中,只有少数企业的产业结构是属于多元型的,大多数企业的产业结构都是单一型的,而单一型的产业结构不利于资源型企业经济的可持续发展。而且单一型的产业结构大多数又是所需投资量较大、投资的回收期较长以及利润率较低的基础性的产业结构,其产品加工程度比较低,高附加值的产品较少,追求的只是一种静态比较利益的实现,而动态比较效益实现状况较差。中国的部分企业家缺乏现代管理知识,在管理过程中更多依赖国外的企业管理技术和管理手段。做强自主的品牌也需要在信息、管理和技术创新方面与国际进行接轨,融入全球的价值链中。但是现在中国的企业大多数处于价值链的低端,处于产品附加值较低的环节,产业的竞争力也是非常的脆弱,使得西部地区的企业总是处于被动的地位。而由外资企业主导营造的西部地区承接东部的产业转移的发展格局并没有转化为西部经济体系的内生机制。西部弱生态地区的非资源型的产业以及持续性的产业还没有真正形成,所以要想实现企业的持续发展也比较困难。要想提高这种企业的竞争力单单依靠企业的力量是不够的,西部产业的转型与升级需要政府产业政策的全力支持。政府要培养

---

① 第六期西部班"西部发展与改革"课题四组:《西部地区产业调整和振兴的思路与对策》,《国家行政学院学报》2009 年第 3 期。

② 冯等田:《中国西部地区产业结构演进与生产率增长研究》,《开发研究》2011 年第 5 期。

和扶持有发展前景和发展潜力的企业，给予指向明确的优惠扶持政策，增强这些企业在全球价值链中占据战略性高度的能力，大幅度提升西部企业在国际竞争市场的比较优势。

（2）基础设施陈旧，生产方式落后，产业转型压力大

交通设施是基础设施中最为基础的设施，它不但是西部地区内部要素进行有效配置的前提，而且是西部地区加快和外部沟通的重要桥梁。然而目前西部地区的交通基础设施存在着较为突出的"两低、两差、两不足"的问题。具体而言，"两低"是指路网密度低，通达水平低，目前尚有许多偏僻的地区不能通车，还保留着原始的借助大象、马匹等出行的习惯，尤其是西部弱生态地区，因为大多数的西部弱生态地区都是较为贫困的地区，条件极为艰苦。"两差"是指道路等级差、质量差，出海条件差（地区离出海岸的远近与出海的成本是成正比的）。"两不足"则指建设资金不足，政府的政策性支持不够，资金的支持更是不到位，自身发展能力不足。在西部地区的基础设施建设中还有建设滞后，盲目上马导致的过热现象以及重复建设等问题。基础设施建设没有充分考虑基础设施与经济发展的匹配度。基础设施建设的速度不是越快越好，规模也不是越大越好，在建设的同时要与经济协调发展，考虑投资的经济效益和社会效益。例如，在一些经济落后的地区，不顾车流量小、货运量不足的状态，不切实际地热衷于高速公路的建设，加大了地方基础设施投资的压力，挤占了其他紧缺急需的经济发展需求与社会环境建设的资源，而大量投入建设的一些基础设施使用效率低下，不能为西部经济发展提供高效率的、适用的基础条件。

（3）教育事业发展滞后，创新观念不够

西部地区的高校教育难以满足西部人才发展引领产业转型升级的需要。西部地区缺乏名牌高校，高等教育特别是高等职业教育的发展较为落后，与东部地区相比差距甚远。人才储备不足，尽管有西部大开发战略对人才培育和引进的支持政策，但还是不能扭转西部人才"孔雀东南飞"的格局，西部人才外流现象仍然十分严重，使得西部地区严重缺乏实用型、创新型的人才。如今国家竞争的实质主要是科技、教育等软实力的竞争，教育、人才、技术是撑起西部地区发展的支柱。科技人才是企业发展最具

活力的创新要素,科技人才的聚集可为企业的发展注入新鲜血液,尤其是像第三产业中的软件开发类这样的产业,对人才、技术的要求更高,需求也更大。西部地区极为不便的地理位置,长期以来的落后状态,艰苦的生活条件,以及相比于东部地区较少的工作机会与报酬和难以预期的发展前景,这些都使得西部地区的人才外流,相反东部的人才自主流入西部的相对较少。长期、持续的人才培养来自教育的均衡发展。教育均衡首先是教育资源配置的均衡,教育资源主要包括办学经费、办学硬件、师资等,这些教育资源的不均衡,又必然会造成课程与教学及教育质量的不均衡。办学硬件是发展农村教育的物质基础和物质保障。西部地区的教育一直处于比较落后的水平,存在着基础教育发展滞后,教育投资较少等问题。例如,陕西省的吴起县严重缺乏教师,尤其是高中老师,为了解决这一问题,只能将小学老师选拔到初中,将初中老师选拔到高中,勉强保证了教师的数量,但是教师的质量是远远不能达标的。西部弱生态地区老师的创新能力、科研能力更是不能与东部地区老师相提并论。合格教师很少,优秀教师更少,所以西部弱生态地区教育方面普遍存在的问题就是教师数量偏少,质量低下。在当今社会,"发展高科技,实现产业化"已经成为时代的主题。对于落后的西部地区来说,人才和科技是极为重要的一个环节,现代的人力资源管理理论认为,人才是能带来多倍价值收益的稀缺的宝贵资源。一个地区的人才比较优势相对于劳动力成本比较优势而言,更能影响地区企业投资选择的决策,对于企业的生存和发展起着至关重要的作用。要想改善西部弱生态地区高新技术产业的投资环境,发展好教育事业极为关键。但是现在的西部弱生态地区还存在着典型的"贫困综合征",即越贫困的地区,生产力水平越低下,发展越落后,对人才的吸引力也越小,也不太重视人口素质的提高,可能有些地区的收入资金仅仅够维持正常的生存,有的甚至连正常的生存需求都满足不了,更不用说在教育方面进行投入了。而反过来教育水平的低下,又导致地区人才的缺乏,人口素质较低,发展水平也低,这样就形成了恶性循环。

(4) 淘汰落后产能压力加大,支柱产业的增量需调方向

要淘汰落后产能,实现经济社会全面协调发展,必然会有一部分产业或企业需要付出巨大代价,接受被淘汰的命运,而被淘汰的企业,将面临

许多问题，如设备、厂房、失业人员以及企业以后的发展路径等。厂房、设备的淘汰将给这些企业带来巨大损失，失业人员的安置也将成为一大难题。

然而，企业在对再就业人员进行转岗安置的过程中可能会发现，转岗职工的能力水平不能够满足新工作岗位的要求，为了确保转岗职工的技能水平有进一步提高，需进行转岗培训，这也需要大笔资金。因此，会给企业淘汰落后产能造成不小的资金压力，从而不断放大企业的消极情绪，使企业想尽办法摆脱被淘汰的命运，同时企业的转移难度也在不断加大。如果处理不好失业人员的转移问题，很有可能导致一系列的社会问题。

再者，从企业转型这一角度来看，在一定程度上，淘汰落后产能会加大企业的转型升级难度。如果原先支柱产业进行大量裁员或下岗安置，必定出现产业空白，这时将急需发展一批新的产业来填补这一空白，但是原来的支柱产业一般都是具有严重路径依赖的产业，产业转型的刚性很强，只依靠自身实现转型较为困难。因此，企业因为淘汰过程中出现闲置厂房设备、失业人员等原因增加了产量压力。所以支柱产业的增量调整方向应该是转移淘汰过程中的闲置厂房设备、失业人员而产生的落后产能，这个方式对企业而言是一个可持续的手段。

（5）内生发展动力不足是阻碍西部可持续发展的根源，转化资源优势中投资拉动的作用已到尽头，自主创新活力亟待激发

西部弱生态地区的经济弱生态是经济运行动力不足的表现，也是阻碍西部弱生态地区可持续发展的根源。国家西部大开发战略和政策提供了强有力的外部干预，拉动西部经济社会全面发展的进程，也为西部弱生态地区的产业发展提供国家战略的支持。然而，西部弱生态地区产业发展的持续动力应该来源于本地区企业所构成的市场上主体自主发展的潜力，也应该基于本地区具备的条件、内在需求和内部动力。产业发展过程中的内在力量相较于外部因素更为重要。

以投资拉动的经济增长方式会导致社会消费能力下降，这种仅靠投资拉动的经济增长方式已经难以为继，不再具有增长路径的比较优势。从全国整个市场形势来看，以民间投资来实现经济增长，还需要依靠政府投资拉动以及强有力的政策支持。在国际经济不振，国际市场竞争恶化的现实条件下，

我国由外需拉动的经济增长方式必然转向由内需拉动，西部弱生态地区也需要积极面对这一增长方式的转变。非常明显的是，西部弱生态地区的经济发展不可能依赖外部力量来推动，其资源优势以及在"一带一路"倡议下的区位优势必须在拉动内需的增长方式下实现整体启动，必须使资源优势和区位优势与国际国内经济发展的大环境相向而行，实现战略目标上的一致性。显然，如果西部弱生态地区过度依靠政府投资保增长，而忽略了须大幅度提高社会消费力，那么经济体系必然陷入僵死循环。而自主创新的内在力量，是国民经济永续发展的发动机。这种活力来源于企业自身，来源于产业发展的内动力。西部的发展既受制于其内部环境的限制，又受限于外部环境对西部的钳制作用。因而提高西部弱生态地区的自主创新活力，形成内外环境之间的良性互动与支持，是实现西部快速发展的不二路径。

（6）行政力量主导产业选择，市场化机制不健全

在西部大开发政策的引导下，西部地区发展势头强劲，但是在发展中也产生了行政力量强、市场机制不健全等现象。西部地区企业主要以大型国企为主，相对于东部发达地区，西部地区的国有企业和集体企业在地区经济结构中占比较高，而民营企业所占的比重较低。在某些地方，大型国有企业产值和税收占当地产值和税收比重非常高，导致国有企业在面对地方政府时有着很强的话语权和影响力，为国有企业争取了大量的发展资源，而这又反过来对当地民营企业发展环境产生负面影响，限制民营企业的创立和发展，造成恶性循环。

在制造业结构方面，西部地区制造业结构主要类型为重装备主导型、能源化工主导型和原材料主导型。在地区经济锦标赛竞争中，地方政府推行的吸引产业的政策主要表现为税收优惠、土地优惠、降低环境监管等手段，地区之间差异并不明显，不能发挥本地的比较优势，导致西部地区各省（区、市）的工业行业同构化趋势明显，内蒙古、新疆、青海、陕西、贵州、青海、甘肃、宁夏、云南、广西等 10 个省（区、市）的产业发展均主要集中在能源化工、矿产的开发及加工两大行业。林毅夫、陈斌开[①]研究发现我国实行的重工业优先发展战略导致劳动力需求减少，降低了均衡

---

①　林毅夫、陈斌开：《发展战略、产业结构与收入分配》，《经济学》（季刊）2013 年第 4 期。

工资以及劳动者收入，导致收入差距扩大、城市化进程减缓。未来西部地区应有意识地调整产业结构，按照绿色发展、创新发展的理念，结合现有产业结构和地方比较优势，进行技术创新，提升产品附加值，构建绿色西部。

（7）"重工业"偏好与增加就业的矛盾突出，产业结构应向轻型转化

在西部弱生态地区的弱经济生态现状下，政府为了追求利益最大化，强化了一些短期行为。而财政与工业企业的利润直接相关，因此利益最大化的诉求导致了个别地方利益主体盲目追求工业结构的"重工业"偏好，从而忽视轻型结构。人口的增加、居民收入的提高，对创新型人才的需求也不断增加，解决就业的结构性矛盾是西部弱生态地区增进民生民享协调利益的一个长期的发展问题。从推动产业结构的演变中求速度、求效益，往往被人们所忽视。西部弱生态地区振兴经济除了要靠技术进步以外，还必须靠产业结构的优化。

西部弱生态地区的投资战略应站在可持续发展的战略高度上，实现传统产业转型、现代产业生成和产业结构优化的均衡投资，应该以基础设施投资和生产性投资的平衡协调为目标；合理配置基础设施投资，增加生产性部门的基础产业投资；推进产业结构的转型升级，使经济发展得到优化产业结构的支持。因而当前西部弱生态地区应科学把握产业发展的正确方向，不激进盲目追求短期的、片面的经济利益，而要追求长远的可持续发展，将西部弱生态地区的产业发展向具有较高就业效应的轻型结构转化，力求经济增长与社会发展的可持续目标相一致。

（三）弱生态性与产业转型升级的耦合关系分析

1. 指标体系构建

（1）产业结构转型升级指标体系

通过与相关文献进行比较，并准确、客观反映西部地区的产业结构及其变化，本文选取了 10 个指标，其中第一产业增加值占 GDP 比重、第一产业从业人员比重、第二产业增加值占 GDP 比重、第二产业从业人员比重、第三产业增加值占 GDP 比重、第三产业从业人员比重等 6 个指标反映产业结构水平，而人均 GDP、农民人均纯收入、全员劳动生产率、人均社会消费品零售额等 4 个指标反映产业结构效益，指标体系如表 3-18 所示。

表 3-18 产业转型升级指标体系

目标层	准则层	指标层及单位
产业结构评价指标体系	产业结构水平	第一产业增加值占 GDP 比重（%）
		第一产业从业人员比重（%）
		第二产业增加值占 GDP 比重（%）
		第二产业从业人员比重（%）
		第三产业增加值占 GDP 比重（%）
		第三产业从业人员比重（%）
	产业结构效益	人均 GDP（元）
		农民人均纯收入（元）
		全员劳动生产率（元/人）
		人均社会消费品零售额（元）

（2）弱生态指标体系构建

对于生态指标体系的构建，目前学界比较认同的是由联合国开发的"压力—状态—响应"模型，"压力"主要指人类对环境产生的影响，"状态"指自然资源所处的状态，"响应"反映了人类对环境的保护措施。本研究在指标的选择上，也借鉴该模型，考虑到西部各省（区、市）资料一致性，分别构建生态环境压力指标、生态环境状态指标和生态环境响应指标，如表 3-19 所示。

表 3-19 弱生态性评价指标体系

目标层	准则层	指标层及单位
生态环境评价指标体系	生态环境压力	人均工业废水排放量（t）
		人均工业废气排放量（m³）
		人均工业固体废弃物产生量（t）
		人均生活用水量（m³）
		人口密度（人/km²）
	生态环境状态	森林覆盖率（%）
		建成区绿化覆盖率（%）
		人均耕地面积（m²）
		人均水资源拥有量（m³）
		人均建设用地面积（m²）
	生态环境响应	工业废水排放达标率（%）
		生活垃圾无害化处理率（%）
		工业固体废弃物综合利用率（%）
		治理废气项目投资占污染治理总投资比重（%）
		污染治理资金占 GDP 比重（%）

2. 产业结构与生态环境综合指数测算

结合上述指标体系，运用主成分分析方法可以测算西部地区产业结构指数和生态环境指数。指标的数据主要来源于西部 12 个省（区、市）历年统计年鉴和历年《中国环境统计年鉴》《中国能源统计年鉴》等，为保证各省（区、市）数据一致性，选取 2003~2014 年的数据进行分析。

在主成分分析法的运用过程中，由于不同指标的单位不同会对方法的运用产生影响，因此需要对指标进行无量纲化处理，对正向指标，处理公式为：$y_i = \dfrac{x_i - \min x_i}{\max x_i - \min x_i}$；对负向指标，处理公式为：$y_i = 1 - \dfrac{x_i - \min x_i}{\max x_i - \min x_i}$。其中，$x$ 为原始指标值，y 为处理后的指标值。运用 SPSS 软件进行主成分分析，可得西部地区 2003~2014 年产业结构综合指数和生态环境综合指数，分别如图 3-3 和图 3-4 所示。

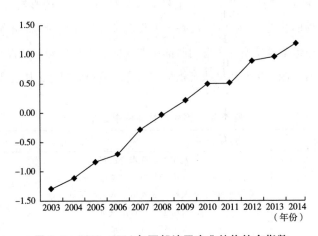

图 3-3　2003~2014 年西部地区产业结构综合指数

由图 3-3 可知，2003~2014 年西部地区产业结构综合指数呈现上升的态势，说明在考察期内，西部地区的产业结构趋向于合理化和高级化，产业结构随经济发展的演变规律基本符合经济规律。

由图 3-4 可知，2003~2014 年西部地区生态环境综合指数呈现的增长过程具有较为明显的波动性，其中 2006~2008 年生态环境综合指数出现了一定程度的下降，这也许与经济危机期间人们对环境的关注度下降有关。2008 年后，生

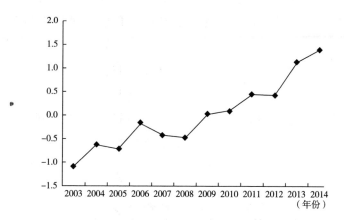

图 3-4　2003~2014 年西部地区生态环境综合指数

态环境综合指数在波动中上升。

3. 产业结构与生态环境协调度测定

（1）产业结构与生态环境的耦合协调度模型

目前，文献中普遍采用耦合协调度模型来测度不同系统之间的协调程度。本书也采用这一方法，通过构建产业生态耦合度指标 C 及在其基础上生成产业协调度指标 D，来度量西部地区产业结构与生态系统的协调性。

产业生态耦合度指标 C 以变异系数为基础，定义 C 为：

$$C = \left\{ \frac{x \times y}{\left(\frac{x}{2} + \frac{y}{2} \right)^2} \right\}^k$$

其中，x、y 分别表示产业结构综合指数和生态环境综合指数，C 为产业生态耦合度。依据 C 的定义，C 的取值范围在 0 到 1 之间，且 x 和 y 的离差与 C 成正比；k 为调节系数，取值为 2。由于 C 只能反映产业结构和生态系统的耦合度，为进一步揭示产业结构与生态环境的协调性，定义产业结构与生态环境的协调度指标为：

$$D = \sqrt{C \times T}$$

其中，D 为产业结构与生态环境的协调度指标，C 为产业生态耦合度，

T 为协调发展水平总和评价指数，$T=\alpha x+\beta y$，其中 $\alpha+\beta=1$，α、β 为权重，反映 x 和 y 的重要程度，本书中视产业结构和生态环境同等重要，因此取 $\alpha=\beta=0.5$。

（2）西部地区产业结构与生态环境协调度分析

根据主成分分析结果得 x 和 y，并分别计算 C 和 T 值，最终得到反映产业结构和生态环境的协调度指标 D 值（见图 3-5）。在得到产业生态协调度指标 D 后，需要制定一个衡量标准来判断协调情况，参照大多数文献的做法，本书依据表 3-20 来判定西部地区生态环境与产业结构协调情况。

表 3-20　协调程度衡量标准

协调度	0.00~0.39	0.40~0.49	0.50~0.59	0.60~0.69	0.70~0.79	0.80~0.89	0.90~1.00
等级	极不协调	严重不协调	中度不协调	轻度不协调	弱协调	良好协调	优质协调

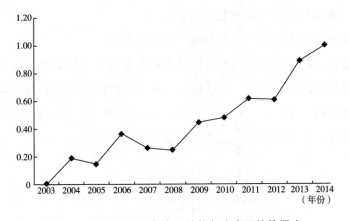

图 3-5　2003~2014 年产业结构与生态环境协调度

由图 3-5 可知，2003~2010 年西部地区产业结构与生态环境协调度一直低于 0.6，处于不协调的状态。2011 年后，我国加大了环境保护的力度，西部地区产业结构与生态环境协调度由不协调进入了协调的区域。

二　两种效应：主动产业响应机制的内生性动力来源

本部分探讨的两种效应是西部弱生态地区主动融入"一带一路"

倡议,构建产业响应机制的内生性动力来源。第一,倒逼效应:弱生态性对产业转型的"倒逼机制"分析,其中包括西部弱生态地区生态环境较为恶劣,资源优势弱化;西部脆弱的生态环境难以承担"过重"的产业结构;政府产业规制,节能减排硬约束增强等。第二,诱导效应:"一带一路"倡议伟大构想下的政策优势集成(国家支持),与西部弱生态地区强烈的发展诉求不谋而合,产生强大的诱导效应,鼎力支持区域产业转型升级。

(一) 弱生态性对产业转型的"倒逼效应"分析

所谓"倒逼机制",指以某一时限的预期为刚性目标,反向规定每一时期必须达到的目标值,并最终达到这一时限的目标值。西部弱生态地区的经济发展与资源环境协调模式必须在"倒逼机制"下予以推行:第一,西部弱生态地区的生态环境已经接近"系统性崩溃"的阈值,必须规定其"零损害"的时限目标,进行"阶段性减损"的"倒逼机制";第二,西部弱生态地区的产业转型与升级必须以资源环境的"零损害"的时限目标进行推进,在"倒逼机制"下科学规划产业发展阶段性战略。

1. 西部弱生态地区生态环境较为恶劣,资源优势弱化

西部弱生态地区所处地理位置极其不利,不仅容易发生自然灾害,而且像云南、广西等地与老挝、缅甸等接壤,一方面是有利于边境的合作,但另一方面更容易造成边境地区的不稳定。尤其许多地区的发展严重滞后,在人们的生存选择和企业的资源利用方式上容易衍生出以环境为代价来换取生存资料和经济利益的增长方式。不只普通民众会这样做,政府官员也极容易为了各自的政绩而"不择手段",在西部这种弱生态地区,先污染后治理,以生态损失换取物质财富的选择是条不可持续的死路子,因为这些地区的生态环境一旦被破坏将是不可修复的,或者说要修复需要付出较高的成本与代价。

而环境库兹涅茨理论所论证的产业发展与环境质量之间的倒"U"形曲线关系,说明生态本已脆弱的西部地区若仍以环境污染为代价来实现经济增长,最终可能彻底摧毁其经济持续发展的自然基础,加速生态环境质

量的恶化，使这些地区的发展陷于"经济增长与环境破坏"的恶性循环中。

环境库兹涅茨曲线的政策含义在于：在一个国家的工业化起飞阶段，必然会出现一定程度的环境恶化，但是经济的增长达到一定程度之后就会具备保护环境的条件，环境自然而然可以改善恢复。因此，一个国家的政府应该顺势而谋，在经济增长过程中积极谋划改善环境的治理手段。但是，环境库兹涅茨曲线所反映的"先污染，后治理"的轨迹在西部弱生态地区绝对不可行，因为对污染的环境进行治理而达到一定的改善效果这一思路存在着时间价值的问题，环境改善所带来的效益的现值往往难以弥补环境破坏所造成的成本。所以，如果环境库兹涅茨曲线上升的区段需要很长的时间才能越过，这就意味着该地区的人们要在较长的一段时间里承受着环境的污染给生活带来的影响[1]。就西部弱生态地区的现状而言，其环境质量在越过"峰值"即库兹涅茨倒"U"形曲线拐点，步入改善路径之前，就可能已经达到这些地区的"生态阈值"顶点。弱生态地区的环境破坏呈系统性的"崩塌"，环境退化呈累积和放大效应，如土地沙化、生物多样性消失等成为不可逆事态。

长期以来，自然环境和资源状况对西部地区产业结构的形成与发展起着至关重要的作用，导致西部地区主要是依靠资源型产业来实现区域经济增长，而这与西部弱生态地区的环境生态急需得到保护和全方位治理的要求背道而驰。西南地区和西北地区虽然同为西部地区，但是地理位置等各方面的差异使得两地拥有的资源优势不尽相同。西北地区的区位优势是拥有丰富的矿产资源，西南地区的区位优势则是拥有丰富的林业资源与水资源。不过西部地区由于交通不便、技术落后等各种条件的制约，其资源的比较优势也不能带来大的效用。西部地区的资源开发利用方式不正确，没有一定资金、技术的支撑，再加上开发难度大，所以带来的经济效益比较低。而对于一些资源的开发长期采用粗放模式，导致这些资源的存量大量减少，原有的资源优势不但没有得到发挥，还在

---

① 张雪梅、郭志仪：《西部地区产业发展与资源环境问题的实证分析》，《经济问题探索》2009年第9期。

逐渐地失去。另外，在开放的市场条件下，有资源不等于有市场。西部地区的资源主要是向我国的东部地区输送，然而由于存在区位因素、运输成本等方面的缺陷，西部某些资源产品在国内市场上并不具有竞争优势。尤其是在对外开放的大背景下，中国加入 WTO 之后，东部沿海地区更多的是进口国外的石油、天然气、矿产资源等，这使得西部地区的资源优势进一步减弱。总体来说，西部弱生态地区的产业发展呈现高投入、高污染、高能耗的特征，这使得西部地区在工业化进程中对资源的有效开发水平很低，削弱了区域的可持续发展能力。而对于西部地区来说，要想获得持续健康的发展必须解决好资源环境与产业发展之间的协调关系。

2. 西部脆弱的生态环境难以承担"过重"的产业结构

（1）西部典型弱生态地区产业与环境基本情况

西部地区有 12 个省（区、市），其中大部分地区属于弱生态地区，这些地区的产业发展呈现"高污染、高消耗、低效益"的典型粗放式增长特征。在西部工业化进程中，提高产业效益与资源型产业可持续发展之间的矛盾，高投入、高消耗的生产方式与创建资源节约型社会的矛盾，高污染排放与生态环境保护的矛盾，产业结构单一与工业化进程加速的矛盾并存。西部地区资源总量看似丰富，但相关地区却面临着资源相对短缺、能源利用率低与环境污染严重等多方面的压力。这些弱生态地区在产业发展的同时对自然生态和环境都有不同程度的破坏，经济增长与生态环境有较大的负向关联。

①河流环境容量有限，水土流失问题严重。西部内陆河区用水已达极限，河西走廊、天山北坡中段和吐哈盆地的水资源利用率超过95%，普遍存在地下水过度使用和超采的问题。目前，西部地区60%以上的土地已经出现水土流失，其中黄土高原最为严重，水土流失面积比例达70%，西南地区水土流失面积比例约为30%。按省域比较，西藏、宁夏、内蒙古三地区水土流失最为严重，水土流失面积比例均在70%以上。

②土地荒漠化、石漠化范围扩大。目前，全国的沙化土地面积已达169万平方千米，而今仍以平均每年2460平方千米的速度扩展，且大都在

西部地区，影响着 4 亿多人口的生产、生活。我国已有 1/4 以上的土地出现荒漠化，其中 95% 以上的荒漠化土地集中在我国西部 7 个省区，以新疆最多，其次是内蒙古，再次为甘肃、宁夏、西藏、青海和陕西。我国西南地区因水土流失出现了土地石漠化，其中，贵州的石山和半石山面积达到 3 万平方千米，约占全省土地总面积的 17%，极大地限制了土地开发利用。

③草地退化迅速。近年来西部各省（区、市）草地完全退化（变为沙地、戈壁、沼泽地、裸土地）的面积比例加大，内蒙古草地损失较为严重，已有 15% 的草地退化为难以利用的土地。除数量减少外，草地质量也退化严重，退化的草地产草量低，载畜量下降，有毒的植物增多，草地承载力下降，抗灾减灾能力降低。据中国可持续发展研究小组统计，全国已有 1/5 面积的草地发生不同程度的退化，草地退化严重的地区主要是宁夏，退化草地面积占比达 97%；其次是陕西、甘肃，退化面积占比均达 45%。

由于数据的缺少，本书不能选取西部所有省（区、市）作为研究对象，因此，本书主要选取一些典型地区作为分析对象，包括重庆市、宁夏固原市、云南昭通市、甘肃天水市、广西河池市、四川攀枝花市、陕西汉中市。由于新疆、西藏的数据缺失，在这里不做分析。

表 3-21 表示的是西部七个典型弱生态地区 2014 年的生产总值和各产业产值占比情况，从中可以看出西部弱生态地区内部发展不均衡，产业结构调整差距较大。其中，昭通市、河池市、汉中市、天水市第一产业占比超过 18%，第一产业在地区的生产贡献率仍然较高，二、三产业发展相对不足。攀枝花市产业结构较为特殊，第一产业与第三产业占比过低，分别为 3.3% 和 23.4%，第二产业占比过高，占到了 73.1%，呈现非常规型的"二三一"产业结构，主要是由于攀枝花市是一座以资源为依托、以重工业为主导产业的城市，在早期是我国"三线"布局上的重要城市。重庆市产业结构相对合理，三次产业占比分别为 7.4%、45.8%、46.8%，第三产业占比开始超过第二产业，呈现从"二三一"产业结构向"三二一"产业结构转变的趋势，说明重庆市产业结构的转型升级开始取得一定的成效。

表 3-21 2014 年西部弱生态典型地区生产总值及各产业产值占比情况

单位:亿元,%

地区	生产总值	第一产业	第二产业	第三产业
重庆市	14262.6	7.4	45.8	46.8
固原市	201.0	7.9	48.7	43.4
昭通市	669.5	20.3	44.7	35.0
天水市	454.3	18.6	37.0	44.3
河池市	528.6	25.9	35.8	38.8
攀枝花市	870.8	3.3	73.1	23.4
汉中市	881.7	20.2	45.1	34.7

随着西部大开发的推进,西部弱生态地区在工业化进程中显现出产业发展与环境和谐相矛盾的问题,其高投入、高消耗、高污染、低效益的粗放型经济增长模式不可避免地带来严重的环境问题。在西部弱生态地区主要表现为产业发展过程中资源能源的高消耗、污染的高排放问题,表 3-22 反映出重庆市、攀枝花市和河池市三个地区情况最为严重,而攀枝花市也是我国弱生态环境问题重灾区,主要表现为工业"三废"排放量大,水土流失面积广,生态环境污染程度高。表 3-23 反映的是西部弱生态典型地区万元生产值能源耗费量与全国平均水平的比较,从中可以看出,重庆市、河池市万元产值耗能与全国平均水平接近,其他五个地区高于全国平均水平。总体来看,西部弱生态典型地区万元产值耗能虽然有逐年降低的趋势,但耗能过高的问题仍然严峻,特别是攀枝花市和固原市情况尤为严重,是全国平均水平的 2 倍左右。

表 3-22 2015 年西部弱生态典型地区工业"三废"排放情况

地区	工业废水 排放总量（万吨）	废气排放总量 （万标立方米）	工业固体废物 排放总量（万吨）
重庆市	34968	92896000	3105
固原市	418	2250000	157
昭通市	1500	6132900	263
天水市	460	1970000	43
河池市	17332	9371380	667

续表

地区	工业废水 排放总量（万吨）	废气排放总量 （万标立方米）	工业固体废物 排放总量（万吨）
攀枝花市	3409	40281900	2988
汉中市	2327	15698500	564

注：由于统计口径的变化，攀枝花市和河池市2015年数据无法获得，暂使用的是2012年的数据。

表3-23　2010～2013年西部弱生态典型地区万元生产值能源耗费量

单位：吨标准煤/万元

地区	2010年	2011年	2012年	2013年
重庆市	0.99	0.95	0.89	0.84
固原市	1.63	1.55	1.35	1.28
昭通市	1.20	1.16	1.12	1.09
河池市	0.82	0.73	0.70	0.68
天水市	1.43	1.29	1.24	1.81
攀枝花市	2.38	2.28	2.16	2.09
汉中市	1.17	1.13	1.09	1.05
全国	0.88	0.86	0.83	0.80

注：地区生产总值按2010年可比价格计算。

资料来源：重庆市、宁夏回族自治区、云南省、广西壮族自治区、四川省、陕西省2010～2014年统计年鉴。

由此得知，西部地区产业发展受到资源、环境的制约。从西部地区整体产业结构特点来看，大部分地区的产业属于能源或资源消耗型的传统产业，必须以当地的石化能源、生物资源、矿产资源为其发展的基础。这种产业结构特点对西部土地、能源、矿产等资源和生态环境的影响是显而易见的。同时，这些产业具有高耗水、高耗能、高污染物产生的特点，也面临着水资源紧张、水环境污染、大气环境污染、固体废弃物处理等较为严峻的环境和生态问题。

（2）基于环境库兹涅茨曲线的西部弱生态地区产业发展与环境质量的关系分析——以重庆为例

产业的发展与环境质量是一个相互制约但又相互促进的关系，产业发展必然导致污染物的排放,当排放量超过环境承载力时,就会引发环境问题,环境问题反过来又会制约产业的转型升级。20世纪后半段以来,许多学者开始关注产业经济的发展与环境质量关系的研究,提出了许多理论和模型,其中最具代表性的是环境库兹涅茨倒"U"形曲线。该理论认为一个地区在发展的初步阶段,经济的发展会以牺牲环境质量为代价,其发展水平与环境质量呈现较强的相关性;当经济发展到一定程度,环境无法支撑经济发展时,会出现一个临界点,之后随着经济的发展环境质量会得到恢复改善,从而呈现一个倒"U"形的关系曲线。从西方国家几百年的经济发展经验来看,环境库兹涅茨曲线反映的是发达国家"先污染,后治理"的发展道路①。

①重庆市环境与产业基本概况。重庆市位于长江流域上游,地处中国西南部、四川盆地的东南部,总面积达82402.95平方千米,其四周有大巴山、武陵山、巫山环绕,地貌以山地为主,素有"山城"之称。重庆市气候温和,四季分明,降水充足,自然资源丰富。改革开放以来,随着重庆市常住人口不断增加,经济迅速发展,环境的弱生态化也在不断加剧。总体上看,生态被破坏的程度在加深、范围也在扩大,治理的速度跟不上被破坏的速度。重庆市生态弱化主要表现为水土流失严重,根据《2014年重庆市水土保持公报》,重庆市水土流失面积达3.14万平方公里,占辖区总面积的38.06%,是我国水土流失最为严重的地区之一。再加上土地的不合理利用,使土地退化,土层变薄,出现"土地石漠化"现象。还有近几十年来,由于过度砍伐,森林质量下降,生物的多样性遭到威胁。

污染物粗放排放模式下的经济的快速发展必然导致环境质量的下降,以重庆市工业"三废"的排放量与人均GDP的增量来看,2000~2014年,重庆市人均GDP平均增长速度是15.6%,与此同时,工业废水排放量平均增长速度为11.59%,工业固体废物排放量平均增长速度是7.8%,说明经济的发展与资源的消耗、环境的破坏存在一定的相关关系。从图3-6中可以看出重庆市在2000年以后工业废气和工业固体废物排放量呈现波动增加的趋势,废水的排放量有所减少。

---

① 柏吉元:《云南省产业结构转型升级综合评价研究》,硕士学位论文,云南师范大学,2014。

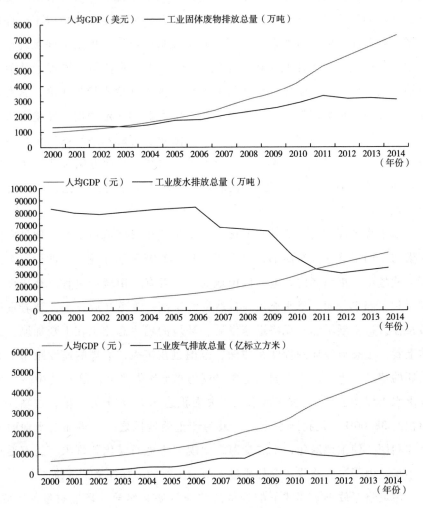

图 3-6 2000~2014 年重庆市工业"三废"排放量和人均 GDP 的变化趋势

②重庆产业发展与环境质量关系的计量模型分析。随着人们生活水平的提高与社会经济的发展，工业"三废"排放量也急剧增加，严重破坏了生态环境。本书主要是利用重庆市 2000~2014 年人均 GDP 与工业废水排放量、工业废气排放量和工业固体废物排放量 4 个指标来反映经济增长与环境质量之间的关系，建立与环境库兹涅茨曲线相同的环境经济计量模型。样本数据来源于历年《重庆统计年鉴》，对于个别年份的数值缺失，我们采用回归法（regression imputation），根据变量间的相关性，利用其他变量的信息通过建

立回归方程去推算缺失值（见表 3-24）。

$$Y_t = \beta_0 + \beta_1 gdp_t + \beta_2 gdp_t^2 + \beta_3 gdp_t^3 + \mu_t \tag{1}$$

利用方程（1）对 2000~2014 年的数据进行初步回归,分析结果表明:工业废水排放量、工业废气排放量与人均 GDP 之间的 T 检验和 F 检验的结果不太理想,而工业固体废物排放量与人均 GDP 之间的检验结果更差（见表 3-25）。于是,将 EKC 假说所提出的数理模型做如下的改造:

$$Y_t = \beta_0 + \beta_1 \ln X_t + \beta_2 (\ln X_t)^2 + \beta_3 (\ln X_t)^3 + \mu_t \tag{2}$$

其中, X 为人均 GDP, t 为时间。

表 3-24　2000~2014 年重庆工业"三废"排放量与人均 GDP 变化

年份	人均 GDP（元）	工业废水排放总量（万吨）	工业废气排放总量（万标立方米）	工业固体废物排放总量（万吨）
2000	6274	84344	19079000	1305
2001	6963	81214	18562400	1300
2002	7912	79872	19788900	1348
2003	9098	81973	22769400	1336
2004	10845	83031	35408600	1489
2005	12404	84885	36545500	1777
2006	13939	85866	50669600	1815
2007	16629	69003	76166002	2087
2008	20490	67027	73507300	2311
2009	22920	65684	125865200	2552
2010	27596	45180	109431300	2869
2011	34500	33954	91210700	3346
2012	38914	30611	83598800	3164
2013	43223	33450	95324400	3208
2014	47850	34968	92896000	3105

资料来源: 2000~2015 年《重庆统计年鉴》。

表 3-25　2000～2014 年重庆人均 GDP 与工业"三废"的计量分析结果

环境污染指标	模型系数				模型检验	
	常数项	$\ln X_t$	$(\ln X_t)^2$	$(\ln X_t)^3$	R^2	F 检验
工业废水排放量	$-1.75\mathrm{e}{+}07^*$ (7071612)	5329380* (2184356)	-534032.4^* (224400.7)	17681.21* (7666.932)	0.9507	70.63Prob> F = 0.0000
工业废气排放量	4712304* (1687426)	-1486120^* (521230.2)	155474.5* (53546.4)	-5389.254^* (1829.48)	0.8978	32.21Prob> F = 0.0000
工业固体废物排放量	650684.2** (125364.8)	-201666.3^{**} (38724.03)	20733.92** (3978.152)	-704.8546^{**} (135.9186)	0.9878	297.36Prob> F = 0.0000

注:* 表示显著水平为 5%,** 表示显著水平为 1%。

实证结果分析如下:重庆市环境污染程度指标工业废水、工业废气及工业固体废物排放量与人均 GDP 模型的 F 检验是显著的。从 3 个模型的系数估计的 F 值来看,工业固体废物排放量与人均 GDP 模型的系数估计的 F 值在 1%的水平上是显著的,工业废水及工业废气排放量与人均 GDP 模型的系数估计的 F 值在 5%的水平上是显著的。从表 3-25 可知,重庆市工业废水排放量、工业废气排放量及工业固体废物排放量与人均 GDP 模型的 R^2 值分别是 0.9507、0.8978、0.9878,说明 95.07%的工业废水排放量、89.78%的工业废气排放量、98.78%的工业固体废物排放量是由于经济发展所造成的,与环境库兹涅茨曲线较为相符。

重庆市工业"三废"排放量与人均 GDP 拟合曲线如图 3-7 所示。

图 3-7 是以工业"三废"的排放量为 Y 轴,以 lngdp 为 X 轴,做出散点图并得到工业"三废"排放量与人均 GDP 的函数模拟曲线图。从工业废气排放量看,2000～2014 年总体上呈先上升后下降的趋势,在 2009 年达到峰值,为 125865200 万标立方米,然后开始逐年下降,到 2015 年为 92896000 万标立方米。从工业废水排放量看,大体上呈现一个逐步下降的趋势,但是到 2013 年下降到最低点后有开始上升的势头。从工业固体废物排放量看,基本上呈平稳上升趋势,波动也比较小,2011 年工业固体废物排放量达到 3346 万吨,2012 年、2013 年、2014 年分别为 3164 万吨、3208 万吨、3105 万吨,稳定在 3000 万吨左右,呈现平稳状态。

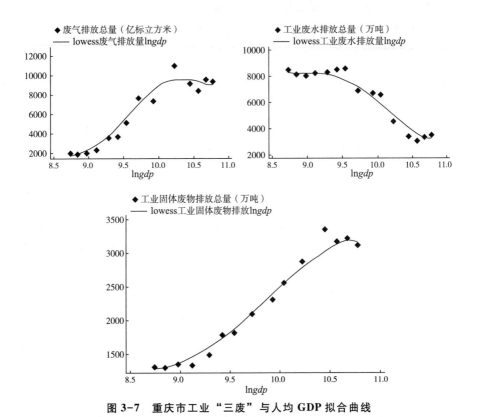

图 3-7 重庆市工业"三废"与人均 GDP 拟合曲线

注:lowess 表示局部加权回归。

由此可见,重庆人均 GDP 与工业"三废"的拟合曲线基本表现为"倒'U'曲线的前半部+后半部",工业废气排放量和工业固体废物排放量与人均 GDP 的拟合曲线可以看作倒"U"形曲线的前半部分,处于随着经济的发展而工业固体废物和废气排放量也加速增长的阶段。工业废水排放量与人均 GDP 的拟合曲线随着经济发展而逐渐下降,而其是否处于 EKC 理论所预测的回落阶段还有待考证。从 2000~2014 年 15 年的数据分析来看,重庆市的工业废气排放量与工业固体废物排放量都是随着人均 GDP 的增加而增加,表明西部部分弱生态地区的经济增长是以环境污染为代价的,在承接国内外产业转移时,过多地接受"三高"型产业,将导致在短时间内无法快速转型升级,从而加速西部弱生态地区的环境恶化速度。

3. 政府产业规制，节能减排硬约束增强

以经济增长为核心的价值观，以市场利益最大化为目标，放任环境污染和资源耗竭的外部性问题，将会诱使落后地区以短期利益为目标，通过过度开发资源促使经济快速增长，从而使生态环境遭受严重的破坏，加剧资源环境问题，也最终损害经济可持续发展的自然条件与环境基础。所以我们要纠正传统的经济发展模式，加强经济、资源和环境协调发展的意识。我国的西部地区长期以来都是以重型化的产业为主导产业，依靠资源的输出保持经济的快速增长，过度依赖资源和能源的消耗，追求高产量，忽视高效益，这样的发展模式很难有长远的发展。要想改变现状，必须把资源优势合理地转化成经济优势，大力发展循环产业，追求绿色经济效益。虽然各级政府已经通过相关政策对环境保护和资源的合理开发确定了相应的经济行为规则和产业规制，但是，西部弱生态地区的生态环境已经在前期的产业开发中遭受严重的破坏，且这样的情况还在继续加剧，诸如水土的严重流失、土地的严重沙漠化、草场的急剧减少及其后的荒漠化等，严重的环境污染加重了治理的难度，使得环境治理变得不仅十分困难，也需要付出巨大的代价。在此背景下，脆弱环境已经不能承受重型化的产业结构，需要以治理脆弱环境为目标来配置产业模式，实现传统产业结构的转型与升级，使经济发展目标与环境治理目标能够协调一致地推进。

我国的资源消耗问题和环境保护问题已经在国际上产生了巨大影响，成为具有国际影响的重大问题。对全球气候变化，在 2009 年哥本哈根会议前夕，我国郑重向世界承诺，到 2020 年单位 GDP 二氧化碳排放量比 2005 年下降 40%~45%。对此，我国政府制定了严格的保护环境的规章制度和严厉的惩治措施，对环境的保护治理要求越来越高。国务院 2012 年 8 月出台了《节能减排"十二五"规划》，提出了强化节能减排目标责任的要求。其中一个就是合理分解节能减排指标，在对全国各个省（区、市）的经济发展水平、产业结构、节能潜力、环境容量及国家产业布局等因素综合考量的前提下，将全国节能减排目标根据具体情况分解到各个省（区、市）。天津下降 18%、上海下降 18%、江苏下降 18%、浙江下降 18%、广东下降 18%；北京下降 17%、河北下降 17%、辽宁下降 17%、山东下降 17%；山西下降 16%、

吉林下降 16%、黑龙江下降 16%、安徽下降 16%、福建下降 16%、江西下降 16%、河南下降 16%、湖北下降 16%、湖南下降 16%、重庆下降 16%、四川下降 16%、陕西下降 16%；内蒙古下降 15%、广西下降 15%、贵州下降 15%、云南下降 15%、甘肃下降 15%、宁夏下降 15%；海南下降 10%、西藏下降 10%、青海下降 10%、新疆下降 10%。《节能减排"十二五"规划》还明确了"十二五"时期各地区化学需氧量排放总量控制计划、各地区氨氮排放总量控制计划、各地区二氧化硫排放总量控制计划、各地区氮氧化物排放总量控制计划，并且明确了对各地区政府考核的办法。考核产生的结果将和领导班子的综合考核直接挂钩，直接影响领导班子的考核结果，并且作为领导班子综合考核评价的重要内容，纳入政府绩效和国有企业业绩管理体系，出现问题要追究责任。国家分给各个省（区、市）的考核指标又被各个省（区、市）的政府相关部门分解给各个地区的重点企业。

所有地区都不断推出针对不同行业和不同企业的环境保护的数量规制与价格规制，各种相关制度要求越来越严格。根据国家出台的相关政策要求，像火力发电、钢铁、电解铝、水泥等对大气造成严重污染的行业须办理排污许可证，要明确会对环境造成污染的企业所允许排放的污染物的排污总量和减少量，强制安装在线监测装置，严格监督管理。对于超出排污许可证范围排污的企业要立即查处并要求其在规定时间内进行整改，在进行整改的时间内要限制其进行生产和污染物的排放，整改期结束依然达不到要求的，当地政府部门要责令该企业停止生产。在以后的发展过程中，各企业为了达到环保标准，减少对环境的破坏，必须投入巨大的资金来进行对环境的保护，如果企业自身没有环保方面的投入，那么就要向政府缴纳巨额的排污费用，由政府来进行治理，这样无疑会增加企业的运营成本。我国全国范围内的环境污染问题越来越严重，国家对环境治理的要求也越来越严格，全国各地的各级政府部门也越来越重视对环境的治理。相比全国各个地区，西部地区对于环境污染的治理力度依然较小，还需要增强环境保护意识和加大对环境保护的投入。

有关数据显示，西部地区在治理工业污染方面的投入资金远远不及我国的中部和东部地区，节能减排的任务还很艰巨，还需要投入更多的精力和资金。

从以上情况来看，资源与环境约束对西部工业化进程和产业升级的具体要求是：在资源和环境的承载能力范围内调整产业的升级目标和内容；人和环境的和谐发展是工业发展到更高阶段的一项重要的衡量标准；慢慢缩小资源型产业的发展范围，加快知识和技术型产业的发展；在产业升级成本显著上升的合理范围，必须综合考虑投入产出效率和环境治理代价；使技术创新内容及成本发生变化，必须重视节能减排与污染治理技术的创新与应用。

4. 产业转型高端化、高新化、高效率势在必行，价值链提升迫在眉睫

（1）西部弱生态地区产业升级效应分析

西部地区本身的经济发展程度就落后于东中部地区，对于西部弱生态地区来说更是如此。西部弱生态地区生态环境脆弱，尽管有着丰富的资源，但是难以全面地开发利用，所以这些地区的经济发展是一大难题。当前西部弱生态地区经济发展的首要任务是加快转变经济发展方式与产业升级，以产业优化、高度化、合理化为着力点推进以绿色、环保和循环为目标的产业转型升级，始终注重将存量优化和增量扩张与环境目标相结合，提升产业层次。我们将以影响产业升级效应的三个因素，即产品结构升级、技术结构升级和产业结构升级为出发点分析西部弱生态地区的产业升级效应，同时基于层次分析法构建西部弱生态地区的产业升级效应的测评体系，并进一步对西部弱生态地区产业升级效应进行综合分析评价，旨在说明西部弱生态地区产业升级的基础在哪里，重点又在何处，为西部弱生态地区的产业转型升级的路径选择提供理论上的借鉴。

西部弱生态地区经济发展的首要、最紧迫的任务是加快转变经济发展方式与产业升级。健康的经济发展方式应该是经济增长的同时能够与环境形成良好的互动，也应该表现为可持续的经济发展，以持续性的增长为基础，在高度化和合理化的产业结构转变中支持经济快速发展。传统的产业结构不仅会极大限制经济持续发展，还会损害经济持续发展的根基。因此，我们将产业转型与升级作为探索西部弱生态地区实现"经济—环境"协调共进的可行路径予以研究和分析，以期探索产业转型升级对于激发西部弱生态地区的内在经济活力，促进西部经济的绿色发展，缩小东部与西部经济发展差距的优化路径。

就西部弱生态地区来说，产业的转型升级更加要对症下药。西部弱生态地区的经济发展具有突出的区域特征，经济发展的选择受资源与环境的约束很强，不能以东中部地区的发展模式为标准而采取跟随战略，而是要在对西部弱生态地区的发展条件、优势劣势、要素禀赋特别是市场基础等方面因素进行综合考量之下,最大限度利用本地的自然资源、区位环境、内在动力、外部关联、市场基础等方面的比较优势,克服区域发展的短板,选择快速通道,从而形成可长期依托的赶超效应。

基于此种考虑,我们在评测西部弱生态地区的产业升级效应,以及决定应该选择何种产业转型升级的路径之前,首先应该对西部弱生态地区的产业发展现状有一个清晰的认识,从整体上进行把握,这不仅有利于产业升级效应的评测体系的构建,更有利于明确产业发展的方向,以及更好地选择合适的产业转型升级方式。西部地区包含12个省(区、市),地域比较辽阔,本书由于篇幅及其他一些因素的限制,难以将这些地区产业发展现状的数据全部列出,所以本书在叙述西部弱生态地区的产业发展现状时首先描述了西部地区整体的产业发展状况;其次,在关于西部弱生态地区的产业结构比较分析方面选取了西部弱生态地区当中比较典型的七个城市作为分析对象,并且与全国的总体水平做了比较来说明西部弱生态地区的产业发展现状。

(2) 西部弱生态地区产业升级效应价值测评体系研究

根据西部弱生态地区产业发展的现实状况,从产品结构、技术结构和产业结构3个影响因子的层面来评价西部弱生态地区产业升级的效应。本书作者邀请专家对产业升级效应的影响因子的具体测量指标的重要程度进行打分,并通过一致性检验得到产业升级效应的判断矩阵,按照层次分析法具体计算各指标的权重和各影响因子的权重,最终得出结论,具体步骤如下。

①构建层次结构模型。通过3个影响因子即产品结构升级、技术结构升级和产业结构升级构建产业升级效应的评测模型,目标层为要测评的产业升级效应,将三个影响因子作为第二层次的策略层,通过另外8个因素来测量3个影响因子的影响,将该层次作为指标层。

②指标权重判断及检验。邀请几名在西部产业经济方面有较深造诣、长期从事该方面研究的专家组成专家团,对各层次指标权重进行设定,专家团进行集体讨论之后共同决定各层次指标的权重,按照1-9标度法进行对比赋值。根据专家团设定的指标权重对比值可以构建各层次影响因子的判断矩阵,通过专家给出的权重对比值进行一致性检验。如果 CR>0.1,

则需要专家团讨论重新调整两个指标之间的权重对比值,直到 CR<0.1,满足一致性检验为止。通过讨论,各层次的指标权重对比值及判断矩阵如表 3-26 至表 3-29 所示。

表 3-26　关于 3 个影响因子对产业升级效应的相对重要值

A	产品结构升级	技术结构升级	产业结构升级
产品结构升级	1	1/3	1/5
技术结构升级	3	1	1/3
产业结构升级	5	3	1

表 3-27　新产品情况、高技术产品及出口对产品结构升级的相对重要值

	新产品情况	高技术产品及出口
新产品情况	1	5
高技术产品及出口	1/5	1

表 3-28　技术开发、技术转让和物质载体对技术结构升级的相对重要值

	技术开发	技术转让	物质载体
技术开发	1	3	5
技术转让	1/3	1	3
物质载体	1/5	1/3	1

表 3-29　第一、二、三产业对产业结构升级的相对重要值

	第一产业状况	第二产业状况	第三产业状况
第一产业状况	1	1/5	1/7
第二产业状况	5	1	1/3
第三产业状况	7	3	1

通过上面的四个表格我们可以分别得到关于产业升级效应及其 3 个影响因子的 4 个矩阵分别为 A,通过计算并且做归一化处理之后可由 A 得到 CR=0.033 小于 0.1,符合一致性检验的条件。同理,通过计算分别得到关于新产品情况、高技术产品及出口对产品结构升级的相对重要值的矩阵 CR=0,关于技术开发、技术转让和物质载体对技术结构升级的相对重要值的矩阵 CR=0.033,第一、二、三产业对结构升级的相对重要值的矩阵

CR=0.063,可以看出这 3 个指标值 CR 都要小于 0.1,这 3 个矩阵都符合一致性检验,所以关于西部弱生态地区的产业升级效应的评测指标体系,矩阵构建如表 3-26 至表 3-29 所示。

③根据权重值的实证分析。通过计算可得出上述 4 个矩阵中不同层次间的权重值,现将各层次的权重值汇总,如表 3-30 所示,从中可以很清晰地看出各层次相对上一层次的权重值。通过表 3-26 可以看出,产业升级效应的 3 个影响因素对于产业升级效应影响的重要程度依次为产业结构升级、技术结构升级和产品结构升级。具体从各个影响因子来看,首先,在产品结构升级当中,新产品情况相比高技术产品及出口在对产品结构升级的相对重要值上占有绝对的优势,其权重值达到了 0.833,是产品结构升级的主要推动力量,是产品结构升级的重点。其次,在技术结构升级当中,技术开发状况相比其他两个指标重要性排在第一,技术转让和物质载体两个指标差距不是很大,技术转让略微占优,近年来西部许多弱生态地区增加了对科技开发的投入,同时科技改造的经费也在扩大,这些变化都慢慢地促进了技术结构的优化升级。绝大多数的西部弱生态地区,环境比较脆弱,经济发展速度慢,能够与东中部地区相比较的强势高技术企业比较少,因此高技术产业比较少,产值在全国所占的比例也很少。最后,在产业结构升级当中第三产业状况的重要程度是最高的,然后依次是第二产业状况和第一产业状况,这基本和全国产业结构状况保持一致。

表 3-30　各层次相对上一层次的权重值

测评指标	分类指标	具体指标	权重
产业升级效应评测体系	产品结构升级（权重 0.106）	新产品情况	0.833
		高技术产品及出口	0.167
	技术结构升级（权重 0.261）	技术开发	0.633
		技术转让	0.261
		物质载体	0.106
	产业结构升级（权重 0.633）	第一产业状况	0.072
		第二产业状况	0.279
		第三产业状况	0.649

综上所述，我们知道西部弱生态地区不仅是环境弱生态地区，还是经济弱生态地区。西部弱生态地区的经济发展程度不仅落后于东中部地区，相比较西部某些地区也处于劣势，西部弱生态地区的产业面临着产业优化升级的重要任务。通过表3-26，我们知道产业结构的优化升级是影响产业升级的主导因素，而促进第三产业的发展，提高第三产业比重又是促进产业结构优化升级的关键所在，因此第三产业发展的好坏与西部弱生态地区产业升级状况息息相关。西部弱生态地区的第三产业所占比重一直落后于东中部地区，尽管西部大开发战略推动了西部地区经济的发展，但发展的时间较晚，已经形成东中西地区发展上的巨大差异性，同时，西部没有利用好西南门户和河西走廊之西向门户在对外开放中的区位优势，没有利用好"一路一带"倡议的政策优势。西部弱生态地区的第三产业，不仅在比例上落后于东中部地区，而且在产值上也远远落后于东中部地区，并且西部整体的状况是第三产业产值落后于第二产业产值，这和国家整体水平还是有一段差距。总而言之，西部弱生态地区的产业升级过程中，重点要关注的是产业结构的升级，而在产业结构升级中要优先关注第三产业的快速发展，只有抓住这样的发展战略，才能使西部弱生态地区经济朝着健康、稳定的方向发展。而与此同时也应关注其他的影响因子，加大技术的研发投入，增强技术创新能力，提高产品的质量，增加产品的附加值，关注第二产业和第一产业的发展状况。总之应该均衡各方面的影响因素，选择合适的产业升级路径，避免头重脚轻，促进西部弱生态地区产业升级朝着合理布局、持续增长方向发展，促进经济发展的生态化，保证经济与环境协调发展。

（二）弱生态性对产业转型的"诱导效应"分析

1. SWOT 矩阵策略简介

SWOT 分析法亦称为态势分析法，由韦里克教授提出，是通过分析企业优势（Strength），厘清缺陷（Weakness），揭示机遇（Opportunity），预测潜在威胁（Threat），从而将公司的战略与公司内部资源、外部环境有机地结合起来的一种科学的分析方法。

SWOT 分析模型基于不同内外部环境，将企业战略分布在四个象限（见图3-8）。第一，SO（优势—机遇），优先发展战略；第二，ST（优

势—威胁),风险发展战略;第三,OW(机遇—劣势),规避发展战略;
第四,WT(劣势—威胁),收缩发展战略。显然,不同的内部、外部环境
使得企业能够依据自身条件,制定合乎实践发展需求的战略目标导向,这
亦是 SWOT 分析范式的优势所在。

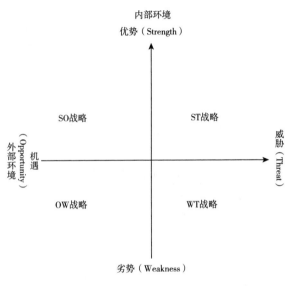

图 3-8　SWOT 分析矩阵

2. 优势(Strength)——西部地区发展特色产业的内部优势明显

(1)得天独厚的资源优势

西部弱生态地区矿产资源、能源资源种类齐全且储量十分丰富。在我
国已探明的 158 种矿产中,西部地区占有 138 种,其中金属矿 54 种、非金
属矿 74 种、能源矿产 8 种、其他类矿产 2 种①,并且这些矿产资源大部分集
中在西部弱生态地区。从表 3-31 中可以看到,西部地区矿产储量占全国 60%
以上的种类达 18 种,占 30% 以上的高达 31 种。另一方面,西部地区能源资源
储量也极其丰富,其中以石油、天然气、煤炭为主。2015 年全国统计数据显
示,西部地区石油资源储量为 136467.1 万吨,占全国总储量的近 40%;天然气
储量为 42055.2 亿立方米,占全国总储量的 85.04%;煤炭储量为 1054.9 亿吨,

---

① 任媛、安树伟:《西部地区发展特色优势产业的优劣势分析》,《生态经济》2011 年第 5 期。

占全国总储量的 43.96%（见表 3-32）。相比以往，石油和天然气在绝对量和相对比例上都有所上升，而煤炭资源在绝对储量上有所下降。从表 3-32 可以看出，西部能源资源主要分布在西北地区，其中内蒙古、陕西、甘肃、新疆居多。此外，西部地区在黄河、长江中上游地区水能资源相当丰富，占全国水能资源总量的 70%，但目前开发利用率还不到 10%，具有巨大的开发潜力。

表 3-31　西部地区矿产资源储量占全国比重分布情况

占全国比重	80%以上	60%~80%	30%~60%
种类	稀土矿、铬铁矿、钛矿、汞矿、镍矿、锶矿、钾盐、云母、盐矿、石棉、铂族金属	煤炭、天然气、锰矿、钒矿、锌矿、锡矿、锑矿	铅矿、镁矿、钴矿、磷矿、膨润土、长石、金矿、铜矿、铝土矿、银矿、镓矿、硫铁矿、高岭土

表 3-32　2015 年西部地区主要能源储量情况及占全国比例

地区	石油（万吨）	天然气（亿立方米）	煤炭（亿吨）
全国	343335.0	49451.7	2399.9
内蒙古	8354.4	8098.1	490.0
广西	131.6	1.3	2.2
重庆	267.7	2456.0	18.0
四川	661.8	11708.5	54.1
贵州	—	6.3	93.9
云南	12.0	0.8	59.4
陕西	36300.8	8047.8	95.4
甘肃	21878.4	256.0	32.8
青海	7524.5	1457.9	11.8
宁夏	2180.0	272.7	38.0
新疆	58878.0	9746.2	158.0
西藏	—	—	0.1
合计	136467.1	42055.2	1054.9
西部占全国比例	39.75%	85.04%	43.96%

资料来源：《中国统计年鉴—2015》。

　　西部弱生态地区拥有众多的自然旅游资源和文化旅游资源，是我国旅游资源宝库。在自然旅游资源方面，至 2010 年，西部弱生态地区有国家级自然保护区 130 个、国家级重点风景名胜区 71 个、国家级森林公园 130 多个，主要集中在西北、西南等生态地区，在我国三大经济区中是自然旅游资源数量最多、种类最为齐全且规模最大的区域。从人文旅游资源来看，西部地区拥有 37 座历史文化名城，86 个国家级重点文物保护单位，占全国总量的近 50%，如云南大理古城、丽江古城，甘肃敦煌莫高窟，西藏布达拉宫，陕西秦始皇兵马俑等。西部特殊的地理位置培育了地区独特的边疆人文风情与少数民族文化。

（2）低廉的成本要素优势

西部地区是我国重要的能源、矿产基地，农作物产地。新疆、青海拥有大量的可利用牧场，为畜牧加工业提供了资源基础。宁夏的银川平原、甘肃的河西走廊以及四川的成都平原都是我国重要的商品粮生产基地。西部弱生态地区大多是经济落后的地区，但是与中东部相比，这些地区劳动力丰富且要素成本较低。2008 年西部地区职工年平均收入为 28005 元，仅是东部地区的 72%，且比全国平均水平低 1230 元。此外，西部地区土地价格也较为低廉，如云南、贵州等地区，工业用地价格每平方米不到 500 元。

3. 弱势（Weakness）——产业发展弱势问题突出

（1）生态环境弱化加剧

根据《全国生态保护与建设规划（2013—2020 年）》，国家生态保护与建设重点区域主要包括以"两屏三带一区多点"为骨架的七大国家安全生态屏障。战略重点区域为：青藏高原生态屏障区、黄土高原—川滇生态屏障区、东北森林带、北方防沙带、南方丘陵山地带、近岸近海生态区等 7 个集中连片区域。而其中有 4 大生态脆弱区主要集中在西部地区。西部地区原本生态承载力就较弱，加之长期以来的过度开发、环境破坏，导致土地荒漠化、水土流失、草原退化等各种生态环境问题愈加突出。西北地区水土流失严重，降水量少，干旱与半干旱地区多；西南地区山区面积大，主要集中在青藏高原、云贵高原、横断山区，土地石漠化严重，水资源缺乏，除了四川成都平原、关中河套地区，其他地区自然条件极为恶劣，土地贫瘠，工业、农业发展受到严重限制。

（2）基础设施薄弱

参照发达国家与东部地区经济发展经验，产业发展需要以完善的基础设施为支撑。西部大开发政策实施以来，虽然西部地区各种基础设施有了较大的改善，但与东部地区仍有较大差距。主要表现在交通、能源、通信、贸易流通体系等方面，如交通方面，由于地貌复杂、施工难度大等原因，云贵川三省交通条件落后于全国平均水平。

（3）劳动力素质偏低

劳动力问题严重制约西部弱生态地区产业转型升级，首先，从上面西部地区产业就业人口结构情况看，就业结构基本呈现"一三二"的格局，而与三次产业结构呈现"二三一"的格局比较，劳动力的调整明显滞后于产业结构的演变。这主要是由于西部地区农业部门生产效率低下，传统农业部门中仍然滞留着大量的劳动力，第二、三产业发展缓慢，吸引劳动力转移能力不够。其次，劳动力的流出对西部地区产业发展有着十分不利的影响，西部地区的四川、陕西、甘肃、重庆等省市人口流出量很大，大量的青壮年劳动力向沿海地区转移，形成了西部劳动力要素的净流出，导致西部地区适应产业发展的高技能、高素质劳动力的相对短缺，在一定程度上抑制了产业结构向合理化和高度化的方向发展。最后，由于长期以来的社会历史原因，中西部教育体制格局存在不平衡，西部地区劳动力素质低下是阻碍产业转型升级的关键因素，大量企业由于缺乏高技术人才，创新能力不足，仅停留在劳动密集型层面上，而难以向合理化、高度化方向转型升级。

（4）市场集群效应不足

产业自身的转型升级，离不开充满消费活力的市场。市场的活力度引导着产业转型的方向，特别是第三产业的发展，与人民的基本生活更是息息相关。西部弱生态地区总体经济发展缓慢，区域市场发育不成熟。这主要有两方面的原因，一方面，西部弱生态地区经济发展缓慢，内部需求不足，市场呈疲软状态；另一方面，产业与市场集群度低，规模效益不足。西部地区产品供给较为丰富，并且价格低廉，但内部消费能力不足。当内部消费能力有限时，就需要外部消费力量的流入补充，但由于弱生态地区基础设施薄弱，交通、信息通达度都不及东中部，无法与外部市场连接为一体，无法形成持续扩张的消费基础，从而无法以拓展的市场支持产业发展，进而无法支持产业与区域市场形成有效的规模集群。

4. 机遇（Opportunity）——西部弱生态地区产业发展机遇强

（1）国家对西部弱生态地区经济社会发展强有力的政策与资金支持

从沿海一带经济发展的经验看，政策倾斜是一个地区发展的无形资本，影响着一个地区的发展方向。近 10 年来，西部地区在社会经济发展各方面都取得了不错的成绩，得益于国家西部大开发政策的实施，从中西部地区获得了相当高比重的中央财政转移支付的支持、优惠的区位开发政策、教育科技方面资源的倾斜、对私有企业的优惠等宏观政策支持。并且在西部大开发之初制定了一系列相应政策措施，为西部大开发顺利进行提供了法律保障①。西部大开发第一阶段取得的主要成绩有：第一，部分重点工程开始运行或竣工，如南水北调、青藏铁路、西油东送等；第二，生态保护政策的实施以及工程修建，如退耕还林还草的实施、"三北"防护林的建立等极大地缓解了西部弱生态的困境；第三，西部大部分地区基本进入小康社会，基础设施逐渐完善，人民生活水平有了极大提高；第四，国家大力推进国有企业改革，发展混合所有制经济，鼓励非公有制经济发展，建立健全市场体系，为西部经济发展重新注入活力。如果中央政策继续保持下去，西部大开发的下一个 10 年将是西部经济腾飞的 10 年，这是西部地区发展的重要机遇。

（2）"一带一路"倡议为西部弱生态地区与国内外紧密合作提供了基础

"一带一路"倡议的实施给西部弱生态地区的经济发展提供了良好的机遇。"一带一路"倡议中丝绸之路经济带范围是：新疆、重庆、陕西、甘肃、宁夏、青海、内蒙古、黑龙江、吉林、辽宁、广西、云南、西藏 13 个省（区、市）。其中有 10 个省份属于西部地区，这有利于发挥西部弱生态地区区位优势，向西向南开放窗口，深化与中亚、东南亚等国家交流合作，打造丝绸之路经济带核心区域。西部弱生态地区可以有效利用"一带一路"沿线各地区比较优势，在政策沟通、贸易畅通、资金融通、设施联通等合作内容上加强合作，推动区域互动合作和产业集群发展，打造西部弱生态地区经济发展新的战略支点。

---

① 袁境：《西部承接产业转移与产业结构优化升级研究——以四川为例》，博士学位论文，西南财经大学，2012。

（3）西部弱生态地区利用自身优势能够更好地承接国内外产业转移

现今，处于西部大开发战略新阶段，国家制定的《关于深入实施西部大开发战略的若干意见》指出，到 2020 年西部地区基本实现全面建成小康社会。西部大开发前 10 年主要进行基础设施建设、生态环境修复和重大工程投资，2012～2022 年这后 10 年是其重点发展产业经济、承接东部产业转移的重要时期。从外部与内部条件看，西部地区迎来了承接东部产业转移的最佳时期。2010 年国家正式出台了《国务院关于中西部地区承接产业转移的指导意见》，为西部地区承接国内外产业转移提供了重点方向、重要领域、发展思路等指导意见。西部大开发的第二阶段以承接国内东部地区和国际产业转移为目标，借助于国际经济形势的变化，为西部带来产业发展的新机遇：一方面，在美国次贷危机和欧债危机的影响下，各大跨国集团急于在发展中国家进行产业转移与新市场的开拓，而我国特别是我国西部地区凭借资源禀赋和有利于企业发展的蓝海市场，具有大量可开辟的新生市场和产业发展领域；另一方面，从国内产业转移来看，东部地区产业正在迅速地转型与升级，由此推动着传统的制造业向外部转移，而西部具备了承接产业转移的良好条件。

（4）新时代推进西部大开发格局形成

我国已经进入发展的新时代，新时代有新的使命、新的任务、新的矛盾。新时代继续做好西部大开发工作，对于增强防范化解各类风险能力，促进区域协调发展，决胜全面建成小康社会，开启全面建设社会主义现代化国家新征程，具有重要现实意义和深远历史意义。2020 年 5 月 17 日，中共中央、国务院发布《关于新时代推进西部大开发形成新格局的指导意见》（以下简称《意见》），可见中央对西部地区在全面建成小康社会之际的重视。在产业方面，《意见》提出西部地区要发挥自身优势，依托自身良好的环境资源，大力发展旅游休闲、健康养生等服务产业，打造区域重要支柱产业，推动形成现代化产业体系。此外，西部地区要"借势借力"，比如以共建"一带一路"为引领，加大西部开放力度。《意见》指出西部地区要积极对接京津冀协同发展、长江经济带发展、粤港澳大湾区建设等重大战略。《意见》的发布为西部弱生态地区产业发展提供了良好的机遇。

因此，怎样承接好国内外的产业转移，是西部弱生态地区产业转型与经济发展的重要内容,而在产业发展中,如何处理好承接产业转移与资源环境之间的冲突与矛盾,对于西部弱生态地区来说既是发展的重要机遇,也是一个严峻的挑战。

5. 威胁(Threat)——西部弱生态地区产业发展外部环境支持不足,存在着来自资源、市场的较强竞争压力

(1)外部竞争激烈,中小企业难以立足

在经济全球化背景下,世界各国企业纷纷进入中国市场,以先进的技术及管理模式占据产业链高端位置。东部各省市乘着改革开放的东风,大力借鉴国外的技术经验,逐渐完善产业结构,形成较为成熟的产业链,凭借自身优越的区位优势及国家优惠政策,经济保持长期快速发展。国内市场竞争激烈,甚至有些行业形成一家独大的垄断局面。西部弱生态地区的企业多为中小型企业,在资金、人才、技术方面基础相对薄弱,更是加大了中小企业进入前沿行业的难度。此外,大部分西部弱生态地区地理位置偏内陆,基础设施不够完善,区域内消费能力不足,缺乏资金支持,难以吸引外部投资者投资建厂。至 2010 年,西部地区固定资产投资仅占全国总投资的 24.6%,不到全国总投资的四分之一[①]。外部投资主要集中在四川、重庆、内蒙古、广西、陕西 5 个省(区、市),占西部地区 70% 以上,新疆、宁夏、西藏等弱生态地区外部投资较少,分布不甚合理。

(2)国内外市场格局变化快,产业转型升级滞后

随着产业结构向高级化发展成为当今各国的必然趋势,市场格局也发生了转变。经过了第一次工业革命和第二次工业革命、第三次工业革命——信息时代悄然而至。世界各发达国家在信息技术等新兴产业方面已经取得巨大成就,信息产业市场趋于成熟。在我国,东部地区对外开放程度高,有诸多的人财物优势,新兴产业在沿海地区发展势头也极为不错,从全国范围看,以互联网为支撑的信息产业主要集中在长三角、珠三角及京津一带。而西部地区情况不是太乐观,从西部产业构成来看,至 2014 年,西部地区一、二、三次产业分别占比为 11.9%、47.3%、40.7%,依然是以工业为主导的经济发展模式,第三产业虽然有所发展但产业内部结构不合理,层级结构没有发生具有现代高度的演

---

① 邢绪文:《新形势下西部地区固定资产投资对经济增长影响研究》,硕士学位论文,新疆财经大学,2013。

化，传统服务业占第三产业比重较大，高精尖类产业较为落后。

6. SWOT 矩阵发展策略

（1）S-W-O 战略：利用比较优势，把握政策机遇，进一步壮大主导产业（见表 3-33）

表 3-33　西部弱生态地区产业 SWOT 矩阵分析

	优势（Strength）	弱势（Weakness）
西部弱生态地区产业 SWOT 矩阵分析	得天独厚的资源优势	生态环境弱化加剧
	低廉的成本要素优势	基础设施薄弱
		劳动力素质偏低
		市场集群效应不足
机遇（Opportunity）		
国家对西部弱生态地区经济社会发展强有力的政策与资金支持	S-W-O 战略：利用比较优势，把握政策机遇，进一步壮大主导产业	
"一带一路"倡议为西部弱生态地区与国内外紧密合作提供了基础		
西部弱生态地区利用自身优势能够更好地承接国内外产业转移		
新时代推进西部大开发格局形成		
威胁（Threat）		
外部竞争激烈，中小企业难以立足	S-W-T 战略：发挥比较优势，克服劣势，发展特色新兴产业	
国内外市场格局变化快，产业转型升级滞后		

在新一轮国际产业转型的新形势下，东部地区开始转变产业驱动力，由原来的资本、资源、人口密集型产业开始向信息、商务、金融等现代服务业转变，寻找新的发展空间，而传统的制造加工业需要向西部地区转移。西部弱生态地区经济发展水平较为落后，从 2014 年的数据看，西部地区经济总量占全国经济总量的 20.1%，东部地区占 51.5%，东部约是西部的 2.5 倍。从工业生产值看，东部地区占全国的 49.6%，而西部地区仅占 20.4%，此外，西部地区第一产业占三次产业比重远超过东部。西部地区

产业大多处于产业链较低的梯度位置上,对于接受东部地区的产业转移具有很强的市场需求。此外,东部地区经济快速发展,各种生产价格上涨,资源日益紧缺,这也加速了东部地区把资源、劳动密集型产业向西部转移。西部弱生态地区要借助其自身的资源禀赋,吸引大型企业开发西部特色资源,依托大企业成熟的技术提高资源开发效率,带动资源深加工产业与成品制造业,增加产品附加值,将西部从原来的能源、原材料基地转变为产品深加工产地,进一步发挥地区比较优势,实现主导产业的初步转型。

(2)S-W-T 战略:发挥比较优势,克服劣势,发展特色新兴产业

西部弱生态地区正处于产业结构转型升级的关键阶段,其中发展新型产业是产业发展的重要内容。《国务院关于加快培育和发展战略性新兴产业的决定》明确把环保产业、制药产业、高级制造业等产业作为地区发展的支柱性新兴产业[①]。首先,西部弱生态地区应该在国家大力扶持的机遇下,利用本土资源优势,发展适合本地区的新兴产业,实现产业顺利转型。当然,西部弱生态地区劣势也较为突出。生态薄弱的地区要坚决抵制"三高"性的企业再次进入,避免造成环境的二次破坏。已有的资源密集型产业要注重资源的开发利用率,增加产品附加值。加大技术投入,减少对环境的破坏。其次在传统产业基础上规划新兴产业,实现以传统产业促进新兴产业的发展,以新兴产业带动传统产业的转型。产业基础较为薄弱的地区,应该明确本地区产业发展的定位,注重产业链的构建,借助地域优势,西部地区各省(区、市)既要重视竞争也要加强合作,实现产业区域化发展。

---

① 习树江:《西部地区战略性新兴产业发展路径优化研究》,《改革与战略》2016 年第 1 期。

第四章

转型的路径：主动融入"一带一路"倡议产业响应机制的路径

可持续发展观越来越得到广泛的价值认同，成为人类生产、生活行为的基本准则。因此，弱生态地区的生态环境和经济的协调发展成为重中之重，这就要求西部弱生态地区同时解决弱环境生态和弱质产业发展的"双向钳制"问题。基于既有文献研究可得出结论，即弱生态约束下的西部产业发展困境必须在融入全球产业分工中才能得到有效解决，国际经验对解决西部弱生态约束下的产业发展选择具有借鉴价值。本章节通过契合西部现实状况的观察，对三类可行路径进行深入分析与思考，以承接东部产业转移、利用"一带一路"倡议所提供的具有长远战略意义的新生性区位优势融入全球价值链、利用新的区位地位所形成的西部要素禀赋比较优势融入国内价值链为核心逻辑脉络，探讨西部弱生态地区产业转型升级的实践路径。

一 资源与生态强约束下的产业响应机制构建与转型路径

基于弱生态下产业选择的理论思考，西部地区产业转型升级面临生态问题的地区主要有两个：一是生态基础良好的西南地区，二是资源富集的西北地区。显然，两地区的显著差异所导向的产业转型升级路径势必不同。本部分选取西南地区典型代表云南、西北地区典型代表内蒙古进行对比分析。

（一）生态约束型地区产业转型升级路径——以云南为例

1. 云南三次产业结构演进特点

1980~2015 年,云南省三次产业结构逐步实现调整升级,结构不断优化（见图 4-1）。从当前来看,云南省产业结构发展已经出现了明显的变化,总的来说它已经由传统的"一二三"格局逐渐演化为"二三一"格局。三次产业结构调整具体表现为:第一产业产值占比不断被"压缩",由 1980 年的 42.59%压缩至 2015 年的 15.09%;第二产业产值占比呈"沙漏"演变态势,两端宽中间窄,总体产值占比基本保持不变,1980 年为40.32%,2015 年为 39.77%,两者仅差 0.55 个百分点;第三产业具有良好的发展势头,产值占比不断上升,由 17.09%增加至 45.14%。这反映出云南省近年来更加注重二、三产业的发展,强调产业结构的整体合理性。

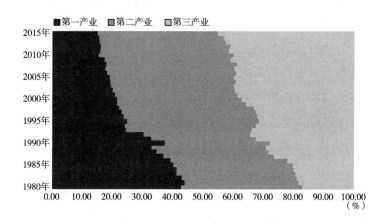

图 4-1　1980~2015 年云南省三次产业结构演变趋势

注:生产总值按当年价格测算,从 2013 年起,第二、三产业中的服务业增加值划入第三产业。

资料来源:根据《云南统计年鉴 2016》整理得到。

按三次产业结构的工业化阶段参照指标值（见表 4-1）[1],2015 年云南省三次产业结构比为 15.09:39.77:45.14,处于工业化中期阶段。

---

[1]　陈佳贵、黄群慧、钟宏武:《中国地区工业化进程的综合评价和特征分析》,《经济研究》2006 年第 6 期。

需要说明的是，如果严格按照该标准划分，在工业化中期阶段，第二产业产值占比应大于第三产业产值占比（I>S），显然云南的现实情况并非如此，这是因为云南第二产业发展一直处于弱势地位，而第三产业发展具有相对优势。

表 4-1　三次产业结构的工业化阶段参照指标值

指标体系	前工业化阶段	工业化实现阶段			后工业化阶段
		工业化初期	工业化中期	工业化后期	
产业结构	A>I	I>A>20%	A<20%且I>S	A<10%且I>S	A<10%且I<S

注：A表示第一产业产值占比，I表示第二产业产值占比，S表示第三产业产值占比。

由此可以看出，生态基础较好的地区，因工业发展迟滞而没有能力支持第二产业的发展，但其凭借良好的"生态环境"，借助自然资源的比较优势，使第三产业（特别是旅游以及传统服务业）的发展得以凸显出来，并成为地区经济发展的支柱产业。显然，其转型升级的路径必然有别于资源型地区。产业转型升级的最终价值目标是实现"改善民生、奔小康"，如果产业转型升级无法带来民生福祉，就失去了其现实的基础。

云南劳动力就业结构演变态势呈以下特点：第一，云南省劳动力分布在三次产业中的总体演变态势与一般化的事实规律相吻合，就业结构变化呈"收敛"趋势，伴随产业结构的转型升级，劳动力由第一产业向第二、三产业转移（见图 4-2）。1980~2015 年，第一产业就业人口比重不断下降，由 85.00%下降至 53.58%，第二、三产业就业人口比重不断上升，分别由 8.10%、6.90%上升至 12.99%、33.43%。第二，按照现代经济理论，就业结构类型分为传统型、发展型、现代型三类（见表 4-2）[①]，云南省就业结构类型仍属于传统型，截至 2015 年，其第一产业就业人口比重仍高达53.58%，第二、三产业的就业人口比重较低，分别仅为 12.99%、33.43%，表明第二、三产业发展不足，吸纳就业人口能力有限。第三，第二、三产业之间的就业结构亦呈现明显的"分化"态势，表现为：1980~

---

① 王君萍：《产业结构与就业问题的实证分析——基于陕西的个案研究》，《经济经纬》2009年第 4 期；王庆丰：《中国产业结构与就业结构协调发展研究》，博士学位论文，南京航空航天大学，2010。

1985 年,第二产业就业人员比重高于第三产业;而以 1986 年为界点,第三产业就业人员比重不断攀升,并且始终处于第二产业水平之上。这表明:第三产业成为吸纳第一产业就业人口转移的主导力量。

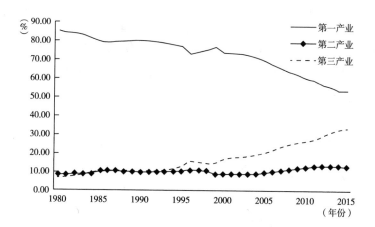

图 4-2 1980~2015 年云南省按三次产业划分的劳动力就业结构变化
资料来源:根据《云南统计年鉴 2016》整理得到。

表 4-2 就业结构类型划分

就业结构类型	第一产业 就业人口比重	第二产业 就业人口比重	第三产业 就业人口比重
传统型	50%以上	25%以上	25%以下
发展型	16%~49%	26%~40%	26%~49%
现代型	15%以下	35%	50%以上

2. 产业结构转型升级的矛盾导向——非农化迟滞

产业发展作为人口就业之载体,毋庸置疑,产业结构之演变将与就业结构之变动密切相关。我国产业结构与就业结构存在非一致性,与产业结构转型升级的一般规律不同[1],而云南亦是如此,就业结构与产业结构未能协调推进,存在非均衡性问题。在此引入比较劳动生产率和产业结构偏离度进行观察分析。测算公式如下:

---

[1] 陈桢:《产业结构与就业结构关系失衡的实证分析》,《山西财经大学学报》2007 年第 10 期。

比较劳动生产率公式：$\alpha = \dfrac{G_i/G}{L_i/L}$，其中：$G_i$ 表示某一产业产值，G 表示产业总产值；L_i 表示某一产业就业人口数，L 表示就业人口总数。

定义产业结构偏离系数：$E = \dfrac{G_i/G}{L_i/L} - 1$，其中 E 为偏度系数，评判标准：偏度系数越接近于零，则表明产业结构与就业结构匹配越合理，劳动力资源配置越优。此外，如果 $E>0$，则表明比较劳动生产率较高，该产业存在劳动力流入的潜力；反之，则表明比较劳动生产率较低，该产业存在劳动力流出的潜力[①]。

通过测算云南省比较劳动生产率与产业结构偏离系数（见表 4-3、4-4），不难发现，云南省就业结构与产业结构的非一致性表现在以下几个方面。

其一，观察各产业比较劳动生产率（见表 4-3），可以看出 1980~2015 年云南省第一、二、三产业的比较劳动生产率均呈现明显的下降趋势。其中，第一产业比较劳动生产率小于 1，趋向于 0；第二、三产业比较劳动生产率显著大于 1，趋向于 1。此外，2015 年第二产业比较劳动生产率为 3.06，是第三产业比较劳动生产率（1.35）的 2.3 倍。按照就业结构与产业结构演进的一般规律，伴随第二、三产业比较劳动生产率的逐步降低，其应与第一产业比较劳动生产率趋近。据此，产业结构与就业结构的均衡性得以实现，总体效益将维持在合理水平上运行[②]。显然，云南省产业结构与就业结构存在非均衡性。

其二，通过就业结构与产业结构的偏离度来看第一产业基本状况：1980~2015 年，云南省第一产业的结构偏度系数始终小于 0，并没有严格趋近于 0，表明该产业（主要指农业部门）劳动生产率极低，存在劳动力向其他产业转移的潜力，这亦进一步佐证：第一产业吸纳了过多的就业人口。此外，尤为值得关注的是：第一产业结构偏度系数

---

① 张抗私、高东方：《辽宁省产业结构与就业结构协调关系研究》，《中国人口科学》2013年第 6 期。

② 陈桢：《产业结构与就业结构关系失衡的实证分析》，《山西财经大学学报》2007 年第10 期。

绝对值呈现增大之态势，表明农业就业人口向外转移的压力不断在加剧。图4-3亦可以进一步佐证上述结论，2015年云南省第一产业总产值为2055.78亿元，占比仅为15.09%；而第一产业就业人口却高达983.88万人，占比达53.58%。由此可见，近54%的人口只创造了约15%的产值，抑或表达为：近54%的人口只掌握了约15%的社会财富。显然，过多的人口被束缚在了第一产业当中，不利于收入差距的缩小。因此，应当努力将第一产业（农业）就业人口转移至其他产业进行就业。

表4-3　1980~2015年云南省三次产业比较劳动生产率

年份	比较劳动生产率			年份	比较劳动生产率		
	第一产业	第二产业	第三产业		第一产业	第二产业	第三产业
1980	0.50	4.98	2.48	1994	0.31	4.26	2.72
1981	0.52	4.54	2.45	1995	0.32	4.34	2.45
1982	0.51	4.60	2.43	1996	0.33	3.97	2.03
1983	0.49	4.67	2.30	1997	0.31	4.18	2.16
1984	0.50	4.37	2.11	1998	0.29	4.32	2.32
1985	0.50	3.86	1.98	1999	0.28	4.86	2.47
1986	0.50	3.79	2.05	2000	0.29	4.52	2.19
1987	0.46	3.58	2.57	2001	0.28	4.54	2.22
1988	0.43	3.72	2.73	2002	0.27	4.58	2.21
1989	0.41	3.89	2.84	2003	0.27	4.60	2.15
1990	0.47	3.64	2.67	2004	0.27	4.57	2.00
1991	0.41	3.60	3.10	2005	0.28	4.14	1.93
1992	0.38	3.57	3.21	2006	0.27	4.10	1.76
1993	0.31	4.21	2.97	2007	0.27	3.92	1.68

续表

年份	比较劳动生产率			年份	比较劳动生产率		
	第一产业	第二产业	第三产业		第一产业	第二产业	第三产业
2008	0.28	3.81	1.55	2012	0.28	3.18	1.38
2009	0.28	3.49	1.59	2013	0.28	3.16	1.36
2010	0.25	3.54	1.48	2014	0.29	3.12	1.31
2011	0.27	3.24	1.51	2015	0.28	3.06	1.35

资料来源：根据《云南统计年鉴2016》计算得到。

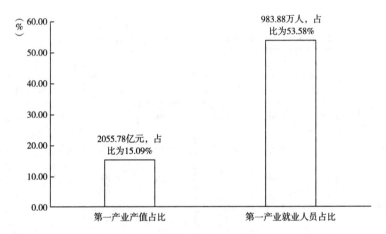

图4-3 2015年云南省第一产业产值与就业人口情况

资料来源：根据《云南统计年鉴2016》整理得到。

其三，通过就业结构与产业结构的偏离度（见表4-4）看第二、三产业基本状况：第二、三产业的结构偏离度系数始终大于0，显然仍具备吸纳人口转移就业的潜力。其中，第三产业偏度系数不断趋近于0，而第二产业偏离度系数比较大，即便截至2015年，其系数仍在2之上。这一过程表明：第三产业就业劳动力资源配置不断优化，适配第三产业发展的状况；而第二产业似乎存在某种进入壁垒，阻止劳动力资源向第二产业内转移。通过图4-4数据我们亦可窥见：第二产业产值始终高于或趋近第三产业产值①。反观就

---

① 1980~2012年第二产业生产总值（实线）处于第三产业生产总值（长划线虚线）上方，2013年由于统计口径调整，第二产业生产总值（实线）处于第三产业总产总值（长划线虚线）下方，但两者相差不大。

业结构,以 1986 年为界点,第三产业就业人员占比开始超过第二产业就业人员占比,成为吸纳第一产业就业人口转移的主导力量[1]。这结构演变过程中的分化态势进一步佐证了第二产业存在劳动力进入壁垒。

表 4-4 1980~2015 年云南省三次产业就业结构与产业结构偏离度

年份	结构偏离度			年份	结构偏离度		
	第一产业	第二产业	第三产业		第一产业	第二产业	第三产业
1980	-0.50	3.98	1.48	1998	-0.71	3.32	1.32
1981	-0.48	3.54	1.45	1999	-0.72	3.86	1.47
1982	-0.49	3.60	1.43	2000	-0.71	3.52	1.19
1983	-0.51	3.67	1.30	2001	-0.72	3.54	1.22
1984	-0.50	3.37	1.11	2002	-0.73	3.58	1.21
1985	-0.50	2.86	0.98	2003	-0.73	3.60	1.15
1986	-0.50	2.79	1.05	2004	-0.73	3.57	1.00
1987	-0.54	2.58	1.57	2005	-0.72	3.14	0.93
1988	-0.57	2.72	1.73	2006	-0.73	3.10	0.76
1989	-0.59	2.89	1.84	2007	-0.73	2.92	0.68
1990	-0.53	2.64	1.67	2008	-0.72	2.81	0.55
1991	-0.59	2.60	2.10	2009	-0.72	2.49	0.59
1992	-0.62	2.57	2.21	2010	-0.75	2.54	0.48
1993	-0.69	3.21	1.97	2011	-0.73	2.24	0.51
1994	-0.69	3.26	1.72	2012	-0.72	2.18	0.38
1995	-0.68	3.34	1.45	2013	-0.72	2.16	0.36
1996	-0.67	2.97	1.03	2014	-0.71	2.12	0.31
1997	-0.69	3.18	1.16	2015	-0.72	2.06	0.35

资料来源:根据《云南统计年鉴 2016》计算得到。

为进一步观察就业结构转变滞后于产业结构转型,我们借鉴王庆丰[2],

---

[1] 以 1986 年为界点,第三产业就业人数(带箭头的虚线)始终在第二产业就业人数(圆点虚线)上方,且两者之差呈扩大趋势。

[2] 王庆丰:《中国产业结构与就业结构协调发展研究》,博士学位论文,南京航空航天大学,2010。

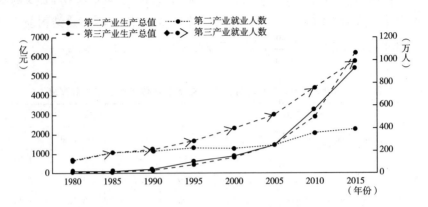

图4-4 云南省第二、三产业产值、就业结构变动

资料来源：根据《云南统计年鉴2016》整理得到。

张抗私、高东方[1]提出的协调系数计算公式，以更为直观地观察就业结构与产业结构协调度问题。具体计算公式如下：

$$C_{ie} = \sum_{j=1}^{n} (I_j E_j) \Big/ \sqrt{\sum_{j=1}^{n} I_j^2 \sum_{j=1}^{n} E_j^2}$$

其中：C_{ie}为协调系数，$0 \leqslant C_{ie} \leqslant 1$；$I_j$表示$j$产业所占GDP比重；$E_j$表示$j$产业就业人员比重。$C_{ie}$越趋近于0，表明两者的协调度越差；反之，越趋近于1，表明两者协调关系越好。表4-5协调系数显示：1980~2015年，云南省产业结构与就业结构协调度呈"V"形走势：先下降后上升。1980~1999年，整体呈现波动下降趋势，1999年为历史最低点，协调系数仅为0.5411；2000~2015年，协调系数呈波动上升趋势，由0.5701增至0.7088。同时，我们注意到：尽管1980年的协调系数为0.7767，高于2015年的0.7088，但是"V"左端表达的是产业结构与就业结构在"低水平""低层次"[2]上的协调，而"V"右端则是代表产业结构深化、转型升

---

[1] 张抗私、高东方：《辽宁省产业结构与就业结构协调关系研究》，《中国人口科学》2013年第6期。

[2] 低水平、低层次的协调集中表达为第二、三产业发展不足，产业结构不合理，例如：在"V"左端，1980~1990年，第一产业产值明显高于第二、三产业产值；1990~1995年，第一产业产值与第三产业产值差距较小。

级所带来的良性互动。

表4-5 1980~2015年云南省产业结构与就业结构协调系数

年份	协调系数	年份	协调系数
1980	0.7767	1998	0.5606
1981	0.8021	1999	0.5411
1982	0.7910	2000	0.5701
1983	0.7744	2001	0.5635
1984	0.7837	2002	0.5558
1985	0.7849	2003	0.5506
1986	0.7806	2004	0.5610
1987	0.7573	2005	0.5794
1988	0.7240	2006	0.5826
1989	0.6983	2007	0.5956
1990	0.7628	2008	0.6183
1991	0.7026	2009	0.6300
1992	0.6674	2010	0.6166
1993	0.5759	2011	0.6433
1994	0.5727	2012	0.6728
1995	0.5895	2013	0.6874
1996	0.6080	2014	0.7063
1997	0.5857	2015	0.7088

资料来源：根据《云南统计年鉴2016》计算得到。

从图4-5可以看出，云南省产业结构与就业结构的协调发展水平显著低于全国平均水平，其与全国协调系数的变动趋势显著不同。细分来看，1980~1986年，云南省协调发展水平与全国水平保持高度一致性；1987~2008年，两者出现显著的分化态势，呈"剪刀差"态势。截至2008年，全国协调系数为0.8295，云南省协调系数为0.6183，两者相差0.2112；即便到2015年，云南省系数也仅为0.7088，尚没有达到2008年的全国平均水平。据此，不难看出：云南省产业结构与就业结构的协调发展水平较低。

基于上述分析，不难发现：强烈的外部市场竞争和产业发展空间的挤压，加之自身发展的不足，导致云南省生态约束型地区产业结构与就业结构的协调发展水平较低。产业结构转型升级的主要矛盾表现为：第一产业（农业）发展不充分，现代农业推力不足；第二产业不强，制造业基础不扎实，挤出效应严重；第三产业拓展不宽，业态传统。这导致农业就业人口过多，绝大部分的劳动力被束缚在低效率的农业生产经营活动中，这必然钳制着产业结构的转型升级。实际上，产业结构与就业结构的失衡可能会导致二者相互掣肘的情况发生：如果产业转型升级不顾具体实情一味追求高端化、高新化，却不能有效解决人口就业问题，其必然导向解决就业问题的非效率性；但如果一味为保持低端劳动密集型产业的就业容量而不把握产业结构的现代转型与高级化，则会因缺乏竞争力而被挤出市场，最终丧失产业的就业容纳力。因此，着力改善民生问题，积极制定促进就业结构优化的产业发展政策，反而会释放产业转型升级的红利。因此，生态约束型地区产业转型升级的优先路径或优先战略应该着力于形成"产业—就业"双维优化模式，既以产业转型与升级提升产业发展高端化，由此保持其竞争优势，又以明确的就业政策支持产业发展，推进农村剩余劳动力转移，实现劳动力在非农产业上的高效率集聚，实现"产业—就业"双向促进的结构红利。

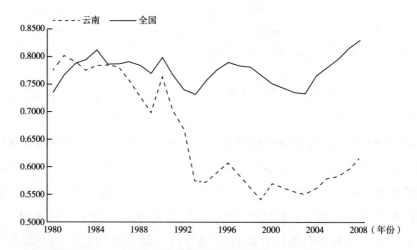

图4-5　1980~2008年云南省和全国产业结构与就业结构协调系数对比

资料来源：根据《云南统计年鉴2016》、王庆丰《中国产业结构与就业结构协调发展研究》整理、计算得到。

3. 农业转移人口非农化的现实与困境

农业转移人口的基本状况,其为产业转型升级准备好了吗?为回答此问题,我们以昆明市为例进行了样本量为 5 万份的抽样观察,以此观察农业转移人口非农化的基本情况。

第一,此次调查涉及昆明市男性农业转移人口 27206 人,在总的农业转移人口中占比 53.03%;女性农业转移人口 24098 人,占比 46.97%。分年龄组进一步观察昆明市农业转移人口的性别构成(见表 4-6)。其中,0~4 岁、40~69 岁男女人口性别比偏高,表明此年龄阶段男性人口显著多于女性人口;5~9 岁、20~34 岁、70 岁及以上人口性别比低于 100%,表明此年龄段男性人口显著少于女性人口。

表 4-6 昆明市分年龄组的农业转移人口性别构成

年龄组	女		男		合计		性别比
	人数(人)	占比(%)	人数(人)	占比(%)	人数(人)	占比(%)	
0~4 岁	62	0.26	75	0.28	137	0.27	120.97
5~9 岁	367	1.52	357	1.31	724	1.41	97.28
10~14 岁	391	1.62	426	1.57	817	1.59	108.95
15~19 岁	734	3.05	767	2.82	1501	2.93	104.50
20~24 岁	1521	6.31	1441	5.30	2962	5.77	94.74
25~29 岁	2058	8.54	1762	6.48	3820	7.45	85.62
30~34 岁	2134	8.86	1878	6.90	4012	7.82	88.00
35~39 岁	2468	10.24	2664	9.79	5132	10.00	107.94
40~44 岁	2907	12.06	3644	13.39	6551	12.77	125.35
45~49 岁	3004	12.47	3993	14.68	6997	13.64	132.92
50~54 岁	2554	10.60	3437	12.63	5991	11.68	134.57
55~59 岁	1736	7.20	2086	7.67	3822	7.45	120.16
60~64 岁	1576	6.54	1880	6.91	3456	6.74	119.29
65~69 岁	767	3.18	1005	3.69	1772	3.45	131.03
70 岁及以上	1819	7.55	1791	6.58	3610	7.04	98.46
总计	24098	100.00	27206	100.00	51304	100.00	112.90

　　第二，昆明市农业转移人口的最小年龄为 1 岁（8 人），最大年龄为 100 岁（2 人）；年龄平均值为 44.32，中位数为 44，众数为 45。按照一般认知，45 岁年龄段人口由于已经过了劳动的黄金年龄时期，其在寻求就业方面往往处于劣势；而农业转移人口因其身份特征（失地农民、农民工等）在城市劳动力市场中亦处于弱势地位，这尤为值得关注。分年龄组进一步观察：昆明市农业转移人口年龄分布呈"倒金字塔"状（见图 4-6）；第一，底部严重收缩，表现为：0～4 岁占比仅为 0.27%，5～9 岁占比 1.41%，10～14 岁占比 1.59%，合计占比仅为 3.27%。第二，顶端凸出变宽，其中 60～64 岁占比 6.74%、65～69 岁占比 3.45%、70 岁及以上占比 7.04%，合计占比 17.23%。按照国际上的 60 岁以上人口占比达 10%，或 65 岁以上人口占比达 7% 的人口老龄化标准来看，昆明市农业转移人口的群体老龄化现象严重，分别超出标准 7.23 个百分点和 10.23 个百分点。

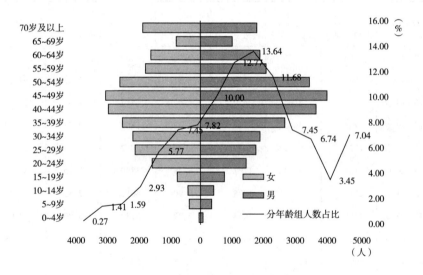

图 4-6　昆明市农业转移人口年龄分布

　　此外，按照高龄化标准，昆明市农业转移人口群体高龄化趋势明显，80 岁及以上人口占 60 岁及以上人口的比值达 12.84%。按照学者罗淳的观点，"高龄化是一种直接老龄化，或者说，高龄化是一种以老年人口本身的直接增加为主导的'绝对老龄化'，亦是以老年人口死亡率下降为主导的'顶端老龄化'"；同时，其亦指出"高龄化所反映的是人类的长寿现象，可视之为一种'质量老龄化'"①。当然，人口高龄化背后的隐忧——老龄化所带来的养老问题、医疗问题亦需要关注。

第三，进一步观察农业转移人口的人力资本与行业分布情况。其一，昆明市农业转移人口的受教育程度以初中为界点，呈倒"V"形分布（见图4-7）。初中人数为23016人，占比最高（44.86%）；其次，小学人数为14361人，占比27.99%，排序第二；其他学历人口从多到少依次为：高中（4806人、占比9.37%）、文盲或半文盲（4119人、占比8.03%）、中专（2330人、占比4.54%）、大专（1859人、占比3.62%）、本科及以上（813人、占比1.58%）。分性别观察农业转移人口的受教育程度状况，受教育程度的性别差异呈"V"形分布，即女性群体在低学历段、较高学历段占比明显超过男性，中间学历段占比低于男性；其中，文盲或半文盲低学历段，女性（58.51%）比男性（41.49%）高出17.02个百分点；中专、大专、本科及以上较高学历段，女性人口占比分别比男性人口占比高出9.52个、10.70个、13.66个百分点；反观小学、初中、高中中间学历段，女性比男性分别低5.96个、13.94个、5.74个百分点。将受教育程度进一步换算成受教育年限②，观测男性与女性平均受教育水平的差异。男性平均受教育年限为7.99年，女性平均受教育年限为7.81年，相差0.18年。其二，行业分布状况。从图4-8可以看出农业转移人口以传统农业、社会服务业为主，其中，从事传统农业的占比最高，为30.52%；其次为社会服务业，占比为17.82%；其余依次为：自主创业（7.39%）、建筑业（3.15%）、批发零售业（2.94%）、交通运输业（2.42%）、餐饮业（2.11%）、加工制造业（1.58%）。在此需要做出一点说明，由于调查数据存在着不能细分的"其他"选项，且占比较高，将对我们的结果产生一定影响，为此，

---

① 罗淳：《高龄化：老龄化的延续与演变》，《中国人口科学》2002年第3期。
② 本次换算只是粗略的计算，其一，对于文盲或半文盲无法观测并区分其受教育年限，默认为0；其二，云南义务教育学制在2002年发生改制，之前为小学五年制，之后为六年制，考虑到农业转移人口群体的年龄分布，故选择以小学五年制进行测算，其后学历年限以此类推；其三，本科及以上并没有区分更高学历，只能以最低学历为参照。

接下来我们将会剔除这部分群体再做分析①。剔除"其他"样本后（见表4-8），样本总量为34847人。剔除"其他"样本后，农业转移人口的行业分布仍集中在传统农业（44.93%）、社会服务业（26.23%），但比重均有所上升，分别提高了14.41个、8.41个百分点，两者合计占比达到71.16%。显然，由于"其他"样本的存在，可能会低估农业转移人口的行业分布中传统农业、社会服务业的比重。

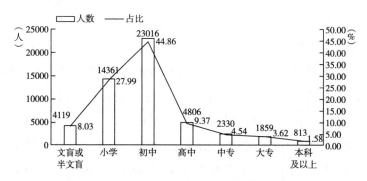

图4-7 昆明市农业转移人口的受教育程度分布

表4-7 昆明市农业转移人口的分性别受教育程度状况

单位：人，%

受教育程度	女		男		总计	
	人数	占比	人数	占比	人数	占比
文盲或半文盲	2410	58.51	1709	41.49	4119	100.00
小学	6752	47.02	7609	52.98	14361	100.00
初中	9904	43.03	13112	56.97	23016	100.00
高中	2265	47.13	2541	52.87	4806	100.00
中专	1276	54.76	1054	45.24	2330	100.00
大专	1029	55.35	830	44.65	1859	100.00
本科及以上	462	56.83	351	43.17	813	100.00

---

① 课题组之所以选择先以原始数据为基础进行分析，目的是呈现原生态数据结果，保持数据的客观状态，以供读者参考。

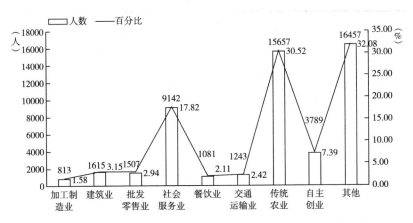

图 4-8 昆明市农业转移人口的行业分布(未剔除"其他"样本)

表 4-8 昆明市农业转移人口的行业分布(剔除"其他"样本)

单位:人,%

行业分布	人数	百分比
加工制造业	813	2.33
建筑业	1615	4.63
批发零售业	1507	4.32
社会服务业	9142	26.23
餐饮业	1081	3.10
交通运输业	1243	3.57
传统农业	15657	44.93
自主创业	3789	10.87
合计	34847	100.00

分性别观察农业转移人口的行业分布(剔除"其他"样本)。通过图 4-9 不难发现,农业转移人口的行业分布存在显著的性别差异。第一,在餐饮业、社会服务业、批发零售业,女性人口占比均超过男性人口,分别高出 23.40 个、6.00 个、15.72 个百分点;第二,在自主创业、传统农业、交通运输业、建筑业、加工制造业领域,男性人口占比明显高于女性人口,分别高出 13.16 个、

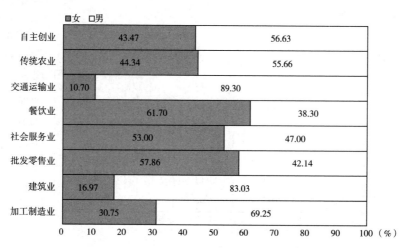

图4-9　昆明市农业转移人口行业分布的性别差异情况

11. 32个、78. 60个、66. 06个、38. 50个百分点。基于劳动分工理论与实践观察，本调查数据的农业转移人口行业分布所具有的显著性别差异是符合性别角色分工不同的一般表现的。分受教育程度观察农业转移人口的行业分布（剔除"其他"样本）。通过表4-9可以看出，第一，文盲或半文盲、小学学历的人口主要分布在传统农业，占比分别高达85. 18%、64. 65%；第二，初中及以上学历的就业非农化转移明显，农业就业人数占比显著下降至50%以下；第三，一个重要的客观事实是，伴随学历的不断提升，农业就业人数占比持续下降，而在社会服务业中的就业人数占比不断攀升。这表明一个显而易见的事实：受教育水平的提高有助于农业人口实现非农化转移，有助于就业质量的提升，有助于实现以服务业为主的非农化转移。这一点启示我们：对农业人口转移的推进工作应当特别重视就业技能的培训，帮助农民提升知识能力与劳动技能；否则将陷入转移出农村，却难以摆脱低端化的非农转移或不稳定的市场就业状态的实践困局，更谈不上市民化进程的实现。

在调查数据中，我们还观察到不同身份特征农业转移人口的行业分布（见表4-10）具有以下特征。第一，失地农民群体中仍有相当一部分人口依然从事传统农业（38. 22%），并且在所有行业分布中占比最高，非农转移人口主要流向社会服务业（31. 64%）；第二，农民工、水库移民群体中超一半人口在传统农业中就业,占比分别达 53.95%、55.41%;第三,农村籍退役士兵从事传统农业的占比高达 45.93%,这部分人口在样本中尽管只有 214 人,占比 0.42%,属于小样本,但依然值得特别关注;第四,城中村改造人员、农村籍大中专学生、异地搬迁移民主要集中在社会服务业,占比分别为 50.98%、50.51%、37.04%。

表 4-9　昆明市分受教育程度农业转移人口的行业分布

单位:%

受教育程度	加工制造	建筑	批发零售	社会服务	餐饮业	交通运输	传统农业	自主创业	总计
文盲或半文盲	1.77	1.34	1.34	6.63	0.80	0.37	85.18	2.57	100.00
小学	1.78	4.31	2.68	16.48	2.24	1.53	64.65	6.32	100.00
初中	2.44	5.31	4.73	26.84	3.68	5.02	39.74	12.23	100.00
高中	2.50	4.56	6.46	35.14	4.20	4.23	26.56	16.35	100.00
中专	3.30	2.77	5.89	48.68	3.30	3.65	19.19	13.24	100.00
大专	2.98	5.23	7.16	52.45	2.57	1.93	9.65	18.02	100.00
本科及以上	5.04	5.04	4.82	57.68	0.44	1.97	8.77	16.23	100.00
总计	2.33	4.63	4.32	26.23	3.10	3.57	44.93	10.87	100.00

表 4-10　昆明市分身份特征农业转移人口的行业分布

单位:%

身份特征	加工制造	建筑业	批发零售	社会服务	餐饮业	交通运输	传统农业	自主创业	合计
失地农民	2.40	3.02	4.69	31.64	3.07	3.74	38.22	13.22	100.00
城中村改造人员	2.91	4.73	6.92	50.98	4.42	3.87	10.33	15.84	100.00
农民工	2.48	9.00	3.59	17.52	3.39	3.96	53.95	6.11	100.00
农村籍大中专学生	4.80	6.11	5.68	50.51	3.93	2.04	11.50	15.43	100.00
私营业主	5.93	9.78	16.89	13.19	9.33	9.78	6.37	28.74	100.00
农村籍退役士兵	2.91	4.07	4.65	21.51	2.91	5.81	45.93	12.21	100.00
水库移民	0.38	1.65	1.28	28.44	6.24	1.10	55.41	5.50	100.00

续表

身份特征	加工制造	建筑业	批发零售	社会服务	餐饮业	交通运输	传统农业	自主创业	合计
异地搬迁移民	3.70	3.70	4.63	37.04	1.85	1.85	28.70	18.52	100.00
其他	1.25	3.70	2.00	11.11	1.41	2.24	72.32	5.95	100.00
合计	2.33	4.63	4.32	26.23	3.10	3.57	44.93	10.87	100.00

4. 云南宏观产业布局的重点结构优化与转型[①]

2016 年 4 月，中共云南省委、省政府出台了《关于着力推进重点产业发展的若干意见》，定调了云南未来 5 年重点发展的八大产业（见表 4-11）。其一，生物医药与大健康产业。发展目标中明确提出到 2017 年，主营业务收入达 2400 亿元，其中生物医药产业达 1000 亿元；2020 年，主营业务收入达 3800 亿元，年均增长 17%，其中生物医药产业达 1500 亿元，年均增长 14% 左右。其二，旅游文化产业。发展目标：2017 年，旅游文化产业总收入达 4500 亿元；2020 年，旅游文化产业总收入达 9000 亿元，年均增长 26%，旅游文化产业增加值占全省 GDP 比重达 10% 以上。其三，信息产业。发展目标：2017 年，主营业务收入达 850 亿元；2020 年，主营业务收入达 1600 亿元，年均增长 23%，信息经济总体规模达 5000 亿元。其四，现代物流业。发展目标：2017 年，主营业务收入达 1400 亿元；2020 年，主营业务收入达 2000 亿元，年均增长 13%，社会物流总费用占 GDP 的比率下降至 18% 以内。其五，高原特色现代农业。发展目标：2017 年，全省农林牧渔业主营业务收入达 2400 亿元；2020 年，全省农林牧渔业主营业务收入达 3000 亿元，农产品加工产值与农业总产值之比达 0.71:1，农村第一、二、三产业综合产值达 1000 亿元，力争实现全省销售收入 10 亿元以上的农业"小巨人"达 100 户，农业"小巨人"销售收入年均增长 15% 以上。其六，新材料产业。发展目标：2017 年，主营业务收入达 1100 亿元；2020 年，主营业务收入达 1700 亿元，年均增长 16%。其七，先进装备制造业。发展目标：2017 年，主营业务收入达 1000 亿元；

---

① 本节内容参照 2016 年 4 月中共云南省委、省政府出台的《关于着力推进重点产业发展的若干意见》。

2020 年主营业务收入达 1700 亿元，年均增长 19%。其八，食品与消费品制造业。发展目标：2017 年，主营业务收入达 2000 亿元，其中食品工业营业收入达 1400 亿元，消费品制造业营业收入达 600 亿元；2020 年，主营业务收入达 3000 亿元，年均增长 14%，其中食品工业营业收入达 2000 亿元，消费品制造业营业收入达 1000 亿元。

无疑，云南八大重点产业的布局、扶持与政策导向，将会直接影响云南产业结构的深化、转型与升级，将对云南经济发展产生深刻的影响；而产业的发展将直接产生大量的就业岗位，从而引导云南就业结构的快速变化。我们可以看出，八大重点产业中，主要以第二、第三产业为主，显然，八个重点产业发展战略的推进将有力促进云南就业结构的优化，实现产业结构与就业结构的适配与均衡协同。

表 4-11 2017 年、2020 年云南省重点产业发展目标

单位：亿元,%

重点产业	发展目标（营业收入）		年均增长率
	2017 年	2020 年	
生物医药与大健康产业	2400	3800	17
旅游文化产业	4500	9000	26
信息产业	850	1600	23
现代物流业	1400	2000	13
高原特色现代农业	2400	3000	8
新材料产业	1100	1700	16
先进装备制造业	1000	1700	19
食品与消费品制造业	2000	3000	14

资料来源：由 2016 年 4 月中共云南省委、云南省人民政府出台的《关于着力推进重点产业发展的若干意见》整理得到。

（二）资源约束型地区产业转型升级路径——以内蒙古为例

内蒙古属于西北干旱、半干旱地区，境内自然资源丰富，"三线"建设中布局的大量能源、原材料加工企业，形成了内蒙古产业发展的基础条件。自西部大开发以来，内蒙古经济得到了快速发展。显然，内蒙古的产业转型升级路径与以云南为代表的生态环境约束地区的产业转型升级路径

呈现巨大差异性,路径选择虽然不同,但同样面临着经济快速增长中产业发展的环境压力以及生态对产业转型升级的掣肘。

1. 内蒙古产业发展与资源环境的现状分析

(1)内蒙古产业总体发展现状及特点

从 2000~2018 年内蒙古三次产业产值的变动情况来看(见表 4-12),三次产业的产值都呈现增加的趋势,第一产业增速慢于第二、三产业。第二产业从 2000 年的 582.57 亿元增长到 2014 年的 9119.79 亿元,第三产业从 2000 年的 605.74 亿元增长到 2014 年的 7022.55 亿元,第一产业虽有所增长,但增幅较小。

表 4-12 2000~2018 年内蒙古三次产业产值变化情况

单位:亿元

年份	生产总值	第一产业	第二产业	第三产业
2000	1539.12	350.80	582.57	605.74
2001	1713.81	358.89	655.68	699.24
2002	1940.94	374.69	754.78	811.47
2003	2388.38	420.10	967.49	1000.79
2004	3041.07	522.80	1248.27	1270.00
2005	3905.03	589.56	1773.21	1542.26
2006	4944.25	634.94	2374.96	1934.35
2007	6423.18	762.10	3193.67	2467.41
2008	8496.20	907.95	4376.19	3212.06
2009	9740.25	929.60	5114.00	3696.65
2010	11672.00	1095.28	6367.69	4209.02
2011	14359.88	1306.30	8037.69	5015.89
2012	15880.58	1448.58	8801.50	5630.50
2013	16916.50	1575.76	9104.08	6236.66
2014	17770.19	1627.85	9119.79	7022.55
2015	18032.79	1618.70	9200.58	7213.51
2016	18632.60	1628.70	9078.90	7925.00
2017	16103.17	1647.20	6408.60	8047.40
2018	17000.00	1753.80	6807.30	8728.10

资料来源:《内蒙古统计年鉴》。

（2）产业结构调整步伐加快

西部大开发战略实施以来，内蒙古的产业结构在稳步调整，第一产业比重在下降，第二、三产业比重均有所提高，三次产业格局仍为"二三一"。由表 4-13 可以看出，第一产业在 GDP 中所占比重从 2000 年的 22.79% 下降到 2018 年的 10.10%；第二产业的比重从 2000 年的 37.85% 上升到 2018 年的 39.40%；第三产业的比重出现了一定的波动，2004~2011 年出现了下降的情况，但从 2012 年开始又有上升的趋势，总体呈现波动上升趋势。在三次产业中，第二产业对该地区经济发展的拉动作用最为明显。

表 4-13　2000~2018 年内蒙古三次产业在 GDP 中所占比重的变化情况

单位：%

年份	第一产业	第二产业	第三产业
2000	22.79	37.85	39.36
2001	20.94	38.26	40.80
2002	19.30	38.89	41.81
2003	17.59	40.51	41.90
2004	17.19	41.05	41.76
2005	15.10	45.41	39.49
2006	12.84	48.03	39.12
2007	11.86	49.72	38.41
2008	10.69	51.51	37.81
2009	9.54	52.50	37.95
2010	9.38	54.56	36.06
2011	9.10	55.97	34.93
2012	9.12	55.42	35.46
2013	9.31	53.82	36.87
2014	9.16	51.32	39.52
2015	9.10	50.50	40.40
2016	8.80	48.70	42.50
2017	10.20	39.80	50.00
2018	10.10	39.40	50.50

2. 内蒙古产业发展中的资源环境问题

自然环境和资源状况对西部区域产业结构的形成与发展起决定性作用，

以内蒙古为例，其产业发展严重受限于对自然资源的粗放开发。所以，西部地区产业结构的形成与其资源禀赋及地理区位，特别是在全国的产业布局与战略安排中的定位有密切关联。从经济可持续发展的高度来审视西部产业发展的历史路径可以看出，地区存在的资源环境外部性问题已经成为其产业良性发展的重大障碍，若不加以解决，其产业发展将失去赖以为继的自然基础。在资源型产业结构中，高污染行业比重较高，在规模扩张时，工业"三废"的产生量也会大幅度增加，进一步加剧生态环境污染的程度。如表 4-14 所示，内蒙古工业废气的排放量从 2000 年的 4767.61 亿标立方米增加到 2014 年 36116.47 亿标立方米，14 年增加了 6.6 倍；工业固体废物的产生量更是在 14 年里增加了近 8.8 倍，使内蒙古的生态环境面临巨大的威胁。同时，内蒙古生态稳定性水平较低，生态较为脆弱，经济的持续发展受到很大的阻碍。因此，内蒙古只有在经济发展过程中解决好产业发展与资源环境的矛盾，才能具备较强的可持续发展能力。

表 4-14　2000~2014 年内蒙古工业"三废"排放情况

年份	工业废水排放量 （万吨）	工业废气排放量 （亿标立方米）	工业固体废物产生量 （万吨）
2000	21843.76	4767.61	2376.00
2001	20959.53	4958.92	2483.00
2002	22737.08	5997.59	2790.00
2003	23576.77	7960.52	3647.00
2004	22847.95	13517.53	4702.00
2005	24967.47	12071.03	7363.00
2006	27822.91	18415.35	8170.00
2007	25020.84	18199.65	10973.00
2008	29167.00	20189.79	10622.00
2009	28616.22	24844.36	12108.30
2010	39535.69	27488.34	16996.00
2011	39408.54	30604.86	23584.11
2012	33617.85	28132.67	23624.45
2013	36985.78	31128.44	23600.00
2014	39324.69	36116.47	23191.30

资料来源：《内蒙古统计年鉴》。

3. 基于环境库兹涅茨曲线的内蒙古产业发展与环境质量关系的计量分析

（1）环境库兹涅茨曲线

20 世纪 50 年代中期，美国经济学家西蒙·库兹涅茨提出了一个假说：随着经济的发展，收入差异开始呈现增大的趋势，到达一定的转折点后，差异向着缩小的趋势发展。若以收入差异为纵坐标，人均收入为横坐标，这一假说便呈现倒"U"形的曲线，通常称为"库兹涅茨曲线"。据此推理，当一个国家经济发展水平较低的时候，环境污染也处于较低水平，但随着经济的发展和人均收入的增加，环境污染逐渐加重，环境恶化程度加剧；当经济发展到较高水平时，随着人均收入的进一步增加，环境污染呈现递减趋势，环境污染程度逐渐减轻，环境质量逐渐得到改善，经济发展与环境污染之间的变化关系被称为环境库兹涅茨倒"U"形曲线。

很多学者对经济增长与环境污染之间的关系进行了实证研究。1990年，美国经济学家格鲁斯曼（Gene Grossman）和克鲁格（Alan Krueger）在对 66 个国家的不同地区内 14 种空气污染和水污染物质 12 年的变动情况进行研究后发现，污染度随着人均收入的增加先上升后下降，其顶端位于中等收入阶段。即若用经济增长（人均 GDP）为横坐标，污染水平（工业"三废"排放量等）为纵坐标，则污染水平和经济增长之间的关系呈倒"U"形曲线。于是，他们在 1995 年发表的名为"*Economic Growth and the Environment*"的文章中提出了这个假说，被称为"环境库兹涅茨曲线（EKC）"假说。

（2）模型的建立及样本数据的选取

EKC 假说是一种较好定量分析产业发展和环境两者协调关系的理论依据和工具。根据倒"U"形环境库兹涅茨曲线假说，本研究选取了内蒙古 2000~2014 年工业废水排放量、工业固体废物产生量和工业废气排放量与历年人均 GDP 等指标，建立与 EKC 相同的环境经济计量模型，如下所示：

$$Y_t = \beta_0 + \beta_1 X_t + \beta_2 (X_t)^2 + \beta_3 (X_t)^3 + \mu_t$$

其中，Y 为工业废气、工业废水、工业固体废物等污染物的排放量和产生量，X 为人均 GDP，t 为时间。

（3）曲线轨迹

使用 Stata11.0 统计软件和上述模型,对内蒙古 2000~2014 年工业废水排放量、工业固体废物产生量和工业废气排放量与历年人均 GDP 进行测算,结果如表 4-15 所示。依照 Stata 软件依次绘制工业废水、工业废气排放量及工业固体废物的产生量与人均 GDP 的曲线轨迹的图形,可以发现工业废水、工业废气排放量及工业固体废物产生量与人均 GDP 的关系曲线轨迹均呈现倒"U"形左半段,与经典的环境库兹涅茨倒"U"形曲线吻合。

表 4-15　2000~2014 年内蒙古人均 GDP 与工业污染物排放量模型

	常数项	人均 GDP	(人均 GDP)^2	(人均 GDP)^3	R^2	F 检验
工业废水排放量	21859.9*** (3557.11)	−0.0232677 (0.4421739)	0.0000116 (0.0000137)	−1.14e−10 (1.20e−10)	0.8822	27.45 Prob>F = 0.000
工业废气排放量	−3405.225 (2538.026)	1.411699*** (0.3154946)	−0.0000255** (9.80e−06)	1.85e−10* (8.56e−11)	0.9739	137.06 Prob>F = 0.000
工业固体废物产生量	1188.574 (2040.387)	0.2128655 (0.2536345)	4.96e−06 (7.88e−06)	−4.69e−11 (6.89e−11)	0.9737	135.78 Prob>F = 0.000

注:*、**、***分别表示在 10%、5%、1%的水平下显著。

4. 思考与启示

从上述的结果看,三个模型的 F 检验是显著的,说明此模型设定是合理的,具有科学价值。工业废气排放量模型中除常数项外的各参数估计值在 10%的水平下是显著的,说明人均 GDP 每增加一元,废气排放量增加 1.41 亿标立方米。内蒙古环境库兹涅茨曲线位于倒"U"形曲线的前半部分,证实了以内蒙古为案例的西部弱生态地区的经济增长具有较强的环境生态负外部性。首先,内蒙古主要以高污染、高耗能、高排放的能源矿产资源的开发与加工作为经济发展的重点产业,作为支柱产业的第二产业的发展阶段属于高能耗的初级工业化阶段,产业发展的路径如果仍旧按照目前"三高"模式进行,环境污染减少与环境质量改善的"拐点"很难在短期内实现,经济增长和产业布局对生态环境的强外部性也最终危害可持续产业发展的自然基础。其次,必须抛弃传统工业化模式之"先污染,后治理"的路子,尤其在西部弱生态地区的特定环境条件的约束下,必须以强有力的产业政策以及经济干预政策对环境库兹涅茨倒"U"曲线予以"削峰"，使这些地区能够尽快进入经济发展与环境改善的良性关系阶段。内蒙古属于弱生态地区，生态环境较为脆弱，改善环境已经处于具有严格时限的"倒逼机制"紧迫情景中，宏观环境已经不允许继续放松对破坏环境的限制条件，继续在传统的"三高"产业发展路径中拉长达到环境库兹涅茨曲线的"拐点"时间。放宽环境约束，不仅意味着该地区较长时间里人们的生活受到环境恶化的影响，而且会使未来的环境改善目标因生态系统被不可逆转地破坏而不可实现。显然，按照传统路径实施的产业发展所给予社会创造的短期福利难以弥补生态环境的价值损失，且在达到环境质量改善的"拐点"之前，可能已经突破了该区域的生态承载力阈值，导致西部弱生态地区向恶质生态转化。

二　外力推动下西部弱生态地区的产业响应机制构建与转型路径

党的十一届三中全会以来，"对内改革，对外开放"的市场化实践扭转了经济发展的颓势，开创了经济发展的新局面；东部地区凭借沿海开放的优势，率先实现产业的转型升级，并取得巨大成功。改革开放政策的实施，吸引了一大批原材料加工型产业逐渐转移至我国东部地区，奠定了东部地区产业发展的基础。由于受历史与地缘格局的影响，西部地区与东部地区的差距日益扩大。西部大开发战略实施以来，西部的产业发展备受关注，并取得了巨大进步，但总体上仍面临诸多问题，尤其是受环境弱生态性的约束，产业转型升级存在着强烈的现实矛盾和多重目标与价值选择上的冲突，限制了产业结构转变的选择空间和升级通道。

问题显而易见，症结亟待破解。西部弱生态地区实现产业转型升级，实现可持续增长的良性经济形态，进入赶超轨道，是否还可以沿袭我国东部地区传统的经济增长方式，仿照东部地区承接产业转移发展的模式呢？显然不行！生态环境保护国策已经内生于我们的经济发展方式的刚性约束之中，同样也内生于西部弱生态地区产业转型升级路径选择的前置性考量之中，成为可选路径的刚性约束。当前，我国处于经济转型的关键期，整体经济增长速度减缓，经济增长依靠出口拉动的时代已经过去，唯有转变发展思路，调整经济结构，才能将经济发展引入可持续发展的轨道。与此同时，我国区域之间的产业转移亦加快了步伐。基于面向国际市场和嵌入全球价值链高位的转型需要，以及要素禀赋的约束，东部地区积极寻求产业转移与升级。特别是在"一带一路"倡议的带动下，我国产业空间布局的西进大势凸显。借此东风，西部弱生态地区借助所拥有的资源禀赋和区位优势必将成为承接东部产业转移的优选之地。此外，借助于西部弱生态地区产业布局缺口、位势梯度和提升空间等方面优势构成的蓝海市场（blue ocean market），在承接外部产业转移时，西部弱生态地区将成为承接产业转移的高地，与本土产业转型升级战略相配合，必将加快这一区域的经济发展，全面推进工业化进程。

（一）产业承接与升级的总体思路

产业升级通常指某区域的产业由低级向高级演进的过程，其内容包含传统型产业结构向现代型产业结构转变，形成良性的产业业态，产业整体效率高，能够有机地嵌入外部市场特别是国际市场，并在全球价值链上处于优势竞争地位。改善产业结构旨在推动产业协调发展，提高产业业态，提升发展效率，优化生产要素禀赋的配置，以此提升产品技术水平、生产管理水平，建立以市场为导向的产业发展模式。区域产业升级是促进我国地区经济发展，尤其是促进我国西部地区经济发展的内在要求。构建创新驱动型产业发展战略，提升本土要素禀赋的生产效率，引导西部区位劣势向区位优势的战略转化，借助于国家空间发展与外向型区位战略由"海向"向"海向"与"陆向"并举的机遇，借势而上推进西部弱生态地区的产业转型与升级，既是西部本土经济发展的内在要求，也是国家战略在新时代新阶段的既定目标，西部跃升为国家整体战略中重大的产业布局与产业结构变革的关键环节，成为驱动东中西经济平衡发展中具有关键作用的区位因素①。

产业转型与升级是一项系统工程，至少应涉及三个方面的内容：一是产业内部结构重组与提升，二是产业链位置的高端化，三是产业劳动要素

---

① 刘刚：《天津产业升级的方向和机制》，《天津日报》2013年10月21日，第9版。

和人才素质提升①。产业内部结构重组,包括三次产业结构的递进以及产业内部结构的提升。三次产业结构的递进是指按照一、二、三产业历史演进的一般规律以及现实条件的客观可能实现梯度转移;产业内部结构的提升则是指各产业内部结构发生基于传统向现代、低效到高效、封闭到开放的性质转变,例如第一产业内的传统农业转变为现代农业,第二产业内的资源型产业转变为先进制造业和战略性新兴产业,第三产业内的传统服务业转变为现代服务业,特别是形成以企业走向国际市场、实现国际市场竞争优势地位为主的外向型现代服务业。

产品价值链环节一般包括技术研发与产品设计、生产、营销,价值链视角下的产业升级,其目的是获取技术进步并加强与终端客户的联系,以提升企业的竞争力。区域产业链升级的途径包括三个方面:一是向产业链上游高技术和高附加值领域的延伸、向产业链中游高端加工的延伸和向产业链下游营销服务的延伸②,其中,使制造业与现代服务业进行深度融合,是增强企业产业控制力的有效方法③;二是企业内部产品技术和工艺流程的升级改造可细分为工艺流程的升级改造、产品的升级改造、功能的升级改造以及价值链的升级改造4种;三是升级产业人才,促进战略性新兴产业的诞生及聚集,升级产业人才是产业升级的根基,产业人才升级要求一国的教育体系能够为产业升级培育一流水平的产业人才④。

为面对国际国内产业转移和国内经济增速变缓的情况,需要培育产业转型升级的新动力,形成西部弱生态地区产业转型升级的内在机制,积极主动地以全新姿态迎接产业发展的新机遇。要通盘考虑西部产业基于外部承接、内部转型升级"两头并进"的战略方针,制定出具有战略高度和实施可行性的产业规划与政策。具体来说,首先需要明确西部产业发展基于

① 王国平:《产业升级:中国经济升级版"牛鼻子"》,《解放日报》2013 年 8 月 29 日,第 11 版。
② 陈清泰:《实现产业链升级是产业结构最紧迫任务》,中欧国际工商学院 2012 创新中国高峰论坛讲话稿,2012 年 5 月 20 日。
③ 陈清泰:《实现产业链升级是产业结构最紧迫任务》,中欧国际工商学院 2012 创新中国高峰论坛讲话稿,2012 年 5 月 20 日。
④ 王国平:《产业升级:中国经济升级版"牛鼻子"》,《解放日报》2013 年 8 月 29 日,第 11 版。

外部承接、内部转型升级"两头并进"的整体构想、动力机制、主导力量和基础条件，建立起可靠完备的支撑体系，培育良好的承接转移、内部转化的产业环境。实践的发展反复证明，在新的发展阶段，依靠简单引进、盲目模仿国外生产技术，并实现产业转型升级的路径变得十分困难。显然，这种思路并不可取，亦行不通。基于此，以技术创新为主导的内生型技术进步，理应成为我国新发展阶段实施产业转型升级的主要思路①。由于西部大部分地区的工业化进程仍处于初期向中期爬升的阶段，因此，在西部弱生态地区构建基于"产业—环境"协同作用的双维目标下的新的产业发展动力机制尤为重要。

在此目标模式下，政策干预具有重要意义，政府也应对促进产业升级的方式或策略进行调整②，以契合新的产业发展思路与路径选择。根据西部弱生态地区既有的产业基础及其特点，政府促进产业转型升级的战略思路应该从以下四个转变出发：一是转变政府及国企的产业投资方向，创新产业发展的体制机制；二是转变招商引资在产业布局上的短期行为，促进引资项目与当地产业升级的融合以及与环境改善目标的融合；三是转变传统产业业态的低端属性和低效率状态，提升三次产业整体的创新能力与产出效率；四是确立新型的产业培育的重点选项和方向引导，基于西部弱生态地区的产业发展短板和环境约束，打造出符合可持续发展刚性要求的现代产业体系。

上述考虑源于西部弱生态地区越来越刚性的资源与环境生态的约束，这种约束对西部地区的工业化进程和产业升级产生了重要影响，其影响有以下几个方面：

- 影响产业升级的目标和内容；
- 影响工业化发展高级阶段目标模式与进度；
- 影响实现工业化的自然资源的可选择范围；
- 影响产业转型升级的成本；
- 影响技术创新的路径选择与内容。

因此，探讨西部地区的工业化进程和产业升级思路，要在增强地区产业承载能力的同时，考虑缓解资源环境的承载压力，以《中西部地区承接

---

① 刘刚：《天津产业升级的方向和机制》，《天津日报》2013 年 10 月 21 日，第 9 版。
② 刘刚：《天津产业升级的方向和机制》，《天津日报》2013 年 10 月 21 日，第 9 版。

产业转移的指导意见》《全国主体功能区规划》等重要文件为引领,抓住国际国内产业转移的重大机遇,始终守住弱生态的基准红线,立足西部地区的要素禀赋与新的区位优势,坚持"以国家顶层设计为指导,以构建技术协同创新体系为支撑,以打造生态全产业链条为主线,以选资承接和招商引资为手段,以承接、升级、产业融合为牵引"的发展思路,调整对资源型产业倚重和优化产业结构,改造传统制造业较强的环境负外部性,提升制造业的技术含量和在国际市场的竞争力,积极培育战略性新兴产业,极大地提升西部产业发展层次和以自主创新为基础的核心竞争力,把西部建设成为我国重要的能源化工、资源精深加工、特色先进装备制造、战略性新兴产业、绿色食品保健及药品、现代服务业、人文生态民族风情旅游业基地。

(二) 西部弱生态地区承接产业转移的选择机制

近年来,我国产业转移区位方向主要表现为东部发达地区产业向中西部欠发达地区转移,这一过程既带有强烈的国家战略导向和行政干预的色彩,国家和地方通过出台相关优惠政策吸引产业向西部转移,又是打破长期以来我国产业空间布局东重西轻的不均衡格局之必然。无疑,与产业转移的市场化导向和一般演化规律不同,非市场化的转移路径带有很多非效率弊端,也会造成"只见众多项目,不见支柱产业"的实践陷阱。放宽产业进入门槛,给予政策优惠等措施,若在不健康的动机引导下,将容易造成对"短平快"的政绩的盲目追逐以及"寻租"等现象的产生。同时,由于短视行为的普遍存在,承接产业转移过程中容易缺失"甄别"机制,大量过剩或落后的产业在发达地区被淘汰,在欠发达地区被引进,加剧了西部地区生态环境的脆弱性与进一步恶化的风险,无法形成西部弱生态地区的系统产业结构的均衡协调和良性演化,不能打造高端产业集聚群,难以形成具有竞争力的优势产业。因此,西部弱生态地区承接东中部产业转移应基于整体性、全局性的战略进行考虑,选择适合的产业甄别机制,寻求最优化产业选择的机制。产业甄别与选择的方向与原则主要是:第一,先进性,始终走在产业发展前列,能够充分发挥其先导、先锋、模范和标杆的作用,代表着高端化和新颖性的发展定位；第二，引领性，要着眼于世界产业发展前沿，站在国家战略的高度、未来世界级产业群的高度、引领国际国内新一轮产业革命制高点的高度，切实坚持产业规划的高标准，在打造产业发展新业态上，要构建更多依靠创新驱动、发挥引领型产业的先发优势，抢占产业先机，提升高端竞争力，推动新技术、新产业、新业态蓬勃发展，引领高新化发展方向；第三，适配性，转移的产业应当"入乡随俗"，契合区域弱生态的最大现实，进行本土化改造并融入本地产业体系，成为西部弱生态地区具有新型组织资源的内生动力源，发挥其引领产业转型升级的驱动和创新作用。具体甄别和选择机制有下面几个。

1. 对战略性新兴产业的甄别与选择机制

甄别发展战略性新兴产业，选择战略性新兴产业进行外部引进与内部培育，这对于优化西部弱生态地区产业结构、实现产业转型升级意义重大。当前，我国战略性新兴产业主要包括新一代信息技术、生物、节能环保、高端装备制造、新材料、新能源和新能源汽车等 7 个产业。西部弱生态地区的产业转型升级须在外力推动下，且应当建立一套相应的甄别与选择的评价体系，而非简单的"拿来主义"。在承接产业转移时，建立战略性新兴产业识别机制，将战略性新兴产业的引进与自主培育作为首要目标和先行战略，以自身独特的自然资源和特色优势产业为基础，结合国家相关政策，大力发展新能源、新材料以及高端制造和生物产业，吸引龙头企业加大投资力度，不断培育和发展壮大战略性新兴产业。

2. 承接产业转移的体制机制

西部弱生态地区各省（区、市）在承接产业转移的过程中，要求政府明确自身角色定位，提高服务效率，以市场为准绳，吸引民间投资，进一步完善各要素市场的作用，实现生产要素的优化配置。第一，建立健全承接产业转移的良性运转的体制机制，尤其是注重建立良好的市场信用体系，规范市场主体行为，改善市场环境，以增强西部地区的竞争优势。第二，创新运行机制、合作机制与管理机制。在与东中部地区合作的过程中，要加强沟通，形成合作共抓的管理联动机制，建立起一条能够整合资源、联动发展、优势互补、共赢互利和协同创新的利益分享机制。同时，要加强区际的开放，构建面向国内与国外的二重开放格局。第三，政府要充分发挥引导和维护市场良性发展的作用,以市场引领企业发展和产业布局,构建可持续发展产业所要求的公平公正、自由开放的市场机制,以市场力量和规范秩序消除产业发展过程中的歧视行为、保护主义和不正当竞争现象,消除在税收和市场准入等方面对不同产业、不同投资主体的差别对待以及准入门槛,保障各类企业合法权益,鼓励培养一批模范龙头企业,同时加大对中小型企业的政策扶持力度,促进以企业为竞争和创新主体的西部地区市场化力量的内生性发展。

3. 市场、技术、环保准入机制

在承接东部地区转移产业的过程中,西部地区要放眼长远,加强对所承接产业的甄别与选择,使产业政策做到有所为有所不为,建立和完善严格的市场、技术、环保多重准入机制。首先,要根据市场需求,以地区经济效益与生态效益的双维目标为着力点,强调规划的引领作用,最大限度地发挥自身资源及产业优势引进产业;其次,要秉承高端承接、高标准准入的原则,在学习先进生产技术的同时,学习先进的管理理念,引进高新技术产业,升级改造传统产业;最后,要建立完善环保准入机制,完善环保政策和生态补偿制度以及相关法律法规的刚性约束,在引进产业时,综合考虑经济效益和当地产业发展以及生态要求,优先发展污染排放少、发展潜力大的产业。

4. 全社会参与的产业环保管理机制

建立完善的产业环保管理机制,除了环境保护执法部门要加大监管力度、提高执法水平以及企业要强化自律外,更重要的是建立起公众参与机制、监督机制。首先,要加大环境信息公开力度,使公民享有知情权,创造有利条件让公民参与政府决策以及企业管理,尤其是对于有可能造成重大环境污染的一些项目建设和发展规划,有关部门要广泛听取公众意见,实施项目立项建设的环评制度,严格环境保护的监督检查和审批制度。其次,要狠抓落实,通过建立相关公众意见约束机制,拓宽公众参与途径等方式,主动引起相关部门对公众意见的重视,提高公众参与的有效性。最后,要建立健全奖惩机制,奖励监督有功的个人或公众团体,充分调动广大人民群众的积极性,使公众成为舆论监督的有效力量。

（三）承接东中部地区产业转移的具体行动路径

1. 推动技术协同，构建创新发展体系

区域创新能力与区域招商引资的技术引导和创新目标密切关联，其中，区域创新能力是区域招商引资的重要标准，要始终坚持招商引资在产业承接上的决策权和议价能力；同时，区域招商引资又是提升区域创新能力的重要途径。因此，西部地区在产业承接与发展过程中，要在加大区域招商引资力度的同时，结合实际建立起技术协同创新体系，加快提升自主创新能力。要切实发挥自主创新在承接产业转移中的引领作用，具体措施包括：通过搭建技术合作交流平台，建立"官产学研"四位一体的产业联盟；通过严格把控引进标准，避免高价引进落后技术设备；通过建立产业技术创新平台，促进跨区域创新资源整合与科技创新成果的推广运用；通过开发资源高效利用途径，缓解资源环境承载压力。

企业可申请政府专项技术补贴，依托区域内的国家级或省部级研发项目，联合省内龙头企业、高校、科研院所，依托本区域产业研发平台，打造西部产业技术联合研发中心，为产业发展提供良好的技术支撑。同时，鼓励军方与地方合作，充分利用西部地区军工资源优势，推动军用技术民用化，积极推动中小企业与产业联盟之间的合作，逐步建立起产业技术研究、应用研究与科技孵化协同并进的研发合作平台。政府应优先支持西部地区科研院所及实验室建设，引导重大项目技术创新，加强国内外龙头企业与本地企业之间的合作，通过优势企业产业带动，促进西部地区产业的转型升级。

2. 以需求选项目，以产业链匹配为招商标准

产业转移是我国产业结构调整和升级的重要动力，也是企业适应社会经济发展的必然选择。目前，相对东南亚国家和我国东中部地区，西部地区产业转移的成本优势在减弱，任何产业的空间位置的选择具有多种方向上的可能性，不会以单一路径实现转移。当产业转移态势形成，由于不同地区区位情况、产业优势以及承接地对接机制的不同，产业承接的规模和层次的差异将导致各个产业承接地具有不同的吸引力。因此，东部产业的转移并非以西部为唯一的目的地，不会必然地或自动地到西部落地。特别是具有强烈弱生态性和环境保护约束的西部地区，要成为东部甚至国外产业转移承接地的优

选路径,就必须成为更具有区位竞争优势的地区,由此保持较为持久的产业转移吸引力。为此,应重视融合西部地区产业承接与产业升级,同时致力于产业链招商引资,提升产业融合价值。一是要摒弃以往一味追求承接产业的数量规模和增加产值的短期效应的不当做法,强化承接产业对本土产业转型与升级的引导作用,以及对产业承接地产业结构优化作用,将其有效嵌入本土产业链,弥补本土产业链的高端缺口,合理确定产业重点承接方向,以增强西部地区产业承载能力为目标,充分发挥产业承接对促进西部地区产业优化升级的作用。二是要着眼长远,找准方向,主动出击,以产业链核心企业为主,加快推进能源开采、装备制造与关联产业的融合,提升西部地区在全国产业价值链中的价值地位。

3. 打造生态全产业链条,确定产业发展主线

转变发展思维,打破传统的产业发展模式,注重不同资源循环利用产业链之间的共生和代谢生态群落关系,通过横向耦合形成以某一延伸产业为主导,该延伸产业链与各种资源循环利用产业链之间资源代谢流程网状联系的一、二、三次产业共生体系[①]。按照构建全生态产业链的基本原则,引领和带动西部在产业承接和产业转型升级两个方向的产业发展。其中,生态产业链既涉及资源开采、全产业链的后续深加工领域,又涉及配套资源开采的环保节能装备制造,固体废弃物、废气和废水处理利用等相关环保设备制造领域,还涉及复垦土地环境修复产业——生态特色农业领域、资源区绿化生态旅游领域,是一个集生态开采业、生态制造业、生态修复业、生态旅游业为一体的全产业链条。资源环境约束下的西部产业优化路径如图4-10所示。

西部弱生态地区应按照绿色经济、循环经济的发展理念,以能源化工和有色金属等资源型产业的转型升级为切入点,积极打造西部生态全产业链条,走产业生态化、生态产业化发展之路。加快推进大型资源型企业的生态链条建设,实现向循环经济发展的战略转型。面向资源型企业生态建设需求,带动装备制造业联动发展,加快节能环保设备、循环利用设备、三废处理设备的研发与制造,形成资源型企业清洁生产、全产业链企业相互依托、资源循环利用、装备制造业鼎力配套、复垦土地特色农业及生态

---

① 伊茂森:《绿色开采与循环经济——中煤平朔公司的探索与实践》,《西部能源开发战略》,高等教育出版社,2013。

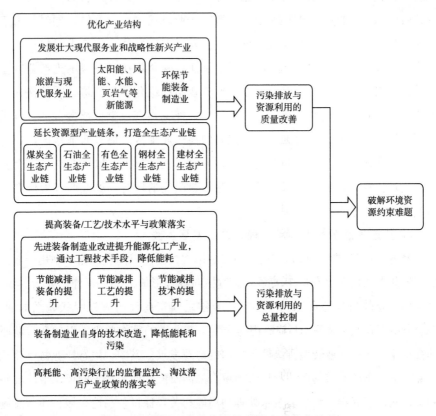

图 4-10 资源环境约束下的西部产业优化路径

旅游后续支撑的三次产业协调发展的良好态势，使西部地区成为国内生态全产业链打造的集聚示范区。必须直面西部地区产业转型发展中的环境约束，构建以环境质量倒逼污染排放总量减少、以污染排放总量减少倒逼经济转型的联合驱动机制。同时，制订西部地区资源能源与消耗总量的控制措施，以强有力的制度安排——实行最为严厉的目标责任考核和"一票否决"制，保障考核与监控法规的执行到位，进一步明确产业领域环保监管的责任主体、监管原则和责任要求，逐步建立起"污染物排放总量控制—环境质量改善"的双控制度①，确保西部高耗能行业的新增减排指标如期

---

① 《中国实现"十二五"环境目标机制与政策》课题组编著《治污减排中长期路线图研究》，中国环境出版社，2013。

完成,使西部地区产业和经济向生态产业、循环经济升级。

4. 为激励创新营造产业发展的优良环境

西部弱生态地区要为创新机制营造优良环境:首先,要构筑起良好的硬件基础环境。注重基础设施建设,不断提升交通、通信等公共设施服务水平,为承接东部产业梯度转移提供良好的硬件环境。其次,强化物流通道建设,形成完备、高效的物流体系。进一步打通渝—新—欧国际物流通道、重庆—东盟国际公路物流大通道以及国内省际物流通道,培育发展物流第三方企业,鼓励与引导物流业向制造业渗透,重组、改造、提升制造业物流运作模式,搭建物流大平台,更好地支持本地企业发展。最后,打造良好的支持产业发展的社会条件,构建基于"双创"的全社会支持产业发展的社会条件,特别是提升西部弱生态区域产业发展的文化软实力。建立健全招商引资项目"一站式"服务机制、重大项目专人协调监督负责制,涉及省内的行政审批事项由相关部门全程代理、限时办结,切实提高政府服务水平和办事效率;逐步完善外来人员住房、医疗、养老、子女教育等保障体系,通过与开发商、教育机构等机构的合作,切实解决所引进高端人才住房和子女教育问题;加快特色优势产业园区建设,落实园区政策优惠,将工业园区(经济开发区)作为承接产业转移的重要平台和集聚地。

三 新的区位优势下融入全球价值链的产业响应机制构建与转型路径

(一) 当前全球价值链下西部弱生态地区产业转型升级的动力

"一带一路"倡议体现了国家主导的对外开放的全新视野和新的国际格局下的高瞻远瞩,使西部地区转化原有的区位劣势为区位优势,区位优势地位的形成使西部弱生态地区的资源禀赋的价值有了新的提升,要素比较优势突出,包括地理因素、劳动力资源和自然资源等产业发展的基本要素在"一带一路"倡议引导下实现了前所未有的价值体现和跃升。体现在产业关系上:一方面对东部地区产业转移是较大的诱因;另一方面,驱使西部弱生态地区嵌入全球价值链的分工体系。

1. 区位优势驱动

一个较好的区位优势会使要素优势很好地转为成本优势进而形成产业发

展的驱动力。西部弱生态地区生态环境较为脆弱且在西部地区分布较广。西部地区土地面积辽阔，占全国总面积的 71%，主要的交通干线有包兰、兰新、宝中、北疆、宝成—成昆、成渝—川黔、贵昆、新疆南昆铁路等，青藏高原以公路为主。同时西部地区在西北方向与俄罗斯、蒙古国、塔吉克斯坦、哈萨克斯坦、吉尔吉斯斯坦等国接壤，在西南方向与巴基斯坦、阿富汗、不丹、尼泊尔、印度、缅甸、老挝、越南等国接壤，陆地边境线长达12747 公里。边境线绵长，相邻国家众多，自古以来具有悠久的对外经贸往来历史，使得西部地区拥有重要的区位优势，成为我国重要的陆向开放和对外贸易的通道。历史上以长安为起点、穿越西部地区的"丝绸之路"曾是中国对外交流的第一条通道，如此长的陆地边境线为西部地区发展边境贸易提供了得天独厚的条件。今天，借助中国经济转型和产业空间布局的新态势，随着更大深度和战略高度的第二轮西部大开发战略的推进，特别是"一带一路"倡议赋予的全新区域战略架构，西部地区将日益繁荣，再现辉煌。

2. 资源要素驱动

西部弱生态地区自然资源丰富，尤其是矿产资源储量丰裕。根据中国地质调查局掌握的资料，截至 2006 年底我国已发现 172 种矿产，而这些矿产在西部弱生态地区均有发现。在全国探明储量的 156 种矿产资源中，西部有 138 种，以能源、有色金属、重化工非金属、矿产资源为主，具有开发优势的矿产资源有石油、天然气、煤、锰、铬、钒、钛、铜、铅、锌、镍、钴、锡、汞、锑、稀土、磷、硫、铁、钾盐、铝土矿、重晶石、石棉、芒硝等 20 余种[①]。除此之外，西部还存在着多样化的资源优势，如：西部弱生态地区的旅游资源得天独厚（如莫高窟、九寨沟以及西南地区其他的旅游资源等），内蒙古等弱生态地区草原资源丰富，传统农牧业的生产特色仍然具有满足现代市场需求的比较优势，市场份额很高，经由传统向现代的农牧业转型升级的市场空间很大。通过特色农牧业的建设，可以将自然资源在传统生产领域的低价值提升为现代市场具有持续需求潜力的高价值，实现西部弱生态地区农业现代化。

---

① 谢雄标、严良：《西部矿产资源产业的现状、问题及升级路径选择》，《中国矿业》2011年第 11 期。

3. 劳动力禀赋驱动

西部地区拥有丰富的劳动力资源。2016 年《中国统计年鉴》的资料显示，2015 年底，西部地区人口数为 37289.39 万人，其中劳动力人数为 26682.34 万人，30 多年来向东部输送了大量的劳动力，也由此形成了适应现代产业发展的劳动力队伍，促进了西部社会经济的快速发展。自经济危机以来，中国经济增长逐步放缓，经济结构转型与产业结构调整与升级迫在眉睫，就业局面紧张，部分转移劳动力受市场挤压陆续返乡，对本地就业市场形成新的压力。劳动就业的"双向压力"一方面加大了西部地区就业压力，另一方面又为西部地区产业发展提供了丰富的劳动力资源，在一定程度上增加了西部地区的劳动力资源优势，在有效吸收劳动就业的情况下，可以促进地区的经济发展。对于西部的一些弱生态地区（如青海省），更是如此。随着全球或东部发达地区的产业转移，大部分劳动密集型产业将转移到西部弱生态地区。

4. 政策驱动

"一带一路"倡议推动了西部的区位价值提升，使西部弱生态地区具有了较好嵌入全球价值链的可能时机和战略机遇，系统的政策支持将有力推进西部弱生态地区的发展。因此，政策驱动是西部弱生态地区实现快速发展的重要动力，不可缺失。从国内形势来看，自 2000 年国家实施西部大开发战略以来，国家不断出台对西部地区的优惠政策，细化实施新一轮西部大开发政策措施，切实完善和落实差别化的经济政策。2008 年全球金融危机爆发，为进一步提高国内产业的实力和扩大内需，2009 年中央提出了《十大产业振兴规划》，为此西部弱生态地区应根据自身的具体情况，规划未来的产业发展。东部发达地区劳动力成本与西部地区相较逐渐失去优势，沿海各省市的劳动密集型产业发展的空间越来越小，促使东部发达地区和跨国企业加快向西部劳动力资源优势强的地区进行产业转移，这为西部弱生态地区融入国际价值链分工体系提供了便利。从国际形势来看，发达国家在全球范围内寻求资源最优配置的新的区位条件，西部一些弱生态地区拥有较好的区位优势和资源优势，并积极地推行引入外资政策，加强园区建设，为发达国家投资提供了很多政策上的便利[1]。这为西部弱生态

---

① 袁学军：《现代价值链分工下湖南产业转型升级研究》，《中外企业家》2012 年第 8 期。

地区承接产业转移提供了良好的政策环境,同时也为其更好、更快地融入全球价值链分工体系做好了政策上的准备。

(二) 全球价值链理论及其视角下的产业转型升级

从 20 世纪 90 年代开始,产业转型升级概念被引入 GVC 分析框架,在 GVC 理论中,国际分工已经由产业深入产品内部,传统的产业升级已经难以完全地概括 GVC 分工下的升级情况[①]。波特从国家要素结构特征的角度研究了其对产业升级的影响,认为当一个国家或地区的人力资本和物质资本比其他国家更加充裕时,该国就具有了发展资本和技术密集型产业的比较优势[②]。Gereffi 在波特研究的基础上,认为发展中国家的企业通过参与由领袖企业主导的全球价值链的学习过程,会不断增强企业或国家从事高附加值、高技术含量的资本和技术密集型经济活动的能力。同时 Gereffi 强调产业升级是一个企业或经济体迈向更具获利能力的资本和技术密集型经济领域的过程。但不管从什么层面来说,产业升级是一个动态过程,沿着工艺升级→流程升级→功能升级→链的升级的路径[③] (见图 4-11) 进行。

以资源型产业为例。依据全球价值链理论,在全球经济一体化不断深化的过程中,西部地区资源型产业应根据自身的比较优势寻找嵌入全球价值链的突破口,争取获得价值链上的最大价值,从而实现产业升级和长远发展。具体来说,要做到以下几点:第一,沿着价值链延展的方向提升资源型产业的技术能力和获取附加值的能力,并在资源富集的地区推进资源型产业集群的形成和发展;第二,集群中龙头大企业是集群升级的核心主体,应该从流程、产品、功能以及部门间协作 4 个方面推进产业升级;第三,在集群中大企业升级的驱动下,通过政府的支持和引导,实现集群中中小企业的联合行动,实现集群整体形态的升级,并集中表现为产品层次、经济活动层次、部门内层次和部门间层次 4 个层次的良好形态;第四,根据产业链条的驱动力的来源,确定西部资源型产业链的战略环节。采购

---

① 王骥宇:《全球价值链分工下湖南产业转型升级研究》,硕士学位论文,湘潭大学,2010。
② 〔美〕迈克尔·波特:《国家竞争优势》,李明轩、邱如美译,华夏出版社,2002。
③ G. Gereffi, "International Trade and Industrial Upgrading in the Apparel Commodity Chain," *Journal of International Economics*, 1999, 48 (1): 37-70.

	升级类别			
	工艺升级	流程升级	功能升级	链的升级
	⇩ ————————————————————→			
具体	原始设备制造OEA ⇩ 原始设备制造 OEM	原始设计制造ODM ⇨	原始品牌制造OBM ⇨	升级价值链 ⇨
增值轨迹	价值增值度随着上述轨迹增加 ————————————————————→			

图 4-11　产业升级路径

者驱动的全球价值链的产业，应强调"销售渠道"等方面的拓展，而参与生产者驱动的全球价值链条，必须以增强核心技术能力为中心。

四　基于要素禀赋与比较优势的西部弱生态地区融入全国价值链的产业响应机制构建与转型路径

（一）西部弱生态地区融入全国价值链的基本思路与总体框架

1. 西部弱生态地区融入全国价值链的基本思路

全国价值链是在我国难以摆脱全球价值链的低端锁定的背景下提出的。改革开放以来，我国东部沿海地区顺势嵌入全球价值链，以给跨国公司代工的方式助力了经济的迅猛发展。从我国现实情况看，省（区、市）内价值链在整个价值链构成中占据主导地位，各省（区、市）的经济自立能力较强。东部地区和中西部地区省（区、市）的表现略有差异，东部地区凭借政策优势和地理区位优势相对更多地参与到全球价值链分工中，而中西部地区则是更多地参与到国内区域价值链分工中。我国各省（区、市）无论是融入全球价值链，还是融入国内区域价值链，都在一定程度上推动了地区经济增长。由于东部地区和中西部地区经济发展水平存在差异，东部地区能更好地融入全球价值链而获得先进技术并积累资本，因此，东部地区融入全球价值链相对更大地促进了经济增长。中西部地区则是充分利用与东部地区的资源和技术差异，与东部地区积极开展分工与合作，通过融入国内区域价值链更大地促进了经济增长。

西部弱生态地区因地理条件和生态环境存在较强的外部约束性，产业发展的可能性选择与其他地区有较大差异。这些地区具有倚重自然资源的粗放式开发的共性，滋生了表现不一、程度不均但实质相同的"资源诅咒"现象和由此带来的"产业锁定"问题。中国特色社会主义进入新时代，要破解西部弱生态地区产业可持续发展难题，必须走产业价值链高端化、科技投入高新化、资源利用高效化路径，积极融入全国价值链，积极融入"一带一路"建设，推进西部弱生态地区的产业转型升级。

2. 西部弱生态地区融入全国价值链的总体框架

2020 年 5 月 21 日，国家发改委有关负责人解读了中共中央、国务院印发的《关于新时代推进西部大开发形成新格局的指导意见》，在新时代推进西部大开发形成新格局，促进东西双向开放协同并进，对西部地区产业发展提出了要求。

首先，推动形成现代化产业体系。充分发挥西部地区比较优势，推动具备条件的产业集群化发展，在培育新动能和传统动能改造升级上迈出更大步伐，促进信息技术在传统产业上的广泛应用并与之深度融合，构建富有竞争力的现代化产业体系。推动农村一、二、三产业深度融合，促进农牧业全产业链、价值链转型升级。加快推进高标准农田、现代化生态牧场、粮食生产功能区和棉、油、糖等重要农产品生产保护区建设，支持发展生态集约高效、用地规范的设施农业。加快高端、特色农机装备生产研发和推广应用。

其次，推动发展现代制造业和战略性新兴产业。积极发展大数据、人工智能和"智能+"产业，大力发展工业互联网。推动"互联网+教育""互联网+医疗""互联网+旅游"等新业态发展，推进网络提速降费，加快发展跨境电子商务。支持西部地区发挥生态环境、民族民俗、边境风光等优势，深化旅游资源开放、信息共享、行业监管、公共服务、旅游安全、标准化服务等方面的国际合作，提升旅游服务水平。依托风景名胜区、边境旅游试验区等,大力发展旅游休闲、健康养生等服务业,打造区域重要支柱产业。加快发展现代服务业特别是专业服务业,加强现代物流服务体系建设。

最后,加快推进西部地区绿色产业发展。在《关于新时代推进西部大开发形成新格局的指导意见》这一重磅文件中,"生态"二字贯穿始末,出现 20 次之多,"绿色"也出现了 10 次,通篇更是传递了一个明显信号:守住生态环境底线,充分发挥西部地区生态的比较优势,实现绿色发展将成为西部地区经济社会发展的"主旋律"。要落实以市场为导向的绿色技术创新体系建设任务,推动西部地区绿色产业加快发展。实施国家节水行动以及能源消耗总量和强度双控制度,全面推动重点领域节能减排。

(二) 空间经济带间的产业重构与命运共同体共建机制

1. 融入全国价值链,有助于培育和发展西部弱生态地区产业发展的基础条件

西部弱生态地区的产业发展较为滞后,而且表现出初级化、低端化的发展趋势。这主要是由于以下原因。一方面,东西部区域之间产业分割,缺乏相互的支持和关联,东部发达地区的产业发展充分地利用了西部弱生态地区的资源、能源、原材料以及劳动力等要素。西部弱生态地区的资源和劳动力大量转出,影响了该地区的产业转型升级。与此同时,在产业联系被割裂的情况下,国内产业布局不均衡,生产能力差异性大,西部弱生态地区研究开发、设计、生产加工、营销、品牌建设等方面的能力难以培育。另一方面,在现有的内向型产业发展模式下,西部弱生态地区需求拉动不足,自身产业发展缓慢,较难独立自主地形成产业转型升级的基础条件和环境。只有借助于全国价值链在提升和拉动西部弱生态地区产业的外力作用下,才能弥补发展基础条件不足的问题。通过融入全国价值链,西部弱生态地区可承接劳动密集的加工、制造类产业的转移,集中自身的优势资源,专注于向价值链高端环节攀升。这样既可以缓解东部地区商务成本日益上升的问题和发展空间受限的问题,又可以使西部弱生态地区有效克服在资源、能源、原材料、劳动力,以及研究开发、设计、生产加工、营销、品牌建设等方面与东部地区的区域非对称联系问题,建立与东部地

区价值链的联系，从而有助于培育西部弱生态地区产业发展的基础条件。

2. 融入全国价值链，有助于缩小区域收入分配差距

目前，在西部弱生态地区产业内向型发展的区域产业发展模式下，东部地区与西部弱生态地区之间的经济联系主要依赖于资源、能源、原材料、劳动力等方面的需求与供给，同时国家对外开放以我国东南沿海地区为窗口的区位选择和海向路径，使得东南沿海一带得到国家的支持而迅速发展，积累了大量的社会财富，构建起了基于旺盛消费市场的产业发展基础，进而影响全国产业的转型升级。因此，为克服东部地区和西部弱生态地区产业发展割裂所导致的地区收入分配不均衡，西部弱生态地区应积极融入全国价值链，将价值链在国内延伸，使价值链收入分配得到重新调整，使产业发展的收益能够更多地向西部弱生态地区流动，这对于缩小区域间收入分配不均衡和促进产业转型升级具有重要意义。

3. 融入全国价值链，有助于形成产业内多元化区域分工新体系

融入全国价值链，可以改变当前东部地区和西部弱生态地区产业间纵向分工体系，实现区域分工体系从产业间分工向产业内分工、从纵向分工向纵向和横向分工并存的多元化分工体系转变[1]。

目前，在全球价值链组织和治理下的国际生产和贸易体系中，中国不同地区在该体系中的职能与地位呈现如下特点：东部沿海地区主要参与加工组装的低附加值环节；中西部地区则主要提供原材料和劳动力等生产要素。在这种区域产业割裂发展的局面下，东部地区和西部弱生态地区之间的分工实质是以资源、能源、原材料、劳动力等生产要素需求与供给为主要内容的纵向分工，也就是在东部地区嵌入全球价值链的基础上，国际纵向分工向西部弱生态地区延伸。在这种情形下，西部弱生态地区融入全国价值链就成为打破现有区域间产业割裂的有效途径，有助于实现产业内多元化的新型分工体系，为西部弱生态地区实现产业协调发展与升级奠定基础[2]。

---

① 高煜：《国内价值链构建中的产业升级机理研究》，中国经济出版社，2011。

② 卢锋：《产品内分工》，《经济学》（季刊），2004年第4卷第1期。

(三) 西部弱生态地区融入全国价值链模式选择的原则

1. 全国价值链模式选择的多样性和多元化

全国价值链模式选择的多样性和多元化主要表现在两个方面:第一,全国价值链是一个非常复杂和系统的产业链,涉及整个产业链的类型、构建主体、构建方式与途径、治理方式、租金分配,以及价值链升级的未来前景等一系列因素;第二,中国作为一个发展中国家,区域产业发展差异十分显著,各地区在产业发展的基础条件、区域产业的分工与定位、主导产业的选择、产业发展的未来方向等诸多方面差异巨大①。

2. 建立西部弱生态地区生产网络与全国服务网络之间对接机制

处于价值链"微笑曲线"低端的加工制造业依赖于服务业提供的有效服务而发展,其中以金融、培训、法律、专业咨询与服务等处于价值链"微笑曲线"高端的服务业的高度发展与升级尤为突出。同时,这也是当前产业升级与发展的一个重要方向。在全国价值链范式选择中,应对形成全国生产网络与全国服务网络之间相互对接、相互促进、相互推动的联动机制加以重视。为此,全国价值链的模式选择应当通过开放式体系构建和规范市场建设,促进西部弱生态地区产业与全国生产网络和全国服务网络协调发展。

(四) 西部弱生态地区融入全国价值链存在的现实问题

1. 西部弱生态地区要素成本优势有限

我国东西部的资源禀赋差异相对较大,由于东部地区经济高速发展,很多资源禀赋优势逐渐丧失,而西部地区经济发展起步较晚,很多在东部地区逐渐消失的资源禀赋优势在西部地区逐渐突显,我们应该充分利用中西部的资源禀赋差异,积极发展西部地区经济,使其更快更好地融入全国价值链体系当中。

全国价值链形成的一个重要条件是各地区在要素比较优势方面的需求形成差异。一线的生产、制造、加工、组装等处于"微笑曲线"低端的低

---

① 高煜、高鹏:《区域产业发展中国内价值链构建的模式选择》,《求索》2012 年第 1 期。

附加值环节主要对生产成本有较高要求，相对应的，一些诸如研究与设计、高端制造、营销、品牌发展等处于"微笑曲线"高端的高附加值环节对技术、资本、品牌、营销水平等有较高的要求。按此逻辑，西部地区若要借降低生产成本而保持相对于东部的比较优势，就需要使用丰富而廉价的原材料、资源、能源、劳动力等方式承接东部产业、调整原有产业结构。而西部弱生态地区自然就成为承接生产、加工、制造等领域的优选地区。

但是，承接产业发展需要水到渠成的条件和环境，西部地区是否具有承接能力呢？

首先，我们应该充分利用西部弱生态地区的要素成本优势来承接生产、加工、制造等低附加值环节的产业。生产成本主要包含资源和能源成本、土地成本、劳动力成本。在资源和能源成本方面，由于我国的政策决定着资源和能源拥有开采权和定价权，而西部地区拥有的相应权限非常有限；与此同时，国家为促使东部地区较好地嵌入全球价值链中高端附加值环节，不惜压低了西部地区的资源和能源价格，在这种情形下，西部弱生态地区的资源和能源优势也较为有限。在土地成本方面，由于一些弱生态地区地形复杂，生态环境较为脆弱，可利用的土地资源相对有限，因此与东部地区相比土地资源的优势不是十分显著。劳动力成本是西部地区唯一可以较东部地区处于优势的成本资源。在劳动力成本方面，中国相较全球其他地区特别是发达地区是有优势的，西部地区可以充分利用劳动要素禀赋的优势，在一定时期内尚有机遇存在。在劳动力要素流动性日趋增强的情况下，大量的劳动力开始返乡，并在本地寻求工作，这使得西部弱生态地区存在大量的廉价劳动力，与东部地区相比有较好的劳动力成本优势。

其次，西部弱生态地区资源的开发利用所具有的要素价格比较优势是吸引东部以及国外产业进入的一个重要因素。但是，西部弱生态地区一直存在着交易成本较东部地区偏高的情况。一般来说，区域商务成本由生产成本和交易成本两个部分构成，且二者是反向变动的，即生产成本低的地区交易成本高，而生产成本高的地区交易成本低①。总体来说，东部地区

① 刘志彪、张少军：《中国地区差距及其纠偏：全球价值链和国内价值链的视角》，《学术月刊》2008 年第 5 期。

生产成本高而交易成本低,而西部地区的情况正好与之相反。在这种情况下,基于融入全国价值链的目标,西部弱生态地区应在总体战略上解决交易成本偏高的比较劣势,采取有力措施降低交易成本,解决横亘在西部地区融入全国价值链之前的障碍。

2. 西部弱生态地区规模经济劣势明显

根据产品内分工理论,产品内分工的产生及由此导致的全球价值链形成的主要因素之一就是规模经济,特别是外部规模经济①。从这一理论来看,分工是促进经济发展的主要因素,西部地区基于规模经济的效率融入全国价值链的基本要求是,西部地区特别是弱生态地区须形成一定的规模经济,如同类企业地理集中所带来的集聚效应,这样西部地区才能承接东部地区转移过来的一部分生产、加工、制造环节的产业。然而,从当前西部弱生态地区产业集聚的现状看,其外部规模经济劣势十分显著。西部弱生态地区产业集聚规模相较东部地区非常小,且发展滞后。从微观上来看西部弱生态地区的产业结构模式,该地区产业集群主要集中在以农牧产品生产加工、食品生产等产业为主的内向型传统产业,与东部地区的外向型制造业产业集群有一定的差异。从规模经济的极化效应来看,东部地区的经济发展较为迅猛,主要体现在中小城市群发展迅速,而大城市、超大城市功能较为健全且发展相当成熟,对于产业集群和规模经济的极化效应和支撑作用十分显著,而西部弱生态地区几乎没有超大型城市,大城市较少,以中小城镇为主导的城镇布局与形态不利于产业集群的发展,基于产业集群发展的规模经济与极化效应没有充分地得到城镇化发展的支持。

3. 地方政府在全国价值链形成中存在利益冲突

以财政分权为核心内容的财政体制改革,是促进东部地区嵌入全球价值链并迅速发展的重要保障②。然而,在这种财政体制下,西部弱生态地区在融入全国价值链的过程中虽然会迎来产业发展的机遇,但同时会遇到更大的阻碍。对于前者来说,东部地区由于产业转型升级将部分产业转移

---

① 高煜、杨晓:《国内价值链构建与区域产业互动机制研究》,《经济纵横》2012 年第 3 期。

② 路江涌、陶志刚:《中国制造业区域聚集及国际比较》,《经济研究》2006 年第 3 期。

到西部有比较优势的弱生态地区，这给该地区带来产业发展和经济增长的机遇，并因此受到地方政府的支持。而对于后者来说，如果东部地区不能随着产业转移迅速实现产业升级，则产业转移的损失将超过经济增长和产业升级带来的财政收入，而这将会给东部地区政府的政绩带来负面影响，会进一步影响东部地区向西部弱生态地区进行产业转移。

第五章

转型的政策支持：顶层设计构想到行动取向

通过本书前四章的分析，我们得知西部弱生态地区产业的转型升级面临着内外的阻力与障碍，需要对内部产业发展的系统关系和各影响环节进行全面调整优化，并以此形成对外部产业进入的强大吸引力。由此，在寻找到西部弱生态地区产业转型升级的目标与路径的基础上，以强有力的宏观政策、系统性的制度安排、规范的市场体系、具有充分自主选择性和利益激励机制的良好产业环境支持西部弱生态地区的产业转型与升级。

一　转变职能，优化产业发展制度环境

改革开放以来，我国市场经济发展迅速，市场制度不断完善，市场主体持续保持活力。但是，由于我国是一步一步从计划经济的约束中走出来的，因此市场经济基础仍然较为薄弱。"市场失灵"是一种"自然自发秩序"必然的内生性存在，需要政府予以调控与干预，弥补"市场缺陷"，维护正常的市场秩序。其中，政府力量突出表现为：建立和维护市场秩序及公平竞争制度、引导经济行为外部性内部化、保持宏观经济稳定、限制垄断力量的权限与滥用、促进均衡发展和收入公平等。在西部弱生态地区，以产业转型升级为战略目标的中央政府的作用主要表现在：加强对东部地区和西部弱生态地区区域协调发展的统筹与指导，通盘筹划西部弱生态地区产业发展的中长期规划，制定西部弱生态地区产业转型升级的基本任务和重点项目。为保证产业发展规划的顺利推进，政府必须提供法律和制度保障，为产业实体和经济主体提供一个高效率的市场运行环境，推动西部弱生态地区的产业转型与

升级，实现西部经济社会的可持续发展。

在目前的国内和国际经济发展形势下，西部弱生态地区融入 GVC 分工体系拥有了比较好的政策环境。从国内形势来看，自 2000 年实施西部大开发以来，国家不断出台相关优惠政策，坚定不移地把西部大开发摆在区域发展优先位置，切实完善和落实差别化的经济政策，进一步细化实施新一轮西部大开发政策措施。抓紧完善西部地区鼓励类产业目录，尽快推动政策出台实施，继续落实国务院已批复的重点区域发展规划。2008 年金融危机爆发，为进一步提高国内产业的竞争力和扩大内需，2009 年中央提出了《十大产业振兴规划》，为此西部弱生态地区应根据自身的具体情况，规划未来的产业发展。东部发达地区劳动力与西部地区劳动力相比较在数量供给和成本价格上逐渐失去优势，沿海各省市的劳动密集型产业发展的空间越来越小，这一区域正在发生资本和技术对劳动密集型产业的替代进程，东部发达地区和跨国企业正在加快向西部劳动力资源优势突出的地区进行产业转移，这一产业布局空间结构的新变化为西部弱生态地区融入全国价值链继而融入国际价值链分工体系提供了机遇和可行路径。从国际形势来看，全球范围内也经历着产业空间格局重组的过程，发达国家在全球范围内寻求资源最优配置，西部一些弱生态地区拥有较好的区位优势和资源优势，通过积极地推行引入外资政策，加强园区建设，为发达国家投资提供了很多政策上的便利，形成具有产业成长空间的新的区域格局①。为此，西部弱生态地区承接产业转移需要因势利导、把握机遇，在宏观政策上提供最好的制度条件的支持，为更好、更快地融入 GVC 分工体系做好政策上的准备。

从沿海一带改革开放以来的经济发展经验看，政策支持和制度环境是一个地区发展的无形资本，决定着一个地区的发展方向。近 10 年来，西部地区在社会经济各方面都取得了不错的成绩，这得益于国家西部大开发政策的实施，其中主要包括：西部大开发 10 年以来中西部地区获得了相当高比重的中央财政转移支付的支持，以及西部开发与产业发展的优惠政策，并得到了在教育发展和科技投入等方面资源的倾斜，以及对私营企业的扶

---

① 袁学军：《现代价值链分工下湖南产业转型升级研究》，《中外企业家》2012 年第 8 期。

持与市场建设等方面在宏观政策上的积极支持。这些为西部大开发顺利进行提供了基础性的制度保障和宏观体制上的保障。西部大开发第一阶段取得的主要成绩有以下几点。第一，部分重点工程开始运行或竣工，如南水北调、青藏铁路、西油东送等。第二，生态保护政策的实施以及相应工程的修建，如退耕还林还草的实施，"三北"防护林的建立极大地缓解了西部弱生态的困境。第三，经过第一轮的大开发，西部大部分地区基本进入小康社会，基础设施逐渐完善，人民生活水平有了极大提高。第四，国家大力推进西部地区国有企业改革，发展混合所有制经济，鼓励非公有制经济发展，建立健全市场体系，为西部经济发展注入新的活力。要继续保持中央政策与产业战略的实施，西部大开发的下一个10年将是西部经济腾飞的10年，这是西部地区经济整体发展，也是西部弱生态地区的产业进步和经济快速发展的新的历史阶段。

　　基于这一国际视野和国家战略高度的前瞻性思考，我们认为对西部弱生态地区产业结构的调整主要有两条重要的途径。一是优化资源配置的环境，促进各生产要素在不同的部门间流动，使西部地区弱生态地区经济结构、产业业态发生基于全部要素创新效率和可持续内涵的根本性变化；二是通过技术创新，建立西部弱生态地区以高新技术的快速进步和推广运用为基础的生态经济模式，为西部弱生态地区的产业改造升级提供新的路径。在这些方面，政府作用强于市场，要积极主动地将中央支持西部地区发展的宏观政策扎扎实实落地，使其作用发挥到极致。在西部弱生态地区产业升级规划中，政府一方面是国有企业所有者主体，悉心管理国有资产以求实现其保值甚至增值，并力图通过政策支持提高其在产业转型和升级中的主导地位并增强其先行效应；另一方面政府管理着国家的经济和社会的发展，要对市场机制建立、宏观经济运行、产业结构优化以及市场分配和社会公正进行干预和调节，达到引导全社会产业发展进入可持续发展路径的目标[①]。除此之外，政府干预的方式和力度应随着西部弱生态地区经济形势的发展而变化，根据情况强化政府干预在产业发展方向和宏观格局上的引导性作用，引导产业部门和经济主体在生态文明建设中积极作为。

---

① 武健鹏：《资源型地区产业转型路径创新研究：基于政府作用的视角》，博士学位论文，山西财经大学，2012。

西部地区是我国最为重要的生态服务供给区,长期以来以资源开发型产业为主的产业发展导向导致已十分脆弱的生态系统进一步恶化,使得产业转型升级与生态环境的矛盾凸显,这已经显示出政府在"产业—环境"协调关系上存在着低效率问题与制度约束的失效。现实的情况是西部弱生态地区产业运行中存在着行为上的"路径依赖",政策约束性不强,法律制度不健全,产权制度不完善等。因此,政府需要以创新制度纠正偏差和弥补政策与法规的缺口,特别是引导市场主体行为,克服经济主体以机会主义和"寻租"行为追求自利的效用最大化的行为模式,以体现"环境理性"和"社会理性"的目标模式约束经济主体,通过有效的政府政策或者硬性的制度规章规范,建立良好的经济行为模式,促进西部弱生态地区的产业转型升级的可持续发展[①]。

(一) 以"五大发展理念"引领产业政策设计

西部弱生态地区的产业路径升级发展必须坚持科学发展观,以"五大发展理念"引领产业政策设计。一是立足生态禀赋,坚持绿色发展,大力发展特色优势产业,加快新型清洁能源建设;同时,西部弱生态地区的领导干部要结合实际认真谋划科学发展,重视发挥后发优势,充分认识和发挥"生态—经济"系统的裂变效应,摒弃"唯 GDP 论"的政绩考核评价体系。二是实施创新驱动,坚持创新发展,不断提高科技创新能力,以创新效率克服西部地区经济系统的整体性劣势。三是构建西部人类经济社会与自然之间的和谐系统,坚持协调发展,努力推进经济发展与人口资源环境相协调、经济效益与生态效益相统一,全面实现区域可持续发展。四是盘活区位优势,抓住国家战略契机,坚持开放发展,将西部弱生态地区的发展选择嵌入"一带一路"倡议,以全面提升西部地区在国际市场竞争体系与全球价值链中的地位作为方向,在这一高度下思考和解决其长期发展滞后的问题。五是共享发展,以西部弱生态地区产业的转型升级为契机,调动该区域整体社会结构的积极性,由此实现全域范围的机会、过程和成果的共享。

西部地区处于"生态敏感"与"产业业态落后"双重约束和目标冲突

---

① 洪银兴:《西部大开发和区域经济协调方式》,《管理世界》2002 年第 3 期。

的掣肘关系和困境中，"发展是硬道理"的实践命题与"生态保护"的现实约束有着强烈的冲突性，需要高度的实践智慧和精密周到的制度设计予以化解。以"五大发展理念"引领产业政策设计必须细化为具有实施操作可行性的、可量化和可考评的并有利于长期监督的政府绩效考核机制，以规避地方政府以"政治化"考量盲目追求政绩而偏离产业发展的正确道路。因此，通过构建西部弱生态地区产业转型升级的"政绩评价"体系，可以有效规范政府行为，引导创新发展、协调发展、绿色发展、开放发展、共享发展。西部弱生态地区产业转型升级的政府绩效评价体系如表 5-1 所示。

表 5-1 西部弱生态地区产业转型升级的政府绩效评价体系

目标层	准则层	指标层
评价体系	绿色发展	环保基金投入占 GDP 比重
		工业废水处理率
		工业废气净化率
		工业固体废物处理率
		人均二氧化硫排放量
		人均绿地面积
		人均耕地面积
		森林覆盖率
		原材料消耗强度
	创新发展	教育经费占 GDP 比重
		科技研发经费占 GDP 比重
		万人专利授权量
		科技进步贡献率
	协调发展	城乡收入比
		三次产业结构与就业结构变动
		不同收入群体之间收入分配的基尼系数
	开放发展	外贸依存度
		外资依存度
		对外直接投资依存度
		世界 500 强企业进驻数
		旅游开放度
		服务业外商直接投资比重
		高新技术产品出口比重
		一般贸易出口占比
		外贸企业出口占比
	共享发展	城镇基本养老保险覆盖率
		新型农村合作医疗覆盖率
		最低生活保障水平与（城镇/农民）人均收入之比

（二）完善资源有偿使用和生态补偿制度

在西部弱生态地区承接产业转移和转型升级中应该建立自然资源有偿使用制度和生态补偿制度，即以税费、转移支付等形式，实现对自然资源有偿使用，而且将所征收税费用以补偿或恢复在对自然资源的开发利用过程中产生的资源损耗和生态环境破坏。按照"谁开发谁保护、谁受益谁补偿"的原则，在西部弱生态地区建立生态补偿机制，进一步完善水、土地、矿产、森林等各种资源税费政策及征收管理办法，积极探索碳汇交易、水权交易等市场化生态补偿模式。考虑到西部弱生态地区的经济弱生态基础，其需要严守生态环境的底线，一方面，产业转型升级要遵循经济规律，让市场经济发挥资源配置的主导作用；另一方面，政府需要进行目标明确的行政调节、经济干预和有效的法律管控，以完善自然资源有偿使用和生态补偿制度，推进西部弱生态地区产业升级及可持续发展①。

（三）谋篇布局，引导产业有序整合

西部弱生态地区应站在"一带一路"倡议高度进行产业发展的谋篇布局，并力图防范低水平产业拼接和重复引进。要利用行政、经济等手段，合理运用好西部大开发、南水北调、休耕轮耕及新一轮扶贫开发等各种扶持资源，在承接东部地区产业转移过程中要加快转变经济发展方式并努力发展低碳循环经济。在产业开发上，要突出西部弱生态地区的区域特色和弱生态下的刚性约束，并谋划长远的可持续的发展规划。发展西部弱生态地区产业政策与规划要将生态环境的要求内生于政策体系和规划系统之中，在宏观政策和规划的实施中实现生态与产业之间的良性互动，针对西部弱生态地区的经济特点、问题和要素禀赋，取长板补短板，利用行政、经济等手段促进西部弱生态地区在承接产业转移过程中的产业整合，从而使西部产业实现良好的、具有可持续效应的生态经济业态。

---

① 刘志荣、陈雪梅：《论循环经济发展中的政府制度设计——基于政府与企业博弈均衡的分析》，《经济与管理研究》2008 年第 4 期。

（四）　抓住机遇，优化产业链条

2012 年 2 月 13 日，国务院正式批复了《西部大开发"十二五"规划》。这是指导西部大开发工作的纲领性文件，为西部地区的发展指明了方向，提供了契机。该规划明确指出，要良好地运用西部地区的比较优势，坚持走新型工业化道路，通过提升产业的层次提高企业的核心竞争力。如今，基于"十三五"规划期的目标，国家的经济形势发生了变化，在新常态下，"一带一路"倡议为西部弱生态地区的产业转型升级提供了极大的机遇，使西部地区可以更好地嵌入国家和全球的价值链中。西部弱生态地区在产业转型升级过程中要特别重视要素禀赋、生态保护、市场需求与相关产业的关系。现在西部弱生态地区的许多产业依然是以资源依赖型为主的业态，资源开发、产业发展仍然以生态环境破坏为代价，这损害西部长期发展的基础。因此，生态环境的保护要内生于经济主体的行为约束中，不能以牺牲环境作为经济发展的代价。西部弱生态地区的产业转型升级需要面对两个市场需求，一为本土市场需求，二为全国市场乃至国际市场的需求。因为离开市场需求的产业转型升级一定是低效率的，所以西部弱生态地区的产业转型升级要立足市场需求。在有效利用国家政策的同时，不可饥不择食，只重视数量而忽视了质量，不能为了响应国家的号召，而一味地搞与当地实际经济发展状况不相协调的建设，甚至是重复盲目的建设。这样只会在浪费资源的同时阻碍产业的进一步转型升级。借助于"一带一路"倡议可以将西部贫困地区放置于全国发展的大格局中，实现区域的协调发展，加大以工促农、以工补农的力度，缩小西部贫困地区与西部整体区域的差距，为实现西部弱生态地区的可持续发展打下坚实的基础，优化西部弱生态地区的产业链条时，要取长补短，实现产业互动与"经济—环境"的协调。

二　立足要素禀赋，创新驱动产业转型升级

西部弱生态地区资源的开发利用既要落脚在本土产业基础和资源禀赋的比较优势上，更应该注重根据经济形势的变化对其比较优势和功能进行

重新定位，以获取新的比较优势并借此嵌入全球价值链和国内价值链。从地域上看，中国广大的西北地区与西南地区，其实就是传统观念上的"西部地区"①，包括四川、重庆、陕西、甘肃、青海、宁夏、广西、贵州、云南、内蒙古、西藏、新疆共 12 个省（区、市）。这些地区总体来说是我国的生态功能区，因为很多地区拥有丰富的矿产资源、生态环境资源等能够发挥生态功能的优势资本。但是，由于环境、气候、人为开发等各方面因素，以及以"海向"为主的对外开放战略，使国家战略重点和经济中心长期定位于东部，而西部地区远离国家经济的中心，处于边缘位置，这使西部地区的发展处于不利地位，这种区位劣势需要在以西部"陆向"为对外开放通道选择的"一带一路"倡议中予以纠正，重新确定西部的区位战略和地缘优势，重新思考与之相一致的产业发展战略。

首先，我们需要定义西部弱生态地区的范围。2013 年 2 月发展改革委印发《西部地区重点生态区综合治理规划纲要（2012—2020 年）》，根据国家生态地理区划以及西部地区生态地理特征，将西部重点生态区划分为西北草原荒漠化防治区、黄土高原水土保持区、青藏高原江河水源涵养区、西南石漠化防治区、重要森林生态功能区。西部弱生态地区主要分布在内蒙古高原、云贵高原、青藏高原和柴达木盆地等地区。这些地区生态环境脆弱，生态环境问题较全国其他地区更为严重，在经济的发展过程中受到的生态约束也更大。这些地区面临的生态问题主要有草原退化、植被破坏、水土流失严重和土地荒漠化等问题，它们制约着该地区产业的发展，也成为该地区经济发展的一个瓶颈。

从这些主要分布区来看，西部绝大部分的地区都是弱生态地区，生态环境脆弱，极易遭到破坏，这极大地限制了弱生态地区的产业选择范围和经济发展空间，对这些地区不合理的开发将可能造成生态环境的进一步恶化，产生的负面效应不仅影响当地，也可能影响国内其他区域。基于拥有对全国具有整体影响意义的生态环境，西部很多地区在国家的功能区规划中，被确定为生态限制开发区或者禁止开发区，产业开发亦由此受到限制。在国家层面的产业发展限制条件下，西部弱生态地区实现产业转型升

---

① 谭鑫：《西部弱生态地区环境修复问题研究——基于经济增长路径选择的分析》，博士学位论文，云南大学，2010。

级需要探索一条生态化、可持续的道路。

（一）发挥资源优势，走集约化、产业化与生态化的道路

生态环境的约束，使得西部地区的产业发展受到地理空间的约束和产业选择的限制，要实现产业发展必须在这种约束下拓大发展空间，要实现可持续发展则唯有实施创新发展战略。同时也应认识到，西部弱生态地区拥有众多的自然旅游资源和文化旅游资源，是我国的旅游资源宝库。从自然性的旅游资源来看，至 2010 年，西部地区有国家级自然保护区 130 个，国家级重点风景名胜区 71 个，国家级森林公园 130 多个，主要集中在西北、西南等生态地区。在我国三大经济区中，西部地区是自然性旅游资源数量最多、种类最为齐全且规模最大的区域。从人文旅游资源来看，西部地区拥有 37 座历史文化名城，86 个国家级重点文物保护单位，占全国近50%[①]，如大理古城、丽江古城，莫高窟，布达拉宫，秦始皇兵马俑等。西部地区特殊的地理位置培育了独特的边疆人文风情与少数民族文化。对于西部的大多数地区，由于地理位置独特，所在地的环境独特，更应当因地制宜，发挥区域优势，形成大规模的特色产业，例如云南的花卉产业。云南盛产鲜花，品种多样，鲜花既可以作为装饰品，也可以作为朋友、情人见面的礼物，还有云南当地的特色食品鲜花饼，这在东部城市确实少见，可谓云南的一大特色，鲜花市场将越来越广阔。云南地区就可以利用这一点，集中优势发展鲜花产业。发展鲜花产业的相关企业不但要进行传统产业转型，而且要有意识地与全国价值链进行对接。可以通过招募融资筹集资金，技术互通进行帮扶互助，大企业总体布局引导市场，先进带动进行培训，互通有无信息支持等多种方式，促进和推动西部弱生态地区真正融入全国价值链。

因此，西部弱生态地区的经济资源所具有的禀赋条件和比较优势通过创新性重组和升级改造，可以转化为适应新的产业业态和更广范围以及更高层次竞争要求的比较优势。

---

① 任嫒、安树伟：《西部地区发展特色优势产业的优劣势分析》，《生态经济》2011 年第 5 期。

（二）发挥生态优势功能，构建优势产业生态体系

1. 企业层面的推进——微观经济主体的生态行为机理

企业是产业的基础，产业生态化应首先从企业层面抓起。企业发展的活力在于核心竞争力，发展的动力来源于对经济利益的追求，这是高效生产的基础性动力源。但是，在缺少生态伦理约束的情况下，企业趋向于"高消耗、高污染"的生产模式，将生态成本外部化，这使企业成为环境污染的直接实施者，企业以此行为来降低生产成本，从而陷入恶性竞争。

因此，要实现具有内生性的环境保护责任，构建由环境友好生产行为的生态化企业所构成的业态，应从以下两方面着手。第一，企业应推行清洁生产、循环利用，尽最大可能减少生产环节的资源浪费和污染物排放，实现在企业生产经营环节的自觉污染控制和节能减排。另外，要在企业生产层面实现污染控制与生产控制过程的紧密结合。对于传统的环境污染治理手段——末端治理来说，企业把环境保护的责任只放在管理和环保研究人员身上，仅仅关注生产过程中产生的污染物处理，而没有将污染控制和生产控制过程紧密结合，导致在处理环境污染问题时企业处于一种消极、被动的位置。要抓住生产全过程控制和源头削减。批量生产也带来污染的批量产出问题，要摒弃"亡羊补牢"式的治污理念，推行积极预防和源头控制，"预防大于治理"，因此从源头防污是重点。这就要求在企业内部推行"清洁生产"，成为兼顾经济效益和环境效益的生态企业。第二，全面推行清洁生产。清洁生产是指企业将在生产过程中产生的污染物处理后，将可以循环利用的物料回收并进行重复利用，从而达到微排放甚至是零排放的要求。但有生产必然不能避免污染，因此还需考虑污染物的最终处置，称为末端治理。因此，基于西部弱生态地区在生态环境上的强约束要求，必须推行清洁生产与末端治理相结合的模式，实施生产全过程和污染治理全过程的"双向全程控制"。

2. 构建产业层面共生系统——中观层面的推进

产业层面我们更多的是关注产业共生，各类型企业为提高生态效率和资源生产力，形成经济、社会和环境密切共同体的复杂系统，使之产生"1+1>2"

的效果。目前国内外的实践中产业共生网络多以生态工业园区的形式出现①。

生态工业园区是根据产业生态学原理和循环经济理念设计建立的一种新型工业组织形式，它模拟自然生态系统，形成企业生态圈。按照经济学理论的阐释，"上游"企业产生的无用物或废弃物，"下游"企业可以利用，从而减少总体资源和能量的损失。利用同样的思维，单个企业的清洁生产经过这样的联立网络，也发展成了清洁生产体系，从而带来产业整体的生态化和全产业链条的污染治理。如果如上述假设实践，那么在"上下游企业"的合作共生下，尾端企业就需要考虑达标排放或微排放情况。而如果我们能够将该污染物也充分利用，如假设该污染物恰好是第一个企业的生产原料之一，那么它就是一个封闭的生态产业链，或者说是形成了产业生态圈。而共生网络也是由错综复杂的链条或者生态圈的联立所形成的，总之产业共生网络可以带来总体的资源整合和污染治理，表现出良好的环境绩效②。

3. 区域层面循环经济——宏观层面的推进

西部弱生态地区区域内部循环经济，其宏观目标是通过与自然系统、社会系统在结构和功能上有效地整合，以产业生态学原理为实践指导，实现资源的高效利用，使产业发展与生态环境相协调，推进区域循环经济发展，最终实现西部弱生态地区经济社会的可持续发展。

区域循环的生态建造是按照自然生态系统的结构构造从生产者到消费者再到分解者的一种完美的物质和能量循环系统，如果未来将生态工业园置于一个更大范围的、拥有更多组织数量和类别的区域空间，那么各企业会更容易匹配，物质和能量会得到更好的循环利用。施瓦茨（Schwarz）和史坦宁格（Steininger）1997年在其文章中指出，在构建产业生态系统的过程中，经济网络和信息网络的低水平是原材料供应以及废弃物处理闭路循环的明显影响因素，同时，区域副产品交换网络的两个基本元素是（废弃物）

---

① 彭青霞：《中原经济区产业生态化的发展路径初探》，《漯河职业技术学院学报》2012年第4期。

② 宋帅官：《产业共生网络与新产业区的生态工业》，《环境保护与循环经济》2008年第9期。

生产者和（废弃物）中介者①。因此要实现真正的区域循环，就不能仅仅局限在园区内部，要建设区域副产品交换信息系统和城市及区域水回收利用系统等，实现整体区域的循环经济。与前文中的企业层面的清洁生产和园区层面的产业共生网络相比，循环经济真正完整体现了整个产业生态化在全区域的发展路径，全面地将人类的消费活动纳入其中，形成"自然资源—产品和消费品—再生资源"的经济循环路径，而这就不单是从产业角度而是从所涉及区域的整个人类社会的层面考虑人与自然的协调发展②。

（三）构建人才高地，形成优势人才产业集群

基于西部弱生态地区的现有条件，以及可能形成比较优势和发展特色的要素资源状态，我们认为，创新开发以及提升劳动力资源的发展，将西部地区丰富且低廉的劳动力融入服务业并提升其利用价值，形成高级生产者服务业的产业功能区域，是西部经济发展的可行路径。高级生产者服务业涵盖了仓储、物流、中介、市场研究信息咨询、科学研究、技术开发、金融、法律、劳动力培训及售后服务等领域。在经济发展到知识化、信息化时代的今天，现代高级生产者服务业由于集中了技术资本、人力资本和知识资本等高级生产要素，对于推动加工制造业升级有着非常重要的作用。在融入全国价值链的过程中，现代高级生产者服务业的高度发展已经成为一个非常重要的配套条件。将西部地区融入全国价值链，必然意味着要推进东部地区和中西部地区之间生产服务一体化目标下的生产管理和运营协作，管理的复杂性和难度也因此将大大增加。因此，现代高级生产者服务业的高度发展将为确保西部全面嵌入国内价值链的顺利构建和运行提供有效保障；而且，在全国市场一体化建构的进程中，西部在市场建设上的滞后现状是全国市场一体化的重大短板，影响了全国的市场化建设进程。因此，西部发展是推动全国一体化市场以及完整价值链形成的重要内容③。

---

① E. J. Schwarz, K. W. Steininger, "Implementing Nature's Lesson: The Industrial Recycling Network Enhancing Regional Development," *Journal of Cleaner Production*, 1997, 5 (1-2): 47-56.
② 吴学平：《中部地区煤炭城市接续产业发展研究》，硕士学位论文，南昌大学，2008。
③ 高煜：《国内价值链构建中的产业升级机理研究》，中国经济出版社，2011。

三 生态优先，选择性承接产业转移

我国西部地区自从西部大开发以来，虽然经济水平有所提高，但是总体上"基础设施落后，经济结构不合理，自我发展能力不强"的状态尚未实现根本改变，特别是西部弱生态地区生态环境脆弱、产业结构不合理、经济发展水平较低的问题依旧突出。同时，在西部地区工业化进程中，还存在着提高产业效益与资源型产业可持续发展的矛盾，高投入、高消耗的生产方式与创建资源节约型社会的矛盾，高污染排放与生态环境保护的矛盾，以及产业结构单一与工业化进程加速的矛盾并存的现象。西部地区资源看似丰裕，但有些地区却面临资源相对短缺、能源利用效率低、环境污染、生态脆弱等多重压力，种种冲突和错综复杂的掣肘关系使得西部弱生态地区要在资源环境强约束情况下通盘考虑承接产业转移的战略高度和优化选择问题，生态标准、环境准入门槛以及绿色产业应优先成为西部地区产业发展的预设前提。

（一）强化生态约束，优化产业结构

改革开放国策给东部地区带来了前所未有的显著发展，但其发展模式所带有的粗放型工业化模式是否具有全国范围以及当下情景下的普遍意义，却值得深思。西部弱生态地区，通过承接东部地区的产业转移，能否既拉动经济的快速发展又保持生态环境不被破坏呢？目前我国处于经济转型的关键期，整体经济发展速度减缓，经济发展依靠出口拉动的时代已经过去，唯有转变发展思路，调整经济结构才能顺应时代要求，因此产业转型升级需求具有普遍意义。全国区域间的产业转移形成东部地区与西部弱生态地区的供求关联市场，东部地区有转型需求和要素禀赋约束，面临产业移出的需要；西部弱生态地区拥有强大的资源优势，有巨大的承接产业移入的空间，并且东部地区和西部弱生态地区之间存在产业梯度位势，具有顺位转移的巨大势能。因此，西部弱生态地区要加快经济的发展，也须积极承接东部地区产业转移来推进工业化进程。

从外部与内部条件看，西部地区迎来了承接东部地区产业转移的最佳

时期。现今，处于西部大开发战略新阶段，《关于深入实施西部大开发战略的若干意见》指出，2020年西部地区基本实现全面建成小康社会。2010年国家颁布了《关于中西部地区承接产业转移的指导意见》，为西部地区承接国内外产业转移提供了重点方向、重要领域、发展思路等战略性指导意见①。西部地区在西部大开发第二阶段具有承接国内东部地区和全球其他国家的产业转移的双向选择路径，一方面是在美国次贷危机和欧债危机的影响下，各大跨国集团急于在发展中国家进行产业转移与新市场的开拓，而我国特别是我国西部地区凭借资源禀赋、非农转移劳动力丰富等优势成为发达国家产业转移的首选地。另一方面从国内的情况看，东部地区产业转型升级的紧迫形势对企业具有较强的挤出效应，要求传统的制造业向外转移。与此相对应的是，西部弱生态地区的传统产业结构存在着转型升级的压力，如何处理好承接产业转移和内部产业结构的转型升级与资源环境约束之间的矛盾，对于西部弱生态地区来说既是发展的重要机遇也是一个严峻的挑战。

西部弱生态地区大多生态环境较为脆弱且在西部地区分布较广，地形以盆地、高原、草原为主。受地质条件、气候、水资源等条件的限制，西部弱生态地区在产业选择时面临着较大的约束，必须结合生态条件和产业发展趋势，选择性地承接产业转移。一方面，西部地区生态脆弱，不能像发达地区和东部部分地区那样，走"先污染，后治理"的老路；另一方面，随着我国经济社会发展步入新阶段，绿色发展成为产业选择和生产过程的强制性约束，西部地区的生态环境越来越受到宏观产业政策保护，国家宏观政策要求西部地区摆脱以牺牲生态为代价的传统产业发展模式，改变高污染、高耗能的产业业态，而以生态环境保护为产业政策依据，引导西部地区步入经济可持续发展的选择之中。

（二）发挥比较优势，做好产业生态化

产业生态化是西部地区产业与资源环境协调发展之优化路径的必然选择。西部地区产业生态化就是使人们的生产活动对环境的负面影响以及对区域自然资源的消耗都尽力达到最小化，或者用较低的投入换回较高的产出，

---

① 袁境：《西部承接产业转移与产业结构优化升级研究——以四川为例》，博士学位论文，西南财经大学，2012。

从而实现区域经济的可持续发展。在西部弱生态地区产业生态化路径的推进过程中，承接国内东部地区产业转移和承接国际产业转移的双向路径，都必须以同样的生态标准和环境门槛予以产业筛选和甄别，充分考虑其对西部弱生态地区生态环境的影响。对于西部地区政府而言，西部地区的产业生态化道路，首先应该摒弃的是"唯 GDP 论"和"唯政绩观"，避免再度陷入有增长无发展的困境。

西部地区应利用自身资源优势配合承接东部地区产业转移，通过技术创新和产业优化布局促进经济发展。西部弱生态地区自然资源丰富，尤其是矿产资源储量十分可观。根据中国地质调查局掌握的资料，截至 2006 年底我国已发现的 172 种矿产在西部弱生态地区均有发现，在全国探明储量的 156 种矿产资源中，西部地区有 138 种，以能源、有色金属、重化工非金属、矿产资源为主，具有开发优势的矿产资源有石油、天然气、煤、锰、铬、钒、钛、铜、铅、锌、镍、钴、锡、汞、锑、磷、硫、铁、钾盐、稀土、铝土、重晶石、石棉、芒硝等 20 余种[①]。同时一些弱生态地区的旅游资源得天独厚，如莫高窟、九寨沟等。此外，内蒙古等弱生态地区草原资源丰富，而农牧业也是一直延续到今的传统产业，且农牧业在市场上占有一定的份额，西部弱生态地区的总体农牧业技术相对于国际农牧业而言具有广大的国内市场的支持，并且在差异化战略上具有巨大的发展空间。因此，西部弱生态地区广大的传统产业既存在转型的客观要求也存在广阔市场的支持，可以从矿产业、旅游业、农牧业三方面进军市场，以此融入全国逐步拓展起来的一体化市场。

西部地区土地面积辽阔，占全国总面积的 71%，主要的交通干线有包兰、兰新、宝中、北疆、宝成—成昆、成渝—川黔、贵昆、新疆南昆铁路等，青藏高原以公路为主。同时西部地区西北与俄罗斯、蒙古国、塔吉克斯坦、哈萨克斯坦、吉尔吉斯斯坦等国接壤，西南与巴基斯坦、阿富汗、不丹、尼泊尔、印度、缅甸、老挝、越南等国接壤，陆地边境线长达 12747 公里，如此长的边境线，无疑为西部地区尤其是弱生态地区的对外贸易和经济合作提供了广阔的平台。"丝绸之路"横穿西部地区，是中国

[①] 谢雄标、严良：《西部矿产资源产业的现状、问题及升级路径选择》，《中国矿业》2011 年第 11 期。

历史上对外交流的首条通道。今日，随着中国经济的转型和西部大开发政策的推进，通过承接东部地区产业转移和融入全国价值链以及一体化市场，通过对外开放参与国际市场，西部地区必然将日益繁荣。

（三）吸引劳动力回流，培育人才优势

东部地区经济快速发展，各种产品价格上涨，资源日益紧缺，这也加速了东部地区把资源和劳动密集型产业向西部地区转移的步伐。西部地区拥有丰富的劳动力资源，2013年《中国统计年鉴》显示，2012年底，西部地区人口数为36427.5万人，其中劳动力人数为3350.6万人，并在30多年来向东部输送了大量的劳动力，在一定程度上促进了西部地区社会经济的快速发展。近年来中国经济增速放缓，经济结构转型加快，大量的劳动力陆续返乡并在本地就业，这进一步增加了西部地区的劳动参与率和劳动力资源优势，成为西部地区承接外部产业转移可高效利用的有生产经验和劳动技能的人力资本"蓄水池"。对于西部的一些弱生态地区（如青海省），更需要为顺利承接东部地区产业转移而搭建好人力资本的"蓄水池"。随着全球或东部发达地区产业转移的推进，劳动密集型产业将会以西部地区为转移的目的地，这将需要具有较强生态环境约束要求的西部地区在产业承接上进行认真的产业适应性甄别和优化选择，既要满足充分开发西部地区劳动力资源的要求，又要防止带来新的生态环境问题。

另外，西部弱生态地区借助其自身的资源禀赋，吸引大型企业开发西部特色资源，依托大企业成熟的技术提高资源开发效率，带动成品制造深加工，增加产品附加值，将西部地区从原来的能源、原材料基地转变为产品深加工产地。要进一步发挥地区比较优势，实现产业结构和就业结构的转型。破解强生态环境约束与产业业态落后、经济增长的环境外部性大且内在化路径受限的掣肘问题的方法在于充分发挥人力资本为创新主导作用。由此就要求西部地区大力推动人才储备和人才创新，既要为大量劳动力资源提供充分的就业机会和容纳空间，又要使人才为企业所用，能够对西部地区产业发展和生态环境保护提供持续的创新性作用和高效率的贡献，以增加劳动参与率和劳动力创造的双重效率支持西部地区发展。

西部地区人才高地的建设既要有前瞻性，又要有层次的高度性和目标

的针对性。储备人才需要具有针对承接东部地区产业转移而致用的学习能力，学习和接受东部地区产业发展所蕴含的企业文化、生产模式、管理方法、创新体系、运行机制甚至职业态度和工作价值观等内容，从而推动产业承接进程能在西部地区真正落地，迅速实现本地化以及高效地生产经营。另外，储备人才还应具有较高的生态伦理的自觉性和在生产中的应用能力。他们应是对西部弱生态地区的自然环境有深刻的认识，了解国家环境政策，又熟知生产环节的各项绿色技术与绿色经营管理技能的综合型人才。地方政府要为回流的本土人才、引入的外地人才提供良好的创新创业环境，为产业发展和人才开发利用提供良好的基础设施和制度环境，降低企业制度性成本，为人才创造扫清有形无形的障碍，使人才真正能够在西部地区获得发展空间，成为"双创"的典型与标杆，最大限度发挥示范带动作用。

四　推动供给侧结构性改革，破解产业转型难题

我国实行对外开放政策后，由于"海向"区位优势和对外贸易的便利化条件及历史上形成的产业空间格局等原因，东南沿海成为对外开放的前沿和国家经济活动的中心，依托于国内广泛的市场基础和推行出口导向的经济运行体系，东部地区实现了极为快速的经济发展。目前我国在空间格局上存在全国区域发展水平上的非均衡性，表现为东西部之间的发展差距。缩小西部地区与东部沿海地区的经济差距，成为国家主导的西部大开发战略的主旨。西部大开发战略于20世纪90年代中期提出，2009年编制第二个10年西部大开发战略时，强调要促进东部沿海地区过于集中的加工业向西部转移，但成效并不尽如人意。

现在，"一带一路"倡议将西部发展的机遇带到更高的层次和更为宽广的舞台。西部地区被推到产业布局和对外开放的前沿，成为开拓亚非欧大市场的经济走廊。这为大量吸引东部沿海地区加工业转移创造了区位优势。基础设施互联互通是"一带一路"倡议的优先目标，这促使与"一带一路"国家邻近的我国西部地区的基础设施建设成为"十三五"时期国家投资的重点。

（一）"去产能"——积极稳妥化解产能过剩

过剩产能相较于过剩产品，是广义库存。我国产能过剩行业有两大类——劳动密集型产业和资源加工型产业，加快淘汰落后产能和化解过剩产能的同时，推进产能向国际市场转移。在西部地区，针对生态环境的强约束，要把淘汰高能耗、高材耗和高污染排放产业的过剩产能置于优先位序。但是，这些产业不能简单地关停并转，而是要基于就业目标和职工转岗安置问题进行操作，要以产业转型和升级的最大可能使就业岗位的创造得以规模扩展和层级提升，特别是基于国际市场的产业发展和就业扩展。例如，目前我国钢铁、煤炭装备大多处在世界先进水平，这就决定了除了淘汰过剩产能以外，领先世界的产业需要转移国际市场减缓"去产能"的压力。"一带一路"倡议为这一思路在西部地区的落地提供了国家战略层面的更高平台的路径。

西部地区既面临承接东部地区产业转移的需求，也存在着自身去产能的压力，需要进行针对具体需求的优化选择。实现西部弱生态地区的社会可持续发展、经济可持续发展和生态可持续发展之态势，供给侧结构改革与落后产能淘汰是有效的路径。但是具体落实需要宏观政策与微观行为机制的有机配合，需要西部地区把握经济新常态背景下的经济大势，抓住供给侧结构性改革的机遇，以转型升级为重点，构建现代工业体系，实现产能的有序转移和再配置，推动信息化与产业深度融合，为资源型城市持续发展注入新动力。

（二）"去库存"——库存问题不只是商品库存严重

我国的库存问题并不仅仅表现在商品的库存问题上。前述讲到我国的库存压力来源于劳动密集型和资源加工型产品的库存，这些库存是针对发达国家市场的，这也是大批加工贸易企业以及为它们服务的企业停产或半停产的主要原因。因此，针对西部弱生态地区自身发展空间不足和发展导向不确定等问题，要先做到明确城市发展战略定位，确立发展的新方向、新路径。要突破资源型城市原有的思维束缚，综合分析这些城市资源、区位、要素等各方面的优势，准确进行城市发展战略定位。要树立市场导向，根据城市发展需求和区域发展需求选择和确定接续产业，进而确定主导产业的市场路径和市场重点。解决劳动力产品和过度服务产品的库存闲置，真正调动发展动力。

（三）"补短板"——创品牌，推动知识产权保护和强化技术出新

西部弱生态地区在各方面的发展起步较晚，尤其弱于东部地区，因此要强化产学研合作，强化地企融合发展理念，加强协作，实现合作共赢与均衡发展。建立地企经济共同体和高层次的决策机构，及时协调解决转型发展中的重大问题。学习他人的成功经验，因时因地制宜，满足西部地区发展需求，补齐自身短板，实现资源开采企业和地方政府在社会生活方面的互联互通，实现品牌创造，推动知识产权保护和强化技术出新，为西部地区发展提供科学技术保障下的智能支持。

（四）"降成本"——降低企业的制度成本和生产成本

除了政府要真正实现简政放权，降低制度造成的企业交易往来成本以外，更要靠企业创新管理，提高效率，改进工艺，节能节财，特别是规模扩张应以核心技术的强化作用降低资源耗费，有效节约生产投入要素，保持和维护绿色经济秩序。我国传统外需型供给体系依赖的是发达国家资本带来的加工制造以及组装等附属配套技术。目前，"一带一路"倡议形成了由我国政府主导的新型外需市场，与此目标相对应的是企业的外向发展需要自主技术支持并以此形成核心竞争力，由此打造国际市场上具有竞争优势的中国企业[1]。西部地区的发展需要打造出体现自身后发优势的竞争力，实现弯道超车，并将绿色发展、生态保护和建设，以及推动资源型城市的生态转型等环境治理目标纳入产业政策和方略。顺应国家绿色发展政策导向，加大生态环境整治力度，加强环境保护，狠抓节能降耗，着力推进绿色发展、低碳发展和循环发展，助推资源型城市转型。

（五）"去杠杆"——化解金融风险

金融是经济的晴雨表，更是经济的生命线。不同于中央政府从利率改

---

① 叶卫平：《"一带一路"与我国供给结构的转型升级》，《东南学术》2016 年第 4 期。

革、汇率改革、资本市场改革、监管体系改革等宏观层面着手化解金融风险的做法，地方政府更应注重防范地方债务风险的发生和加强对地方融资行为的监管。

西部地区资源型产业的主要特征是产业链短，初级产品所占比重大，产品附加值低，由此导致西部地区资源深加工附加值和工业产品消费资金长期存在巨大的双重流失。这种产业结构不断刺激资源型经济进行以消耗大量资源为基础的粗放扩张，高投资却往往换来低效益。很多资源型企业总资产贡献率和流动资产周转次数大大低于规模以上工业企业，资产负债率则高于全国规模以上工业企业。其资产占用量大，经济效益偏低的资源型经济降低了资源开发对本地区的经济贡献。因此，要强化对经济主体经济行为的监管，使国有资源型经济发展方式实现转型并起到对产业转型的带动效应。应对国有资源型经济发展方式转变的规划与具体施行方案进行单列和监管，修改完善国有资源型经济考核指标体系，大力推进国有资源型企业产权多元化改造，改善国有资源型经济的公司治理，创新国有资源型经济监管体制机制。

五 拓展渠道，融入国内价值链和全球价值链——嵌入"一带一路"倡议的西部行动

"一带一路"倡议中的沿线发展中国家与我国在经济和产业布局上具有突出的互补性，"一带一路"外需主体是"南南合作"国家，其市场份额超过全球贸易额的1/5，"一带一路"建设在一定程度上可以缓解美国等发达国家市场持续萎缩带来的对外贸易冲击。在基础工业中，产品库存增加导致产品价格下跌，如果在跌破生产边际成本之前就选择停产，那么投资将变为沉没成本，损失更大，但继续生产又会使得库存进一步增加，价格进一步下跌，解决这种两难状况的方法就是开辟新的外需市场。部分在我国被视为应该被淘汰的产业，却是绝大部分"一带一路"沿线发展中国家获得自主发展与构建工业产能所急需的①。即使像沙特这样的海湾石油富国，由于面临着美国等发达国家经济衰退周期延长而导致的油价下跌的

---

① 叶卫平：《"一带一路"建设与我国经济安全》，《中国特色社会主义研究》2015年第5期。

危机，也急需转型发展，实现产业结构多样化。"一带一路"倡议的实施给西部弱生态地区的经济发展提供了良好的机遇。"一带一路"倡议提出的丝绸之路经济带，所连接的 10 个省（区、市）均属于西部地区，由此形成了不可替代的、有利于发挥西部弱生态地区区位优势的空间格局。向西和向南开放窗口，深化与中亚、东南亚等国家交流合作，打造丝绸之路经济带核心区域，都是"一带一路"倡议的题中之意。因此，西部弱生态地区可以有效地利用"一带一路"沿线各地区比较优势，在政策沟通、贸易畅通、资金融通、设施联通等内容上加强合作，推动区域互动合作和产业集群发展，打造西部弱生态地区经济发展新的战略支点。

依托"一带一路"倡议，西部弱生态地区可统筹利用国际国内两个市场和两种资源，形成横贯东中西、连接南北方的对外经济走廊，进一步为西部弱生态地区的产业承接升级和进一步融入全球价值链创造前提条件。应该利用比较优势，提升西部弱生态地区在全球价值链体系中的产业分工等级与市场地位。

（一）提高生产要素的高级化水平，实现比较优势的动态演化

西部弱生态地区在承接东部地区产业转移的基础上要融入全球价值链，但并不能只锁定低端生产从而处于价值链末端。西部弱生态地区要在全球价值链中实现核心与创新两大战略部署下的竞争优势，既要进行人才培养以提升核心竞争力，又对新产品进行研发和对新市场进行开拓以实现创新。另外，以企产学研合作为方式进行技术创新和新产品研发，还需注重科技等基础领域的研发投入，为西部弱生态地区产业发展的后续力量提供支持，为对经济发展具有决定性作用的高新技术产业的发展提供科技支持。在比较优势演化路径上实现线性与非线性升级的多样化选择，既要保持传统的比较优势线性升级，如传统制造业"低技术生产—高质量生产—品牌生产"的线性升级之路，也要利用比较优势实现动态非线性升级，如直接引进或自主研发一个前所未有的产业领域，跨越产业升级的层次，直接进入产业的高级化阶段，实现跨越式发展，提升企业在国际市场的竞争地位。

（二）构建现代化的交通物流新枢纽，为加入全球价值链提供基础设施

基础设施互联互通是"一带一路"建设的优先发展领域，基础设施互联互通也是全球化深化发展的内在要求。全球经济及供应链体系的调整，不仅需要加强区域经济合作，也将带动交通运输网络和物流服务体系的布局调整。"一带一路"倡议赋予了西部以及西部弱生态地区新的、具有独特区位价值和比较优势的发展路径，应该推进西部弱生态地区铁路、公路、航空、城市轨道交通、油气管道等多元化的运输手段统筹发展，逐步形成与沿线国家和地区相融合的基础设施网络，构建全方位、多层次、立体化的国际骨干通道网络[1]。西部弱生态地区在承接产业转型升级发展的基础上，应积极构建现代化的交通物流体系，在更好地发挥现有基础设施作用的同时促进西部弱生态地区更好地融入全球化发展的格局。

（三）推进产业模块化，构建创新体系，实现国际国内价值链上的应有地位

促进西部弱生态地区产业模块化，使跨国企业敢于将需要高效加工组装的价值链环节转移到西部弱生态区域，通过研发外包以及技术市场的合作与分工实现内外产业之间的互动与分享。与此同时转移全球价值链中附加值高的研发设计、采购、营销、服务等环节，进一步使经济资源外部化，通过产业模块化带动西部弱生态地区产业升级创新体系的形成，以创新体系的形成促进产业模块化的高级化，提升西部弱生态地区产业发展的竞争力，深化产业结构的分工层次。从创新体系的功能角度看，可以将创新体系分为部门、区域、国家和全球 4 种类型的创新体系[2]。通过加入全球价值链的深度分工体系，西部弱生态地区应有机融合 4 种创新体系，并加快融入全球化创新体系的步伐，最终形成区域的自主创新体系。

---

① 万华：《"一带一路"战略下的西部机遇》，《中国市场》2015 年第 25 期。
② 刘琼、廖洁：《区域创新政策体系研究》，《商场现代化》2005 年第 27 期。

（四）实施产业集群战略，推动价值链的转换与增值

全球价值链包含所有参与者及生产销售等活动的组织及其价值、利润的分配，因动力来源不同，全球价值链各环节对产业升级的影响不同，这种差异性决定了处于价值链不同环节的企业需要采取不同的手段。对于生产者，驱动价值链升级的重点在生产领域，而对于购买者，驱动价值链升级的重点则在流通领域①。西部弱生态地区由于产业路径选择偏差，装备制造和高新技术等产业的比较优势有所下降，西部地区参与全球价值链的途径与路线需要科学甄别和合理判断。初期可先通过向产业链条中的发达经济体学习，得到知识与技术的先行发展，减少与发达经济体的直接对抗，以顺利加入全球价值链。一方面，西部弱生态地区应选择与国际著名企业进行合作，形成良好的市场集聚效应，最终实现由边缘嵌入核心的发展目标。另一方面，西部弱生态地区发展产业集群，要向全球发达经济集群看齐，实现双边合作交流，加强互动与联系，利用扩散效应和积累效应，获取全球价值链对西部地区产业技术传播扩散及衍生积累效应，促进西部弱生态地区产业集群在全国产业价值链上居于高位，并基于持续升级的提升而保持竞争优势。

---

① Gary Gereffi, "International Trade and Industrial Upgrading in the Apparel Commodity Chain," *Journal of International Economics*, 1999, 48（1）：37-70.

第六章

经济带建设与西部弱生态地区产业响应机制构建

一 长江经济带、珠江—西江经济带概述

本章主要分析两个经济带涉及的相关地区，着重介绍其产业发展的基本状况。为便于书写，长江经济带、珠江—西江经济带在本书中简写为"两带"。

(一) 长江经济带概述

长江经济带覆盖上海、江苏、浙江、安徽、江西、湖北、湖南、重庆、四川、云南、贵州等省市，面积约 205.23 万平方公里，占全国总面积的 21.4%，其人口和生产总值占比均超过全国总人口和生产总值的 40%。长江经济带横跨中国东中西三大区域，是中央重点实施的"三大战略"地区之一，是具有全球影响力的内河经济带、东中西互动合作的协调发展带、沿海沿江沿边全面推进的对内对外开放带，也是生态文明建设的先行示范带。推动长江经济带发展，是以习近平同志为核心的党中央作出的重大决策，是关系国家发展全局的重大战略，对实现"两个一百年"奋斗目标、实现中华民族伟大复兴的中国梦具有重要意义。

改革开放以后，国家开始重视工业的发展。在工业优先发展战略的引导下，工业部门加速发展，加速了整体的工业化进程，第二产业迅速发展，导致第二产业占比增加；与此同时，农业发展减缓，第一产业比重持

续下降并稳定在一定水平；虽然在改革开放后期第三产业兴起，但由于工业化发展时间太长，在滞后效应的作用下，服务业短时间内还难以取代工业的主导地位。2010~2017 年长江经济带三次产业的产值如表 6-1 所示。

表 6-1　2010~2017 年长江经济带三次产业的产值

单位：亿元

年份	第一产业	第二产业	第三产业	地区总产值
2010	9673.29	68100.43	50140.88	127914.60
2011	10076.05	77702.89	55588.70	143367.64
2012	10536.08	88610.57	61466.85	158613.51
2013	10912.16	95319.49	67884.67	174116.32
2014	11363.89	103649.83	74350.33	189364.05
2015	11800.52	111408.39	82087.12	205296.04
2016	12192.79	119233.45	90275.03	221701.27
2017	12624.23	127941.44	98585.75	239181.42

资料来源：《长江经济带发展统计年鉴》。

长江经济带有其独特的地域分布特点，中上游地区物资富裕，但资金和生产技术匮乏，而下游地区则刚好相反，这些和长江经济带产业分布不均匀有着直接的关系。目前长江流域已形成重化工产业、机电工业产业和高新技术产业三足鼎立的局势。其中钢铁和石油产业是重化工产业的重要组成部分，都集聚在长江沿线，对地区的生态环境造成极大破坏。机电工业产业目前在汽车领域取得了世界领先地位。高新技术产业在中下游地域保持高昂的发展态势。这些产业都积极推进了地区的正向发展。

长江经济带的工业企业已初具规模，武汉和重庆的汽车城世界闻名。长江经济带各地区的钢铁生产总量占全国比重较大。上海地区凭借其地理优势，在科学技术和资金的支持下，不断创新各种新技术，不断发明并应用新材料，高新技术产业带格局已初步形成。江苏省则将重心放到化工和基础制造技术上，同时在重金属产业和物流领域也小有成就。浙江省在因地制宜地大力发展旅游业等新兴产业的同时，对重工业领域的投入也在不断加大。沿江地区主要朝着绿色清洁产业方向发展，因地制宜地发展适合地方特色的产业，包括微电子产业、空调家电、汽车制造、大型机床装备和服装产业等。

（二）珠江—西江经济带概述

珠江—西江流域上接云贵、纵贯两广、下通港澳，历来是连接西南和华南的"黄金水道"。珠江—西江经济带发展规划覆盖广东省的广州、佛山、肇庆、云浮 4 市和广西的南宁、柳州、梧州、贵港、百色、来宾、崇左 7 市，区域面积 16.5 万平方公里，2013 年末常住人口 5228 万人。同时，根据流域特点，将广西桂林、玉林、贺州、河池等市以及西江上游的贵州黔东南、黔南、黔西南、安顺，云南文山、曲靖的沿江部分地区也作为规划延伸区。华南区域协调发展迎来难得的契机，南方对外开放发展再添战略新支点。南宁乃至全广西都可以整合广东的优势资源，借力发展，成为真正的区域经济核心。2019 年 2 月，中共中央、国务院印发《粤港澳大湾区发展规划纲要》，明确提出要"构建以粤港澳大湾区为龙头，以珠江—西江经济带为腹地，带动中南、西南地区发展，辐射东南亚、南亚的重要经济支撑带"。

珠江—西江经济带的一头连着发达省份——广东，另一头则连着欠发达省份——广西。近年来，广西紧密联系广东及沿江各市，积极推进重点合作事项落实，推动在体制机制、基础设施、产业发展、平台建设、生态环境保护等方面取得积极成效，为推动珠江—西江经济带高质量发展奠定了坚实基础。如今，在铁路和公路建设方面，规划连接两广的"十铁"已建成"四铁"，"十八高"已建成"六高"，并且随着贵港航运枢纽二线、西津水利枢纽二线、红花水利枢纽二线等船闸工程，以及西江界首—肇庆段 3000 吨级航道整治、西伶通道内河航道工程的加快建设，两省区基础设施互联互通能力显著增强。与此同时，粤桂合作特别试验区、粤桂（贵港）热电循环经济产业园、广西东融产业园、深圳巴马大健康合作特别试验区等重点合作平台加快建设，沿江产业带加快形成，特别是在生态环境治理方面成效显著，实现"一江清水向东流"，为两省区发展筑牢了生态屏障。

珠江—西江经济带 11 市产业变迁历经多个阶段，在改革开放前，珠江—西江经济带整体处于计划经济时代，主要实行以封闭式农业经济为主的发展模式，第一产业基本是延续传统的农耕模式，机械化未有明显发展；第二产业则基本是以高能耗的重工业为主，而且技术创新不够且缺少市场竞争，导致产品科技含量低、更新换代速度较慢，产业整体价值低；同样，服务业也只是在体制内按计划实施，基本以满足民众基本生活需求为主，三次产业结构不能适应国民经济长期发展目标。改革开放后，珠江—西江经济带沿线城市积极发展市场经济，市场经济的有序发展使三次产业发展规模逐渐增大，2015 年珠江—西江经济带整体产业结构已由 10 年前的"二三一"转变为"三二一"，第三产业即现代服务业的发展对整体经济增长起到主要推动作用，该比重有不断上升的趋势。第一产业占比逐渐降低，第二、第三产业逐渐成为主导产业。2010~2017 年珠江—西江经济带三次产业的产值如表 6-2 所示。

表 6-2　2010~2017 年珠江—西江经济带三次产业的产值

单位：亿元

年份	第一产业	第二产业	第三产业	总产值
2010	859.82	2737.76	2014.52	5611.10
2011	1067.24	3356.56	2382.82	6806.61
2012	1130.95	3773.94	2730.70	7635.59
2013	1218.24	4244.34	2988.81	8451.39
2014	1233.24	4531.33	3578.44	9343.02
2015	1295.86	4622.06	3955.44	9873.72
2016	1395.22	4986.48	4402.60	10784.30
2017	1454.18	5775.76	4997.89	12227.83

资料来源：2010~2018 年《广西统计年鉴》。

二　经济带产业发展的协同性

（一）产业协同理论

产业协同理论源于协同学理论。德国物理学家赫尔曼·哈肯和学生在 20 世纪 70 年代初发表的文章《协同学：一门协作的科学》中首次提出"协同"这一概念。他们认为协同是在一个开放系统内部存在若干子系统，若各子系统间呈现一种混沌状态，则表明系统内部各子系统要素间的相互耦合作用不密切；若各子系统间呈现一种良好有序状态，则表明该系统充分发挥了协同作用。协同论认为，千差万别的系统，尽管属性不同，但在整个环境中，各个系统间存在相互影响而又相互合作的关系。其中也包括通常的社会现象，如不同单位间的相互配合与协作，部门间关系的协调，企业间相互竞争的作用以及系统中的相互干扰和制约等。

（二）经济带产业发展的协同性

经济带产业协同发展是一个各地区产业在不同层次上相互分工合作、协同共生，形成经济带内产业高效协同发展的联动过程。长江经济带和珠江—西江经济带都横贯东西，连接沿海与广袤的内陆。形成东西部相互支撑、产业互动的格局，有助于让东部与西部的产业要素有序转移衔接、优化升级，推动新型城镇化集聚发展。如果两大经济区能够通畅地进行交流合作，各经济区的功能定位将形成密切的内在联系，协同共进。

一是商贸流通领域互补。商贸流通在产品供应链中至关重要，直接关系到产品价值实现程度。表面看，随着信息技术和互联网的普及、电子商务的兴起，商贸流通的中间环节大幅缩减，作用强度有弱化趋势，但实质上，在新型商务业态下，商贸流通正在以升级的方式对经济运行发挥更强劲的作用。例如，不受时空限制的电子商务能够以极低的运营成本拓展市场空间，激发消费者个性化、多样化的潜在需求，迅速对接诸多商品的供求信息，加速淘汰难以适应市场变化的产品的进程，这样的经济成果是现代技术应用于实践的结果。商贸流通是串联供应链各个环节的纽带，很多供应链是跨区域的，如长江经济带和珠江—西江经济带能够在产业政策、发展规划、项目支持等方面进行事先沟通，则可以大幅削减原材料生产、零部件加工、中间产品处理等环节的流通成本，否则会中断供应链。在实践中，为确保地方经济增长，以行政区划为界，很多地区存在设置地方壁垒的情况。因此，在微观层面，两个经济带要积极推进各经济区内部商贸流通领域的互联互通；在宏观层面，应着力建立强化经济区之间商贸流通活动的交流对话机制，尽力消除地方壁垒和各种障碍，对于不能消除的地方壁垒，各经济区应通过有效方式告知相关经济主体。

二是资源技术领域互补。借助高端科技人才资源集聚的便利，依托深厚的产业发展根基，长江经济带在应用技术和人才方面优势明显。依靠区位条件，珠江—西江经济带在珠江三角洲地区，是西南地区重要的出海大通道,在全国区域协调发展和面向东盟的开放合作中具有重要战略地位,且资源相对比较丰富,包括有色金属、农副产品、热带水果、生物资源、医药资源等。两个经济带应在资源技术领域互联互通,一方面,在制造业领域,长江经济带可利用其技术和人才优势为珠江—西江经济带制造业提供突破自身技术约束的便利,以第三方视角为珠江—西江经济带提供使现有产业对接国际市场的应用技术,使其将有限的生产要素更好地用于新技术应用;另一方面,珠江—西江经济带丰裕的资源能源可以在当期有效缓解长江经济带源于要素价格上升的成本压力,为后者产业结构升级赢得时间。两个经济带在资源技术领域具有极强的互补性,互联互通不仅可以使各经济区的相对比较优势得以高效利用并获得丰厚收益,而且在多种优势资源的支撑下也会提升产业抗风险能力。

三是东西部产业互补。长江经济带和珠江—西江经济带都横贯东西,连接沿海与广袤的内陆,有利于形成东西部相互支撑、产业互动的格局。两个经济带都可以发达地区带动欠发达地区,加快产业转移和结构升级,开创更高层次的合作方案,通过东部地区的技术、资金、人才优势,带动西部地区的经济发展和产业升级。首先,要加强两个经济带之间的合作,尤其是发挥珠三角、长三角地区的资金和人才优势,发挥西部地区资源、人力成本低廉以及生态环境容量大的优势,加强资源的综合开发利用。其次,西部地区要积极地承接下游的产业转移,尤其是加工贸易型产业的转移,建立加工贸易产业基地。最后,要有具体的"抓手"。如今经济带上下游正在共建的产业园区形式非常可取,能够更好地发挥各自比较优势,有利于加强合作。通过园区的合作共建,实现互利共赢的目标,带动整个地区特别是两个经济带上游地区的发展。经济带总体将起到加强东西合作、以东带西的作用。同时推进流域整体的一体化,有利于缩短区域内各地经济发展水平的差距。

三 经济带建设下西部弱生态地区的产业功能定位

基于两个经济带建设的实践视角,识别西部弱生态地区在其中的功能定位。西部弱生态地区若大规模地发展工业则面临着环境成本太大、产品成本太高的挑战，走协同发展之路是一种有效的必然选择。西部弱生态地区的主要功能应定位在生态功能上，坚持生态优先、绿色发展，保护好自然环境，走生态可持续发展之路。长江经济带和珠江—西江经济带的上游都处于我国西部地区，由于西部地区山多坡陡，存在植被破坏与退化、生物多样性受到威胁、水土流失严重、地质结构不稳、多震多雨、洪水频发造成次生灾害严重等生态问题。经济带建设下的西部弱生态地区，生态环境复杂，经济发展滞后，推进两带上游地区生态产业发展，是实现区域绿色发展、推动两个经济带高质量发展的关键环节，西部地区绿色发展是两个经济带高质量发展的重要保障。大力发展生态产业是实现绿色发展的有效途径，产业集聚是我国推动地区经济发展的重要模式。

（一）绿色生态产业发展

西部弱生态地区的产业发展可通过生态产业化和产业生态化方式进行，调整优化产业结构和发展方式，彰显地区绿色生态特色，筑牢长江、珠江上游生态安全屏障。绿色生态产业发展，包括生态农业、生态工业和生态服务业，利用本地区丰富的水资源、清洁能源、林草资源等再生资源，发展第一、二、三产业，生产市场所需的生态产品，在这方面，西部弱生态地区具有资源优势和巨大的生产潜力。

发展绿色生态产业，一要推进生态特色农林业发展。本地区人口多、可耕地少，除少数平坝、丘陵地区可以适度发展规模化农业外，很多山区属于生态功能限禁区，不宜搞规模化农业，只能走"小而精"的生态特色农业发展之路，或者进行特殊生态功能保护。二要积极发展生态工业。严格按照主体功能定位，确定本地区工业发展方向和开发强度，构建特色突出、错位发展、互补互进的工业发展新格局，实施产业发展市场准入正负面清单制度。规范工业集聚集约发展，强化生态环境约束，建立跨区产业转移协调机制，实现本地区与中下游区域良性互动。三要加快生态服务业发展进程。立足本地区丰富的自然人文资源，打造生态特色的休闲、康养、旅游产业。

（二）促进传统产业生态化发展

西部地区面对资源约束、环境污染、生态系统退化的严峻形势，必须将生态文明建设融入工业发展战略之中，积极推进西部地区传统产业生态化。西部地区传统产业迫切需要生态化发展，西部地区传统产业生态化发展是西部地区传统产业可持续发展的必由之路。

一要以构建生态产业体系为目标，倒逼两个经济带上游地区产业转型升级。传统产业大多数属于资金密集型、技术密集型和劳动密集型产业。传统产业之间关联度较大，往往一个产业的发展会涉及许多行业和工业部门，对上下游产业的发展都有一定拉动作用。西部地区传统产业的生态化发展战略可从产业集群发展战略、产业一体化发展战略、大企业集团战略等方面着手，以环境容量和资源承载力为发展，以环境容量优化流域空间布局，以环境管理优化流域产业结构，以环境成本优化流域增长方式，以环境标准推动流域产业升级，推进流域发展方式绿色转型，形成本地区生态经济体系。二要以传统产业提质改造和生态产业培育为基本思路，加速将本地区生态优势转变为经济优势。兼顾扩大总量与提质增效，强调生态产业总量扩大与品质效益提升并重，将生态产业规模扩张和生态品质提升相结合，实现高质量发展。实施途径可以是对传统产业的生态化改造，对新兴产业的生态化培育，对生态资源的产业化增值。

发展绿色生态产业，倒逼产业转型升级，对接中东部产业转移，带动两经济带地区生态产业体系建设的整体推进，形成两经济带地区生态保护与产业发展的协同，一、二、三产业绿色发展的协同，城乡区域一体化发展的协同，最终实现经济带地区的高质量发展。

传统三大经济带（东中西）的区分，是非均衡战略下的既定事实。要重构国家内部政治经济地缘格局，就需要实施区域均衡发展战略。伴随"海向"发展的深化与"陆向"战略转型，可以预判两个经济带建设将重构西部弱生态地区的发展空间。因此，产业响应机制的构建必须建立"海—河—陆地"的密切联系，形成互动发展的利益机制、命运共同体机制。产业响应机制构建的灵魂在于分工协作，在社会主义市场经济体制下，为促进东中西三大地区的协调发展，固然需要中央政府的大力支持，也需要三大地区之间一定的无偿对口支援，但是最根本的还是要依靠基于市场经济下平等互惠原则的分工协作。在分工协作中，每个地区都要扬长避短，发挥优势，以实现共赢。

一要建设综合立体交通走廊。积极发挥长江黄金水道、珠江黄金水道这两个交通大动脉的辐射和带动作用,促进中西部地区广阔腹地发展。建设重点:加强航道疏浚治理,增强长江、珠江运能,促进上海、武汉、重庆三大航运中心健康发展;带动中南、西南地区发展,辐射带动东南亚、南亚地区发展;以沿江重要港口为节点和枢纽,统筹推进水路、铁路、公路、航空、油气管网集疏运体系建设;依托交通设施,布局建设一批临港经济区、临空经济区和飞地产业园,促进产业集聚发展。

二要建设产业集聚走廊。实施主体功能区制度,严格按照主体功能区定位推动沿江地区转型发展。建设重点:加快生态文明制度建设,基于资源环境承载力,加快沿江产业转型升级,优化产业布局;推进长三角地区、长江中游城市群和成渝经济区三大"板块"的产业联动发展,促进产业有序转移衔接、优化升级;推进泛珠三角经济圈、泛北部湾经济圈、大西南经济圈和珠江—西江经济带、粤桂黔高铁经济带的联动发展,依托沿江国家级开发区、省级开发区,促进先进制造业、战略性新兴产业、现代服务业集聚发展。

三要建设新型城镇集聚走廊、生态城市带。依托长三角城市群、长江中游城市群、成渝城市群三大城市群建设珠江—西江经济带将以"一轴、两核、四组团"的建设思路,推动珠三角、北部湾经济区、黔中经济区和滇中经济区发展,建立协调联动的空间格局、协同推进重大基础设施建设、共建生态廊道、促进产业协调发展、推进公共服务一体化、推进两个经济带城镇发展,提升城镇生态质量。

四要构建沿海—沿江—沿边全方位开放新格局。实施东西双向开放战略,将两个经济带建设成横贯东中西、连接南北方的对外经济走廊,促进东部沿海地区深度开放,促进长江上中下游联动开放发展、沿海—沿江—沿边协同开放发展,促进中国和巴基斯坦、印度、缅甸等周边国家合作发展,促进长江经济带—丝绸之路经济带联动发展,促进粤港澳大湾区发展,促进与南亚和东南亚等周边国家的合作发展。

五要建设生态走廊。将生态安全置于突出位置,处理好发展和保护二者的关系,避免产业转移带来污染转移;加强生态系统修复和综合治理,做好重点区域水土流失治理和保护;在全流域建立严格的水资源和水生态环境保护制度，控制污染排放总量，促进水质稳步改善。

　　六要构建经济带协同发展体制机制。在制度安排上，成立国家层面的经济带协调发展委员会，统筹经济带建设；深化改革开放，打破行政区划壁垒，建设统一开放和竞争有序的全流域现代市场体系；建立健全区域间互动合作机制，完善流域大通关体制，更好发挥市场对要素优化配置的决定性作用。

西部弱生态地区云南省怒江州主动融入"一带一路"倡议的产业响应机制及转型升级路径调研报告

一　西部弱生态地区怒江州的基本情况

怒江州地处祖国西南边陲，西邻缅甸，北靠西藏，下辖 4 个县（市），是全国唯一的集边疆、民族、山区、贫困于一体的傈僳族自治州，总人口 54 万人，其中少数民族人口占 93.76%，98% 以上土地是高山峡谷，垦殖系数不足 5%，是西部弱生态地区的典型代表。山高坡陡、沟壑纵横。

怒江州是"三江并流"世界自然遗产腹地，是高黎贡山国家级自然保护区和云岭自然保护区的重要组成部分，保护区面积占州总面积的 27.2%，怒江州每年提供森林生态系统服务功能价值达 1123.58 亿元，总体生态环境指数位列云南省首位，是我国西南生态安全屏障的重要组成部分。

怒江州必须牢固树立"绿水青山就是金山银山"的理念，须主动融入"一带一路"倡议，构建产业响应机制，积极寻找转型升级路径。

二　西部弱生态地区怒江州主动融入"一带一路"倡议的产业响应机制及转型升级的重要意义

（一）主动融入"一带一路"倡议，构建产业响应机制，积极寻找转型升级路径是贯彻落实习近平总书记对云南发展新定位的必然要求

习近平总书记在云南考察时强调云南要争当生态文明建设排头兵。怒

江州森林覆盖率高达 75.31%，森林蓄积量占云南省的 10%，是景观类型、生态系统类型和生物物种最丰富的地区之一，也是世界上十分重要的"物种基因库"和"模式标本采集地"，争当云南省生态文明建设排头兵优势明显。同时，怒江州可耕地少，土地肥力低、易侵蚀，生态环境十分脆弱，人地矛盾极为突出。只有把生态文明建设放在更加突出的战略位置，牢固树立绿色发展的理念，把绿水青山变成金山银山，主动融入"一带一路"倡议，构建产业响应机制，积极寻找转型升级路径，才能实现人与自然和谐共生。

（二）主动融入"一带一路"倡议，构建产业响应机制，积极寻找转型升级路径是筑牢国家西南生态安全屏障的现实要求

怒江州与缅甸联邦接壤，国境线长 450 公里，是中国面向印度洋开放、"一带一路"建设的重要前沿。境内从西到东有担当力卡山、高黎贡山、碧罗雪山、云岭和独龙江、怒江、澜沧江相间排列，形成北高南低、西向东倾"四山夹三江"的高山峡谷独特地貌，是祖国西南地区重要的生态安全屏障。只有主动融入"一带一路"倡议，构建产业响应机制，积极寻找转型升级路径，才有利于保护生态环境，有利于各族群众如期脱贫致富奔小康，有利于增强边境贫困地区干部群众稳边固边的责任感和自豪感，巩固好民族团结、边疆稳定的局面。

（三）主动融入"一带一路"倡议，构建产业响应机制，积极寻找转型升级路径是怒江州脱贫摘帽同步小康的根本出路

怒江州是云南省脱贫攻坚工作的"主战场""上甘岭"。全州有 62% 的人口从原始社会直接过渡到社会主义社会，是典型的"直过区"。过去，傈僳族、怒族、普米族整体处于贫困状态，白族支系"拉玛人""勒墨人"，景颇族支系"茶山人"处于深度贫困状态。脱贫攻坚时间紧、任务重。非常之时、非常之事，必须采取非常之举。主动融入"一带一路"倡议，构建产业响应机制，积极寻找转型升级路径，加大退耕还林还草、生态补偿力度，大力发展林下产业，把粮农就地转化为林农，让各族群众通过参与生态保护和生态治理实现稳定脱贫，闯出一条生态脱贫新路子，是

怒江州实现脱贫摘帽、同步小康的根本出路。

三 西部弱生态地区主动融入"一带一路"倡议，构建产业响应机制，积极寻找转型升级存在的问题

（一）自然条件特殊

怒江州地处"世界屋脊"青藏高原南延部，滇西北横断山脉纵谷地带，海拔4000米以上的山峰多达40余座，整个地势由巍峨高耸的山脉与深邃湍急的江河构成，是典型的横断山与江河深切的高山峡谷，有"对面闻音见人，走拢要用半天"之说。"看天一条缝、看地一条沟、出门靠溜索、种地像攀岩"是怒江地理地貌的真实写照，可耕地面积少，坡度在25°以上的土地占总土地面积的76.6%，土地承载力低，人民群众的生存条件十分艰苦。

（二）生态保护任务重

怒江州所辖4个县（市）均属于森林生态及生物多样性生态功能区，60.86%的面积被纳入国有林、公益林、保护区，作为我国"三江并流"世界自然遗产地、高黎贡山国家级保护区、云岭自然保护区的重要组成部分，管护任务重。森林覆盖率高，境外林火威胁突出，火源管控难度大。农村薪柴消耗量大，毁林开荒、广种薄收的生产方式造成植被退化、水土流失，人类活动对自然环境的破坏比较严重。山高坡陡，雨水较多，泥石流、滑坡、崩塌等自然灾害频繁，严重威胁人民群众的生命财产安全，生态保护和生态修复刻不容缓。

（三）贫困面广程度深

全州2018年计划脱贫人口3.4万人，计划退出贫困村62个（兰坪县26个村、泸水市15个村、福贡县11个村、贡山县10个村）。全州2018年62个计划退出贫困村涉及户籍人口3.06万户10.71万人，其中涉及建档立卡贫困家庭0.57万户2.02万人。

（四）劳动力素质偏低

怒江州少数民族多，地理环境闭塞，教育事业滞后，劳动者人均受教育年限仅为 7.6 年，大多数劳动力学历水平仅为小学或初中，各类人才仅占总人口的 7%，还有 40% 以上的群众不识汉字，不会讲普通话。怒江州是云南省至今唯一没有高等院校的地州，大多数青壮年劳动力缺乏劳动技能，只能从事较为简单的体力劳动，自我脱贫的内生动力严重不足。文化素质低和贫困成了一对孪生兄弟，严重制约怒江州社会经济发展。

（五）固边维稳压力大

怒江州西面与长期不太安宁的缅北克钦邦相邻，有 3 个边境县（市），州内国境线长度占中缅边境线的 22.51%。边境通道多，毒品通道北移，边民大量回流，控边维稳压力大。多民族杂居、多宗教并存，信教人口占总人口的 23.5%，各种极端宗教势力试图在怒江打开突破口，境外有 10 余家电台用傈僳、独龙、怒、藏等民族语言对境内广播，是我国反渗透的前沿阵地，维护国家安全任务重。怒江州与西藏察隅县和云南迪庆等地区相连，有 2 个藏族聚居县，加强民族团结、促进社会和谐、固边稳边责任重大。

四 西部弱生态地区怒江州主动融入"一带一路"倡议，产业转型升级的路径

怒江州山好、水好、空气好，具有发展高品质、无污染、纯天然产业的巨大潜力。要把产业发展和生态建设有机地结合起来，发展产业不以破坏生态为代价，大力发展林木、林果、林药、林畜、林苗、林菌、林菜和林旅等"八林"经济，培育高品质、无污染、高附加值、适应现代市场需求的产品。

（一）大力发展种养业

1. 养殖业

开发利用怒江地方种质资源，大力发展独龙牛、兰坪乌骨绵羊、高黎

贡山猪、兰坪绒毛鸡和贡山独龙鸡等已列入《国家畜禽遗传资源品种保护名录》的地方优良品种。一是养羊,依托农民专业合作社、龙头企业、致富带头人等组织或个人,发展黑山羊40万只、绵羊10万只(其中乌骨绵羊4万只)。二是养鸡,加大对绒毛鸡、独龙鸡、乌骨鸡等地方名优良品种资源的选育,扩大繁育规模,提高种群品质。依托土鸡养殖场,采取"养殖场+贫困农户"的模式,发展土鸡养殖250万羽,投放鸡苗50万羽。三是养牛,保护和发展独龙牛等怒江特种畜禽资源,在现有0.4万头的基础上,保种扩繁至0.6万头,建设1个独龙牛扩繁基地。四是养猪,依托养殖场、龙头企业发展高黎贡山猪20万头,投放2万头,加强基础设施建设、动物防疫,打造地方特色品牌。五是养中华蜜蜂,依托怒江特有的山林资源优势,发展中蜂养殖10万箱。

2. 种植业

一是中药材种植,深化林权制度改革,引导和鼓励贫困农户的林地向种植大户、龙头企业流转,大力发展重楼、云黄连、云木香、秦艽、续断、杜仲、附子等中药材10万亩。二是食用菌种植,依托怒江特有的地理、气候条件,采取"公司+基地+农户"的模式,发展羊肚菌、鸡枞菌和木耳等食用菌,种植2万亩。三是茶叶种植,依托老姆登茶、赤洒底茶、瓦姑茶等现有品牌,发展标准化茶园5万亩。四是构树种植,结合国家退耕还林还草政策,推广构树扶贫模式,种植构树10万亩。

(二) 抓好生态产品加工业和生态服务业

一是新建食品、饮品、药品、保健品、肉制品、果蔬加工企业40家。二是创办电子商务孵化园,实现电子商务平台行政村全覆盖,通过电商平台销售农特产品,把农户手中农特产品转换为现金收入。依托昆交会、农博会、南博会等展销平台加大怒江生态产品营销,加强怒江特色生物资源地理标志和产品商标的认定,培养一批叫得响的怒江名牌产品。

(三) 努力推进生态乡村旅游业

结合"怒江花谷"建设,打造丙中洛、上江、独龙江,推动布拉底、罗古箐、金顶等6个特色小镇,建设10个生态旅游示范村,培育200个民俗客栈、250 个乡村旅游示范户、150 个特色旅游商品生产户，引导和带动建档立卡贫困群众参与旅游经营服务，开发农特产品、餐饮食品、民族手工艺品，直接或间接带动建档立卡贫困户 400 户 1500 人就业，户均年增收入 2 万元。

五　西部弱生态地区怒江州主动融入"一带一路"倡议，构建产业响应机制

（一）构建生态产业投入机制

争取加大国家的政策倾斜和资金支持，建立中央和省级财政转移支付逐年增长机制。综合考虑不同区域生态功能和生态保护价值，多渠道筹措资金，拓宽生态产业建设市场化、社会化运作渠道，积极推进政府和社会资本（PPP）合作，鼓励社会资金参与生态产业建设。完善资金整合和激励约束机制，完善以生态资源开发带动生态产业发展的机制。

（二）构建生态补偿脱贫机制

争取国家支持，在怒江流域中部、澜沧江沿岸、独龙江流域贫困人口集聚区开展生态综合补偿试点，扩大生态补偿范围，提高生态补偿标准。探索碳汇交易、绿色产品标识等市场化补偿方式。争取加大中央、省级财政对怒江州生态功能区生态保护和恢复的资金投入，协调新一轮退耕还林（草）项目向怒江州适当倾斜，提高退耕还林（草）补助标准。设立生态公益岗位，增加国家公园、自然保护区管护岗位，优先安排有劳动能力的建档立卡贫困人口从事森林、草原、湿地、防火等生态管护工作。增加怒江州护林员指标，争取实现每个贫困户都有一名护林员。

（三）构建生态产业脱贫机制

立足怒江州生态资源禀赋，发展特色种植业、山地养殖业、优势林产业，因地制宜大力推进木本油料、特色经作、林下经济发展。加快实施生态农业品牌战略，依托生态优势加快发展无公害农产品、绿色食品、有机农产品和地理标志农产品。争取每个贫困县（市）建成一批脱贫带动能力强的特色产业，每个贫困村形成 1 个特色拳头产品，带动贫困人口脱贫致

富。着力建立健全产业到户到人的精准扶持机制，以市场为导向，培育壮大农民专业合作社、龙头企业、种养大户、家庭农（林）场、股份制农（林）场等新型经营主体，通过土地托管、土地流转、订单农业等方式使贫困户从中直接受益。强化新型职业农民培育，对农村贫困家庭劳动力进行农林技术培训，争取每个贫困户中至少有1名劳动力掌握1~2项产业发展实用技术，提升自我脱贫能力。

（四）构建生态移民脱贫机制

怒江州贫困人口主要居住在生态脆弱、交通闭塞、生存条件恶劣的高寒山区，就地扶贫难度大、成本高、效果差，人的发展与生态环境矛盾突出，生态问题与贫困问题恶性叠加循环。从根本上解决贫困群众脱贫问题，必须探索生态移民脱贫新机制。按照"搬出大山天地宽、搬出大山有希望、搬出大山能脱贫"的扶贫方向，把居住在不具备发展条件的群众通过集中安置、分散安置、集镇安置等模式，搬迁至交通便捷、发展条件较好的地方，使其获得更好的脱贫机会。同步保障搬迁群众的生计，落实社会保障政策，做好后续跟踪服务，及时解决搬迁农户的困难。鼓励支持耕地和林地转流，引导农户采取承包、转租、入股等形式流转耕地、林地，让搬迁贫困群众获得稳定的土地收益。开展职业技能培训，争取每个贫困户有一名掌握劳动技能的劳动力，并将其优先组织到企业务工，使其获得稳定的劳务收入。扶持搬迁贫困农户从事农家餐饮、旅游服务、特色产品经营等工作，确保搬得出、稳得住、能致富。

（五）构建生态旅游脱贫机制

以发展条件较好的乡村为重点，因地制宜发展乡村旅游，打造一批旅游特色小镇、旅游特色村，实施休闲农业和乡村旅游提升工程，扶持一批民俗客栈、农家乐、旅游商品生产户，吸纳贫困人口参与旅游服务，增加收入。发挥怒江民族文化优势，加强对民族文化的保护和传承，鼓励发展民族文化传承实体，开展传统文化展示表演与体验活动，支持贫困农户通过资产入股、劳务参与等增加收入，实现稳定脱贫。

（六）构建生态资产收益脱贫机制

按照"资产变股权、农户有股份、农民得权益"的思路，坚持因地制宜分类推进、公开公平自愿参与、量化折股合理分配、积极稳妥完善制度的原则，鼓励贫困户将已确权的土地承包经营权、林权等作价入股，推进农村集体资产资源使用权作价入股，与经营主体共同分享经营收益。建立健全企业增效、农户增收"双赢"收益分配机制，改变发猪、发鸡、发羊等简单的扶贫方式，把扶持贫困农户的帮扶资金注入农民合作经济组织、龙头企业，折价量化入股，鼓励农民合作经济组织、龙头企业、种养大户优先使用建档立卡贫困户中的劳动力，让贫困农户获得资产性收入和工资性收入。

西部弱生态地区广西主动融入
"一带一路"倡议的产业响应机制
与转型升级路径调研报告

摘　要：习近平总书记在 2013 年出访中亚和东南亚国家期间，先后提出共同建设丝绸之路经济带和 21 世纪海上丝绸之路的构想。2015 年国家发改委、外交部、商务部联合发布的文件对广西参与"一带一路"建设做出了目标定位。广西在国家"一带一路"愿景文件中的定位是发挥 21 世纪海上丝绸之路与丝绸之路经济带的桥头堡作用，促使自身在国家的战略地位进一步提升。2017 年"一带一路"高峰会议的召开更是为广西的发展带来了契机。在国家推进"一带一路"建设的新形势下，广西要主动融入"一带一路"倡议的产业响应机制与转型升级路径，既要把握机遇，又要化解挑战，努力开拓"一带一路"国家市场，为国家实施"一带一路"倡议贡献力量。最后以东兴市和凭祥市作为案例进一步分析广西在"一带一路"倡议中的响应机制。

关键词：广西；"一带一路"；机制路径

一　引言

东起长安（今西安）、西达罗马的古丝绸之路曾是维系中国与欧亚各国的重要贸易通道。最早提出"丝绸之路"这一名称的是德国地貌地质学家李希霍芬（Richthofen，1833~1905），他在其所著的《中国》中提出了这一概念。历史上，中国将丝绸、瓷器、茶叶、漆器、竹器、铜铁、火药、金银器等源源不断传入西域、中亚与欧洲；同时，西方的葡萄、胡桃、石榴、苜蓿、香料、药材、胡椒、宝石、玻璃、骏马、狮子等也大量传入中国。除了陆上丝路，还有海上丝路，即从中国东部和南部海港出发途径东南亚、西亚、非洲的海路，历史上著名的郑和下西洋就是在海上丝绸之路奏响的中华文明曲。无论是陆上丝路还是海上丝路，其存在的历史意义绝不仅仅在于贸易上的互通有无，更重要的是，在人类科技尚不发达的古代，海陆两条丝绸之路是东西方文化相互传播的世界桥梁。诞生于中国的四大发明（造纸术、印刷术、火药、指南针）为欧洲文明发展作出了贡献；印度的佛教、西方的基督教、中亚的伊斯兰教等也在中国落地开花。李白诗句"葡萄美酒夜光杯"描绘了盛唐时多文化交融的景象，欧洲贵族出于对中国瓷器的热爱而将中国称为"China"，非洲出土文物中中国物品的隆盛等，所有这些历史景象向我们展现出古丝绸之路在促进东西方文明交融以及在中华文明走向中亚、欧洲、非洲的过程中具有的非凡的历史意义。可以毫不夸张地说，欧亚大陆东西两端的文明交流、中国与非洲的历史交往、中国与印度、中国与东南亚、中国与中亚等地区文明之间的沟通传播，陆海两丝路贡献大焉！在一定意义上，丝绸之路促成了古代中国在世界的领先地位以及中华文明贡献世界文明的杰出成就。

习近平总书记 2013 年 9、10 月在出访中亚和东南亚国家期间，先后提出共同建设丝绸之路经济带和 21 世纪海上丝绸之路的构想，强调要加强政策沟通、道路联通、贸易畅通、货币流通、民心相通。2021 年 3 月李克强总理在《政府工作报告》中对"一带一路"建设作了部署，要求积极推动相关重要项目建设。推进"一带一路"建设，是党中央、国务院根据全球形势深刻变化，统筹国内国际两个大局作出的重大决策，对于构建开放型经济新体制、形成全方位对外开放新格局，对于全面建成小康社会、实现中华民族伟大复兴的中国梦，具有重大深远的意义。"一带一路"中，"一带"是从中国向太平洋和印度洋延展，"一路"是从中国向欧亚大陆腹地及西部延展，"一带"与"一路"对接，形同雄鹰展翅。

2015 年 3 月国家发改委、外交部、商务部联合发布的《推动共建丝绸之路经济带和 21 世纪海上丝绸之路的愿景与行动》中对广西参与"一带一路"建设做出了目标定位,广西在"一带一路"愿景文件中的定位是:发挥广西与东盟国家陆海相邻的独特优势,加快北部湾经济区和珠江—西江经济带开放发展,构建面向东盟区域开放的国际通道,打造西南、中南地区开放发展新的战略支点,形成 21 世纪海上丝绸之路与丝绸之路经济带有机衔接的重要门户。显而易见,广西在国家发展战略中将发挥更加重要的作用。目前,广西北部湾经济区、珠江—西江经济带、左右江革命老区振兴规划均已上升为国家战略,形成国家战略的全覆盖,广西迎来多重历史机遇。在国家提出"一带一路"倡议背景下,基于继往开来、海陆统筹、科学前瞻、全局与局部统一、长期与中短期协调、超前与现实匹配、重点与关键突出等原则,抓住"一带一路"建设机遇,筹划广西参与"一带一路"建设的战略与对策,实现广西承担的国家使命和责任及其在新形势下的新发展,是摆在广西人民面前的重大任务。

2017 年 5 月 14 日至 15 日,第一届"一带一路"国际合作高峰论坛在北京举行,是 2017 年中国重要的主场外交活动,对推动国际和地区合作具有重要意义。29 位外国元首、政府首脑及联合国秘书长、红十字国际委员会主席等 3 位重要国际组织负责人出席高峰论坛,来自 130 多个国家的约 1500 名各界贵宾作为正式代表出席论坛,来自全球的 4000 余名注册记者报道了此次论坛。为了更好凝聚共识,推进合作,中国将高峰论坛主题设定为"加强国际合作,共建'一带一路',实现共赢发展",议题总体以"五通"即政策沟通、设施联通、贸易畅通、资金融通、民心相通为主线,围绕基础设施互联互通、经贸合作、产业投资、能源资源、金融支撑、人文交流、生态环保和海洋合作等重要主题进行讨论。各国领导人参加的圆桌峰会是高峰论坛的重点,主要讨论两个议题:一是加强政策和发展战略对接,深化伙伴关系;二是推进互联互通务实合作,实现联动发展。中国经济发展进入新常态,机遇和挑战并存,挑战之一就是地区发展不平衡。"一带一路"建设通过向西扩大开放,以开放促发展,有助于加快西部发展步伐,助推东中西部梯次联动并进。

同时，"一带一路"建设涵盖了中国中西部和部分沿海省区市，紧扣中国区域发展战略、新型城镇化战略、对外开放战略，将助推中国形成全方位开放新格局。对于广西来说，要抓住历史机遇，立足独特区位，释放"海"的潜力，激发"江"的活力，做足"边"的文章，构建主动融入"一带一路"倡议的产业响应机制与转型升级路径，夯实中国—东盟开放平台，构建全方位的开放新格局。力争在"一带一路"建设中发挥更大的作用，写好新世纪海上丝绸之路的新篇章。

二　西部弱生态地区广西主动融入"一带一路"倡议的发展情况

将广西打造成为 21 世纪海上丝绸之路与丝绸之路经济带有机衔接的重要门户，既反映了"一带一路"建设背景下国家对广西的期望和广西参与"一带一路"建设的战略需求，也反映了广西具有满足国家期望、实现自身战略需求的条件与优势。

1. 广西的目标

一是借力"一带一路"建设机遇，广西经济社会乘势实现跨越式发展的需求。广西经济发展的历史基础较薄弱，虽然在"十一五""十二五""十三五"初期取得了较大的成就，但相对于全国水平及广西经济发展潜力，广西经济仍需实现跨越式赶超发展。无论是广西北部湾经济区战略，还是珠江—西江经济带战略，都体现了广西立足自身区位优势、资源禀赋、经济发展基础和态势，走超越式经济社会发展道路的雄心壮志。当前，国家推进"一带一路"建设，正是广西继往开来、抓住机遇以实现新时期经济社会超越式新发展的大好时机。

二是承担国家面向东盟开放发展的区域性桥头堡及门户区功能。广西具有优越的动态区位优势，是国家唯一具有海陆交通通达东盟的边境区。广西发展事关国家边境稳定、民族团结及全方位开放大业，广西参与"一带一路"建设，是其自觉服从国家发展大局，积极承担国家面向东盟开放发展的区域性桥头堡及门户区功能的需求。

三是定位于新常态下广西经济结构调整、优化升级及高效发展的需求。当前，无论是全球层面还是中国层面，都处于调结构的经济发展新常态时期，广西处于经济总量补偿性发展和经济结构优化发展的多需求交织发展期，继承既定的"双核驱动"战略并抓住"一带一路"建设机遇，实现广西经济增量提质，是广西经济结构调整、优化升级及高效发展的需求。同时，应构建主动融入"一带一路"倡议的产业响应机制与转型升级路径

2. 广西发展的情况

(1) 广西产业转型升级的情况

2018 年，面对复杂严峻的国内外经济环境和持续较大的经济下行压力，全区上下在自治区党委、政府的坚强领导下，深入学习宣传贯彻党的十九大精神，全面落实习近平总书记对广西工作的重要指示，坚持稳中求进工作总基调，贯彻新发展理念，以供给侧结构性改革为主线，推动结构优化、动力转换和质量提升，全年全区经济运行总体平稳、稳中提质、稳中增效。初步核算，全年全区生产总值（GDP）20352.51 亿元，比上年增长 6.8%（见图 1）。其中，第一产业增加值为 3019.4 亿元，比上年增长 5.6%，第二产业增加值为 6692.9 亿元，比上年增长 4.3%，第三产业增加值为 9913.9 亿元，比上年增长 9.4%。三次产业增加值占地区生产总值的比重分别为 14.8%、39.7% 和 45.5%（见图 2），三次产业对经济增长的贡献率分别为 13.1%、25.4% 和 61.5%（见图 3）。

2012 年以来，全区 GDP 逐年增长，从 2012 年的 13035.30 亿元增长到 2019 年的 21237.14 亿元，但是 GDP 增长速度逐年下降，从 2012 年 11.3% 的增长率下降到 2018 年 6% 的增长率，这表明党的十八大以来我国的经济增长已经由高速增长转变为中高速增长，由注重发展速度转变为注重发展的质量和效益。三大产业占 GDP 的比重逐渐优化，第一、二产业占比稳中有降，第三产业占比逐渐上升，并且在 2017 年贡献率首次超过第二产业。这表明广西优化三次产业结构初见成效。

广西固定资产投资、社会消费品零售总额、财政收入从 2012 年至 2019 年均逐年增长，但增速呈逐年下降趋势（见表 1）。

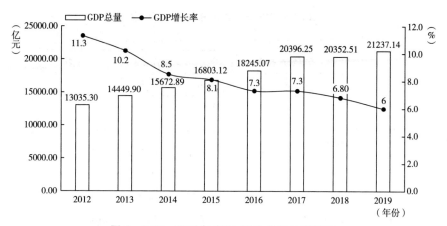

图 1　2012~2019 年广西 GDP 总量及增长率

资料来源：广西统计局网站、《广西统计年鉴 2019》。

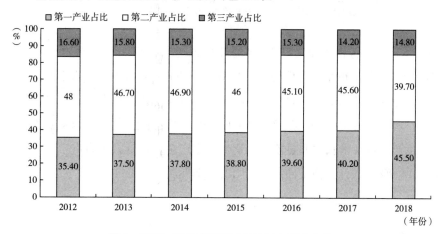

图 2　2012~2018 年广西 GDP 三大产业占比

资料来源：广西统计局网站、《广西统计年鉴 2017》。

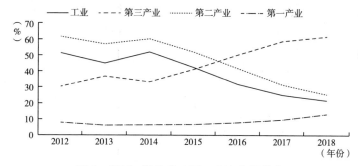

图 3　2012~2018 年广西三大产业贡献率

资料来源：广西统计局网站、《广西统计年鉴 2019》。

表1 2012~2018年广西部分重要指标总体情况

单位：亿元,%

年份	固定资产投资		社会消费品零售总额		财政收入	
	金额	增速	金额	增速	金额	增速
2012	12635.22	24.4	4516.60	15.6	1810.14	17.4
2013	11907.67	21.4	5133.10	13.6	2001.26	10.5
2014	13843.21	16.3	5772.83	12.5	2162.54	8.1
2015	16227.78	17.2	6348.06	10.0	2333.03	7.9
2016	18236.78	12.4	7027.30	10.7	2454.08	5.2
2017	19908.27	12.8	7813.03	11.2	2604.21	6.1
2018	22058.36	10.8	8291.59	6.0	2790.31	7.1

资料来源：广西统计局网站、《广西统计年鉴2019》。

由于截至笔者成稿时2019年的数据各地市还没有完全公布，我们以2018年广西各地市生产总值为例。2018年广西各地市经济发展水平速度差异较大。地区生产总值最高的三市是南宁、柳州和桂林。贵港和崇左经济增长较快，增速超过9%，北海、贺州的地区生产总值增速也在8%以上，而梧州市的生产总值及增长率明显落后，贺州市生产总值最低，仅为南宁市生产总值的14.9%。预计广西不同地市之间的经济发展差异将进一步扩大。

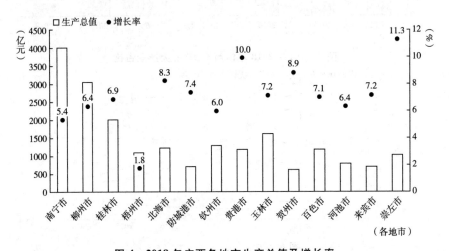

图4 2018年广西各地市生产总值及增长率

资料来源：中国国家统计局网站。

　　随着经济总量不断提升，在产业结构不断优化的同时，城镇居民和农村居民可支配收入也不断提高，城镇居民可支配收入由 2012 年的 21243 元提高到 2017 年的 30502 元，增长率从 2012 年的 12.7% 下降到 2015 年的 7.1%，又提升到 2017 年的 8.7%。农村居民可支配收入由 2012 年的 6008 元提高到 2017 年的 11325 元，增长率从 2012 年的 14.8% 下降到 2015 年的 9.0%，并且近 3 年维持在 9% 左右。从中我们可以看到，居民收入较快增长，而城乡差距在逐步缩小。与此同时，居民消费价格指数涨势较为温和。

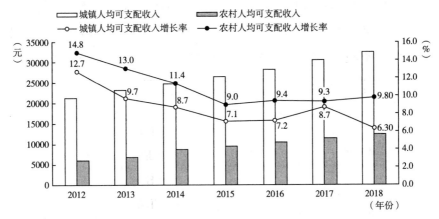

图 5　2012～2018 年广西人居可支配收入及增长率

资料来源：中国国家统计局网站。

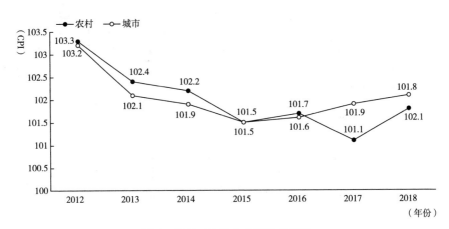

图 6　2012～2018 年广西物价指数

资料来源：中国国家统计局网站。

（2）外贸的情况

2017 年全区外贸进出口额为 3866.34 亿元（人民币，下同），比上年增长 22.6%。其中，出口额为 1855.20 亿元，增长 22.3%；进口额为 2011.14 亿元，增长 22.9%。从贸易方式看，边境小额贸易（边民互市贸易除外）进出口额为 836.30 亿元，比上年增长 5.8%；加工贸易额为 804.25 亿元，增长 25.5%；一般贸易额为 1423.59 亿元，增长 70.4%。从贸易伙伴看，与东盟双边贸易额为 1893.85 亿元，比上年增长 3.7%；与美国双边贸易额为 285.86 亿元，增长 54.5%；与欧盟双边贸易额为 143.58 亿元，增长 49.0%。从出口商品看，机电产品出口额为 793.93 亿元，增长 31.8%；高新技术产品出口额为 315.33 亿元，增长 40.6%；农产品出口额为 135.46 亿元，增长 4.3%。

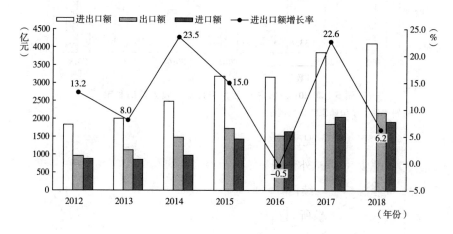

图 7　2012～2018 年广西进出口贸易金额

资料来源：广西统计局网站、《广西统计年鉴 2019》。

从贸易方式来看，从 2012 年到 2018 年一般贸易、加工贸易和边境小额贸易都有所发展，但是比重在逐步下降。其他贸易方式正在蓬勃兴起。

表 2　2012~2018 年广西贸易方式概况

单位：万美元,%

年份	一般贸易		来料加工装配		来料加工		边境小额贸易	
	金额	比重	金额	比重	金额	比重	金额	比重
2012	945891	67.5	55019	3.9	160469	11.5	109997	7.9
2013	990703	70.0	73293	5.2	147813	10.5	103656	7.3
2014	968043	59.7	177521	10.9	212618	13.1	71898	4.4
2015	922387	39.7	170884	7.4	316686	13.6	71780	3.1
2016 (万元)	5205224	31.6	1041432	6.3	2084021	12.7	342287	2.1
2017 (万元)	14235946	36.8	1766093	4.5	6276506	16.2	8363041	2.1
2018 (万元)	13807716	33.6	760655	1.8	8395240	20.2	10762344	2.6

注：2016 年起，外贸进出口数额以人民币计价。

资料来源：《广西统计年鉴 2019》。

一是利用外资的情况。从外商直接投资额来看，2012~2015 年外商投资额持续走高，2016 年外商投资额为 8.8 亿美元，相对于 2015 年则大幅下跌接近 50%，未能延续前几年的爆发式增长态势，很大程度上源自新加坡等地投资额的减少。所以广西应该着重维护与新加坡投资方的合作关系，注重拓展与其他国家的投资合作，使外资来源多元化。

从城市特点看，百色、崇左、防城港三市由北向南依次与越南接壤。2016~2018 年这三年崇左市出口商品总值显著高于其他城市，对外贸易呈现明显的贸易顺差。崇左市与越南接壤，陆上边境贸易往来频繁，而防城港市面向北部湾，海上交通便利，且萍乡、东兴国家重点开发开放试验区分别位于崇左市和防城港市，为这两个市的经贸发展提供了便利条件。除北部湾经济区（含南宁、北海、钦州、防城港四市）外，其他城市外贸发展程度明显偏低，尤其是玉林、河池、贵港、贺州、来宾五市。

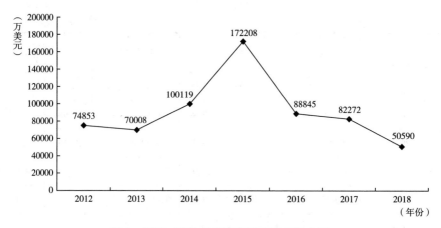

图 8　2012～2018 年广西外商直接投资金额

资料来源：广西统计局网站、《广西统计年鉴 2019》。

表 3　2016～2018 年广西各市进出口商品总额

单位：万元

城市	2016 年			2017 年			2018 年		
	进出口	出口	进口	进出口	出口	进口	进出口	出口	进口
南宁	4162345	2111346	2051000	6070866	2756897	3313969	7387917	3550930	3836988
柳州	1353756	459085	894671	1722399	542460	1179939	1730927	603309	1127617
桂林	590191	519219	70973	700117	589491	110627	727554	625844	101711
梧州	405743	260004	145739	602406	294636	307770	508292	301108	207185
北海	2047464	1102726	944738	2308381	1162528	1145853	3207362	1663231	1544131
防城港	5789124	1117924	4671200	7685455	1150625	6534820	7214933	1182788	6032144
钦州	2921011	1061736	1859275	3404673	1162896	2241777	2273090	588146	1684943
贵港	187879	104073	83606	238816	110306	128510	276015	132355	143660
玉林	266793	221461	45332	336580	247051	89529	348593	257017	91567
百色	1380719	985118	395601	1884397	1506642	377754	2172683	1761086	411597
贺州	51915	38479	13436	48443	39065	9377	98973	38313	60660
河池	181096	24373	156723	195498	22330	173168	279816	49237	230597
来宾	58873	40601	18272	77312	42456	34856	84037	76510	7527
崇左	12307305	7192195	511511	13388082	8924632	4463450	14756902	10931551	3825315

资料来源：《广西统计年鉴 2019》。

二是广西发展的区位优势。广西具有沿海、沿边、沿江的区位优势，同时处在我国大陆东、中、西三个地带的交汇点，是我国唯一与东盟既有陆地接壤又有海上通道的省区，是华南经济圈、西南经济圈与东盟经济圈的接合部，是中国通往东盟最便捷的国际大通道，是西南地区最便捷的出海口，也是联结粤港澳与西部地区的重要通道。特别是随着中国—东盟自由贸易区的建立，广西作为连接中国西南、华南、中南以及东盟大市场的枢纽，在拥有5.3亿人口的东盟和5.4亿人口的泛珠三角经济圈两个大市场中，将发挥接合部的重要战略作用。具体地说，从沿海优势看，广西海岸线曲折，直线距离仅185公里，仅为海岸线总长的11.6%。从东到西分布有铁山港、廉州港、三娘港、钦州港、防城港、珍珠港等港湾，形成"天然港群海岸"。从沿边优势看，广西有8个县（市）与越南接壤，现有边境口岸12个，其中东兴、凭祥、友谊关、水口、龙邦等5个口岸为国家一类口岸，另外还有25个边民互市贸易点，各边境口岸和边贸点都有公路相通。从沿江优势看，西江纵横广西境内梧州、贵港等城市，西通云南、贵州，东经广州出海，西江的年径流量是黄河的5倍，德国莱茵河的4.5倍。此外，广西北部湾经济区岸线、土地、淡水、海洋、农林、旅游等资源丰富，环境容量较大，生态系统优良，人口承载力较高，开发密度较低，发展潜力较大，是我国沿海地区规划布局新的现代化港口群、产业群和建设高质量宜居城市的重要区域。

三是广西发展的资源禀赋。广西资源多样，禀赋结构颇具特色。从水资源看，广西是中国水资源丰富的省区，大小江河流域覆盖全区。从矿产资源看，广西的矿产资源十分丰富，尤以有色金属最为丰富，是中国"有色金属之乡"。从动植物资源看，广西有脊椎动物884种，占全国脊椎动物种类的13.9%。从海洋资源看，广西海域面积12.92万平方公里，海岸线长，海洋资源丰富，海洋生物品种繁多，是中国著名的四大热带渔场之一。沿海有大面积的红树林，其面积居全国第二位。北部湾天然港湾众多，沿海20米深以内的浅海面积6488平方公里，滩涂（潮间带）面积1005平方公里。北部湾基岩海岸和沙砾质线较长，优质沙滩多，旅游开发前景好。潮汐能理论蕴藏量高达140亿千瓦。北部湾海底还是一个丰富的油气盆地，石油和天然气储量十分丰富，开发前景广阔。从旅游资源看，广西是中国的旅游大省,是中国旅游资源最丰富的地区之一。

四是广西发展的政策优势。广西同时享受的优惠政策有:国家西部大开发的优惠政策;边境贸易优惠政策;少数民族地区优惠政策;沿海开放政策。广西北部湾经济区的政策优势有:综合配套改革方面的政策支持;重大项目布局方面的政策支持;保税物流体系方面的政策支持;金融改革方面的政策支持;开放合作方面的政策支持。

三 西部弱生态地区广西主动融入"一带一路"倡议的产业响应机制与转型升级路径的机遇与挑战

1. 广西的机遇

一是中国崛起影响世界。改革开放以来,随着综合实力的进一步增强,中国在国际社会的地位日益提升。中国在构建新一轮全方位的对外开放格局的过程中,将更加注重在国际规则制定中发出更多中国声音和注入更多中国元素。提出"一带一路"倡议,发起筹建"亚投行"(亚洲基础设施投资银行),设立"丝路基金",正是中国与外部经济关系调整的自然延伸,意味着中国正在努力将自身的经济增长体系转化为区域增长体系。在新阶段的对外开放中,中国积极参与、引领国际规则的制定能更好地为本国和别国创造机会。自 2013 年中国提出"一带一路"倡议以来,沿线已有 60 多个国家积极响应参与。2014 年由我国发起筹建的亚洲基础设施投资银行,目前已有 57 个国家正式成为意向创始成员国,涵盖了主要发达经济体和发展中国家,其中亚洲域内国家 37 个、域外国家 20 个。以上情况表明由我国提出的"一带一路"倡议以及由我国发起筹建的"亚投行"已经受到国际社会的认可,中国在世界的影响力正在进一步增强。"中国声音"受国际社会的广泛关注将给广西外贸带来巨大的发展良机。

二是"一带一路"蕴含商机。当前,经济全球化深入发展,区域经济一体化进程加快推进,全球经济增长和贸易投资格局正酝酿深刻调整。2013 年,中国适时提出与有关国家共建"丝绸之路经济带"和"21 世纪海上丝绸之路"("一带一路")倡议。"一带一路"沿线国家贯穿欧亚非大陆,大多是新兴经济体和发展中国家,总人口约 44 亿,经济总量约 21 万亿美元,分别约占全球总人口及经济总量的 63% 和 29%,地域涵盖东南亚、南亚、中亚、西亚、欧洲、东北非等地区的相关 65 个国家。这些国家要素禀赋各异，发展水平不一，互补性很强。2014 年我国与"一带一路"沿线国家或地区进出口双边贸易值接近 7 万亿元人民币，增长 7% 左右，占同期我国外贸进出口总值的 1/4。未来 5 年（2020~2025 年），中国进口商品总额将超过 10 万亿美元，对外投资总额将超过 5000 亿美元，出境旅游将超过 5 亿人次。"丝绸之路经济带"区域未来 10 年（2020~2030 年）的基础设施投资需求将达 8 万亿美元。"一带一路"倡议的提出，契合沿线国家的共同需求，将给沿线国家带来巨大商机，为沿线国家优势互补、开放发展启动新的机遇之窗。"一带一路"倡议蕴含的巨大商机将给广西外贸带来发展良机。

三是广西通道价值凸显。2015 年 3 月 28 日，国家正式发布《推动共建丝绸之路经济带和 21 世纪海上丝绸之路的愿景与行动》，宣告"一带一路"倡议进入全面推进阶段。其中提到要发挥广西与东盟国家陆海相邻的独特优势，加快北部湾经济区和珠江—西江经济带开放发展，构建面向东盟区域的国际通道，打造西南、中南地区开放发展新的战略支点，形成 21 世纪海上丝绸之路与丝绸之路经济带有机衔接的重要门户。目前，东盟已成为中国第三大贸易伙伴，中国与东盟之间的贸易愿望强烈。随着广西口岸建设步伐加快，广西对接东盟融入"一带一路"的"黄金通道"效应显现。据统计，2017 年广西外贸进出口额为 386634 亿元，与东盟双边贸易额为 189385 亿元，占广西外贸总进出口额的 49%。在中国经济下行的新常态下，中国企业面临巨大的发展压力，广西已经成为我国众多企业布局东盟市场、培育经济新增长点、转型升级的国际通道，进一步凸显了广西在中国与东盟通道的战略价值。

四是贸易便利提供商机。加快区域经济一体化，促进贸易投资便利化是"一带一路"建设的基本要求和重要内容。"一带一路"沿线国家市场规模和潜力独一无二，各国在贸易和投资领域合作潜力巨大。消除贸易壁垒，降低贸易和投资成本，促进贸易和投资便利化成为沿线国家共同关注的迫切任务。近年来，"一带一路"沿线国家之间贸易领域逐步拓展、贸易规模不断扩大，但也面临通关、运输、物流"通而不畅"、壁垒较多等问题。中国将与沿线国家一道，加强在海关、检验检疫、认证认可、标准计量等方面的合作和政策交流,改善口岸通关设施条件,深化区域通关一体化合作,增强技术性贸易措施透明度,降低关税和非关税壁垒,提高贸易便利化水平。其中,从事商贸物流、电子商务等业务的外贸企业将从中获益,这将给广西此类企业带来无限商机。

五是贸易增长潜力巨大。自我国提出"一带一路"倡议以来,广西迎来了对外开放发展的重要机遇。广西是中国唯一与东盟国家陆海相连的省区。近年来,广西正坚持海陆统筹和内外结合,努力建设成为将21世纪海上丝绸之路与丝绸之路经济带有机衔接的重要门户。广西与"一带一路"沿线国家贸易互补性很强,双边贸易规模增长潜力巨大,市场前景广阔。一个穿越广西的"新丝路"正在向世界延伸,物流、人流、资金流、信息流在这里聚焦。我国提出"一带一路"倡议,将进一步扩大广西与"一带一路"沿线国家以及东盟国家贸易投资的规模和水平,给双边经济发展和贸易投资带来更多商机。

2. 广西的挑战

一是地缘政治环境复杂敏感。近年来,中国推行"睦邻、安邻、富邻"的周边政策,得到了相关国家的广泛认同。"一带一路"沿线国家地处欧亚大陆要冲,地缘政治环境复杂敏感,大国利益交汇,中国与一些国家仍存在陆海领土争端,部分国家对中国和平崛起心存芥蒂。一些大国对盟国施压,暗中抵制有利于"一带一路"建设的倡议。这些矛盾若不能有效缓解,将对"一带一路"建设产生干扰。有些国家因战乱造成很多人为的阻隔和隔阂,部分国家长期饱受恐怖主义威胁,各类恐怖袭击已成常态。一些国家对外深陷大国博弈的战场,对内面临领导人交接、民主政治转型、民族冲突等多重矛盾。有些国家民族关系错综复杂,社会动荡,人民的生命安全缺乏保障,宗教冲突以及社会不稳定,正常的社会运作和经济发展受到极大限制。"一带一路"沿线国家的政治风险已经成为中国国家战略推进与中国企业走出去的最大风险,以上这些政治风险将对广西外向型企业拓展该区域市场产生不利影响。

二是国际贸易环境迥异。"一带一路"的合作伙伴中,许多是正处于社会和经济结构转型时期的发展中国家。一些国家国内政局不稳,安全环境较差;一些国家传统家族势力强大,既得利益集团把控国家经济命脉,腐败现象较为严重；有些国家政策不稳定，中央和地方政策的稳定性和一致性缺失，存在不确定性风险；有些国家存在政权交错更替、政党轮流执政、政府政策变化等带来的政府违约风险；一些国家存在区别性政府干预的风险和外汇兑换、资金转移等风险；一些国家目前法律法规体系还不完善，法律体系复杂多变，税收和劳务政策不稳定、政策管理环境不透明，投资环境有待进一步完善。这些问题和风险将影响广西外向型企业进一步拓展"一带一路"沿线国家的市场。

三是国际规则面临变革。近年来，囿于 WTO 多哈贸易谈判历史性受阻、难以重建新的国际环境与国际秩序，以美国为首的"跨太平洋伙伴关系协议（TPP）谈判"、"欧美跨大西洋贸易与投资伙伴协议"（TTIP）、"诸（多）边服务业协议"（PSA）掀起了全球新一轮贸易谈判的高潮，旨在维护美国在国际贸易领域的领导地位，欲在未来彻底改变国际贸易规则（指 WTO），掌控太平洋、大西洋两重要国际区域市场，建立起由美国主导的 21 世纪国际贸易新规则系列。这些贸易谈判及协议展现了全球高收入发达国家建立新的国际贸易规则、重整国际经济秩序的战略意志方向。TPP、TTIP 和 PSA 谈判涉及的国家与我国倡议的"一带一路"沿线国家部分有重叠，这就意味着我国与美国在这些区域国家存在直接面对面的机会。TPP 作为高标准的贸易协议，涉及所有货物、服务和农产品贸易，TTIP 涉及关税降低、安全标准、技术贸易壁垒、动植物卫生检疫、竞争政策、知识产权、政府采购、争端解决，以及有关劳工和环境保护的规定，PSA 重点是在投资、金融、政府采购、标准与认证、竞争政策、物联网、互联网以及知识产权等新领域建立规则，这些规则有可能成为未来国际经济合作新机制，广西企业应未雨绸缪，适应这一发展趋势，切实提高自身产品标准，确保在"一带一路"贸易格局中利益不会受损。

四是产业转型升级压力大。在高端产业领域，发达经济体利用科技、人才优势抢占新兴技术前沿，促进"再工业化"，开拓包括"一带一路"沿线国家在内的国际市场，已取得明显成效。在中低端产业领域，广西周边国家和新兴经济体出台优惠引资政策，主动承接加工制造业转移，促进出口快速增长，在"一带一路"沿线国家中仍具有竞争力。在拓展"一带一路"国家的国际市场方面，广西高端出口产业遭遇来自发达国家的更大竞争压力，中低端出口产业面临周边新兴经济体追赶，广西出口产业受到发达国家和周边新兴经济体的双重挤压，形势依然严峻。

五是传统产业比较优势弱化。从国内情况来看，国内经济进入新常态，下行压力加大。国内投资和经济增长放缓将抑制进口的增量。从企业竞争力来看，广西低成本优势正在减弱，土地、劳动力要素价格持续上涨，传统比较优势在弱化，外贸企业经营压力在加大。

四　西部弱生态地区广西主动融入"一带一路"倡议，产业转型升级的路径

1. 广西"一带一路"建设的定位与内涵

"一带一路"建设是国家着眼于拓展未来发展空间与潜力，打造区域利益与命运共同体而实施的海陆联动跨亚欧非大合作举措。在"一带一路"建设中，基于广西所具有的与海上丝绸之路首要、核心节点——东盟国家陆海相连的独特区位优势，国家赋予广西"21世纪海上丝绸之路与丝绸之路经济带有机衔接的重要门户"的定位。这界定了广西在"一带一路"建设中的角色、地位以及责任。首先，广西是实现"一带一路"有机衔接的重要门户。这个门户近期主要面向东盟国家，通过与东盟陆海相连的优势，推进东盟海上丝绸之路首要节点的建设。其次，广西作为"一带一路"建设重要门户的主要作用，在于实现全方位的衔接：一方面在于衔接地域全面，既衔接中南、西南地区与东盟，又衔接"一带"和"一路"，也衔接整个中国和东盟；另一方面在于衔接内容全面，包括交通、产业、贸易、金融、文化、科技等经济社会发展的各个方面。最后，广西作为"一带一路"衔接的重要门户，其衔接是有机的。其要旨是实现衔接地域、衔接内容的有机结合，促进广西、中南与西南区域、国家和"一带一路"的互促互动、协同配套发展，实现交通、产业、贸易、金融等方面的互促互动、协同配套发展。

广西参与"一带一路"建设是一个重大、复杂的系统工程，主要体现在以下几个方面：第一，"一带一路"建设的意义重大，从而赋予广西巨大的责任。广西能否如期高质量履行好"有机衔接的重要门户"功能，关系到"一带一路"建设的顺利与否，关系到中南、西南地区对外开放与发

展的顺利与否，也关系到广西发展的顺利与否。第二，参与建设的内容复杂、建设主体多元。广西门户功能的打造，需要建设的内容涵盖经济社会方方面面，千头万绪牵涉其中，建设实施殊为困难。第三，建设需要顾及的利益主体多元、协调复杂。广西门户功能是为"一带一路"服务，也是为广西、为中南西南地区、为东盟服务，需要综合权衡各方利益，实现多方利益协调、共赢。由于广西参与"一带一路"建设工作十分复杂，因而需要进行科学的顶层设计，制定合理的总体战略，明确工作的思路、步骤、阶段性目标，廓清建设的内容，界定建设的重点、突破口，拟定建设的保障措施，从而以此统领建设系统工作的开展，指引各项工作的有序实施，推动建设工作的高效、高质完成。

2. 广西"一带一路"建设的关键产业的重点领域

作为一个复杂的系统工程，广西参与"一带一路"建设不可能在所有领域面面俱到、齐头并进，应在关键问题中选取重点领域和方向，集中力量优先进行建设。具体而言，国际大通道建设的重点领域和方向包括：加快钦州港区域性航运中心建设；修建黎塘—钦州港、南宁—凭祥、南宁—合浦高铁与双向电气化铁路；扩容六景—钦州港高速公路；加快南宁航空中转枢纽建设；加快珠江—西江黄金水道建设；创建集装箱中心站、国家多式联运监管中心；建设中国（南宁）—东盟信息港；建设油气运输通道等等。产业合作推进的重点领域和方向包括：加快临海沿江临港产业园区建设，促进海洋产业合作；参与南海油气资源与加工产业合作开发；总结推广"两国双园"模式，创新发展跨境经济合作区和产业园区，积极推进南宁—新加坡经济走廊建设；建立环南海、北部湾滨海和西江珠江生态旅游联盟；打造中国（广西）—东盟海上渔业走廊等等。自由贸易条件建设的重点领域和方向包括：推进"南海经济圈"建设；打造"南宁—东盟渠道"开放合作平台升级版，扩大"南宁渠道"国际影响力；打造"互联网+"产业新平台等等。区域性国际金融中心建设的重点领域和方向包括：创建亚投行与丝路基金南宁分支机构，创建跨境电商平台，创新跨境人民币业务，创建面向东盟的大宗商品现货和期货交易中心、股权交易中心等等。区域性要素集聚中心建设的重点领域和方向包括：建设中国—东盟联合大学，创建中国—东盟海洋国际合作中心，建设文化艺术交流服务平台，等等。明确了上述建设重点领域和方向，就能以此为突破口、引领器，通过推动其先行建设，形成事半功倍之效用，引领、带动广西参与"一带一路"建设整体工作的开展。

3. 广西"一带一路"建设的关键问题

科学制定广西参与"一带一路"建设的总体战略，核心是要明晰建设的关键问题。广西要成为海上丝绸之路与丝绸之路经济带有机衔接的重要门户，需要具备几方面的功能：第一，筑现代化大物流产业，即联通"一带一路"、联通东南西南、联通东盟的功能，以构筑现代化大物流产业；第二，合作媒介与平台功能，即以广西区域为载体，通过创造各种条件和机会，推动各类跨区域合作，以此构建跨区域利益联系的纽带，实现各方利益的捆绑；第三，服务自由贸易功能，"一带一路"是贸易之路，作为门户的广西也应涵盖贸易门户的功能，要为自由贸易创造有利环境与条件；第四，融汇资源与要素的功能，包括汇聚资金、人才、技术等要素，为门户功能的发挥提供条件。上述四方面功能的培育与打造，即是广西参与"一带一路"建设需要解决的关键问题。具体而言，广西参与"一带一路"建设的关键问题包括：国际大通道建设（二产）、产业合作推进、自由贸易条件建设、区域性国际金融中心建设、区域性要素集聚中心建设等。明确上述关键问题，相当于廓清了整个建设工作的主要内容，指明了整个建设工作着力的方向，从而能有的放矢，开展有针对性的建设工作。

五 西部弱生态地区广西主动融入"一带一路"倡议，构建产业响应机制

一是构建互联互通合作机制。打造"一枢纽一中心五通道六张网"，即建设南宁区域性国际综合交通枢纽、北部湾区域性国际航运中心；海上东盟、陆路东盟、衔接"一带一路"、连接西南中南、对接粤港澳"五大通道"；促进现代港口网、高速公路网、高速铁路网、密集航空网、光纤通信网、油气管道网"六网"同建。优先推进南北陆路新通道，即向北的兰海（兰州—南宁—北海）、南新（南宁—新加坡）两大战略通道，在此基础上，注重构建互联互通合作的机制。

二是构建商贸物流合作机制。建设商贸物流园区，完善保税物流体

系、创新发展传统贸易，发展跨境电子商务等新业态、建设中国（北部湾）自由贸易试验区、着力提高投资贸易便利化水平，促进贸易畅通。2015 年，口岸开放和通关一体化取得新突破。广西国际贸易"单一窗口"正式上线运行，实现进出口货物一次申报；广西正式纳入广东地区通关一体化改革，"泛珠" 4 省区 11 关通关如一关。另外，积极推进广西电子口岸公共信息平台建设，北部湾电子口岸物流联动系统成功上线运行。在此基础上，构建商贸物流合作机制。

三是构建产业转型升级的路径。推广中马"两国双园"国际合作新模式，与沿线国家共建更多合作园区、产能合作重点基地；加强农业、能源资源等领域合作，推进企业"走出去引进来"，促进产业转型升级。2015 年，中马"两国双园"进入项目入园关键阶段，钦州园启动区水电路网等基础设施框架基本建成；关丹园区配套基础设施加快建设，产业园概念性规划和产业规划进入专家评审阶段；中国·印尼经贸合作区实现赢利，园区累计投入建设资金约 9051.53 万美元，实现经营总收入 7657 万美元。此外，"文莱—广西经济走廊"由共识走向实践，中泰崇左产业园、中泰玉林旅游文化产业园扎实推进。

四是构建跨境金融合作机制。深入推进沿边金融综合改革试验区建设，推动国际投资、保险等业务创新，充分发挥中国—东盟金融领袖论坛平台作用，健全完善中国—东盟金融交流合作沟通对话机制，促进资金融通并完善机制。

五是构建人文交流的机制。推进共建中国—东盟联合大学、中国—东盟医疗保健合作中心、中国—东盟传统医药交流合作中心、中国—东盟技术转移中心、中国—东盟减贫中心等重大项目（事项），深化教育、医疗卫生、文化体育、科技、旅游、友城等领域合作，夯实民心基础。2015 年，中越"两廊一圈"加快建设。中国与越南就加快推动凭祥—谅山—河内高速公路、东兴—芒街—下龙高速公路等重点交通基础设施合作项目的规划建设达成重要共识，并签署了关于建设中越友谊关—友谊口岸国际货运专用通道、中越浦寨—新清货物专用通道、水口—驮隆中越界河二桥、中越峒中—横模口岸桥的协议书，并注重建立人文交流的机制。

六是构建海上合作机制。建设中国—东盟港口城市合作网络，推进海上产业、科技、环境、海上安全等领域合作。2015 年，中国—东盟港口城市合作网络逐渐形成。由广西钦州市牵头的中国—东盟港口城市合作网络机制加快建立，以钦州为重要节点的港口城市合作网络，进一步促进了与东盟各国港口城市之间的互联互通合作并建立合作机制。

七是加强生态环保合作。搭建中国—东盟环境合作示范平台，建设中国—东盟生态文化产业先行区、中国—东盟环保技术交流合作基地等，共建绿色丝绸之路，实现广西产业的转型升级。

八是构建重大合作平台。重点实施中国—东盟博览会升级计划，打造泛北部湾经济合作论坛升级版，构建完善中国—中南半岛经济走廊合作机制。目前，泛北部湾经济合作积极推进，落实《泛北部湾经济合作路线图》有关共识，制定了泛北合作秘书处成立方案并上报商务部。

参考文献

IUD 中国政务景气监测中心：《"十一五"省区战略定位大比拼》，《领导决策信息》2006 年第 19 期。

波涛：《我国经济安全面临六大挑战》，《现代焊接》2011 年第 6 期。

陈国阶：《西部开发的战略定位及基本开发思路》，《山地学报》2000 年第 5 期。

陈之林：《"海上丝绸之路"建设中长征精神的再运用》，《科技经济导刊》2016 年第 10 期。

杜德斌、马亚华：《"一带一路"：中华民族复兴的地缘大战略》，《地理研究》2015 年第 6 期。

范伯元：《北京科技：确立创新服务的战略定位》，《科技潮》2002 年第 3 期。

冯剑锋：《去商品化、社会保障与国民储蓄——基于 1980~2010 年 20 个 OECD 国家的面板数据经验检验》，《现代管理科学》2015 年第 10 期。

高原：《民营经济战略定位与发展趋势研究》，《社科纵横（新理论版）》2010 年第 2 期。

顾峰：《准确把握全面建设小康社会的战略定位》，《发展论坛》2003 年第 6 期。

何茂春、张冀兵、张雅芃、田斌：《"一带一路"战略面临的障碍与对策》，《新疆师范大学学报》（哲学社会科学版）2015 年第 3 期。

黄翠翠、李青航：《港航类高职院校融入 21 世纪海上丝绸之路建设路径研究》，《时代金融》2016 年第 18 期。

黄福江、高志刚：《中国在中亚能源合作中的战略定位及策略选择》，

《石河子大学学报》（哲学社会科学版）2016 年第 3 期。

黄广宇：《福建省真实国民储蓄与资源环境损失研究——SAMRE 方法及其应用》，《集美大学学报》（自然科学版）2002 年第 3 期。

黄卫东：《海上丝绸之路与专属经济区建设》，《辽宁经济》2016 年第 6 期。

黄益平：《中国经济外交新战略下的"一带一路"》，《国际经济评论》2015 年第 1 期。

金玲：《"一带一路"：中国的马歇尔计划?》，《国际问题研究》2015 年第 1 期。

李向阳、构建：《"一带一路"需要优先处理的关系》，《国际经济评论》2015 年第 1 期。

李晓、李俊久：《"一带一路"与中国地缘政治经济战略的重构》，《世界经济与政治》2015 年第 10 期。

毛承之：《适度微调与微刺激》，《侨园》2014 年第 10 期。

彭飞：《"一带一路"的国企融合之道》，《法人》2016 年第 7 期。

汪巍：《国民储蓄在太平洋地区经济发展中的地位和作用》，《当代亚太》1998 年第 9 期。

吴娟：《漳州市融入 21 世纪海上丝绸之路建设刍议》，《漳州职业技术学院学报》2016 年第 2 期。

吴巍、童荣辉：《江北的战略定位：打造港桥经济服务平台》，《浙江经济》2006 年第 2 期。

袁新涛：《"一带一路"建设的国家战略分析》，《理论月刊》2014 年第 11 期。

张弛：《"'一带一路'的战略定位与基本内涵"学术研讨会综述》，《中国周边外交学刊》2015 年第 2 期。

张厚美：《如何把"共抓大保护 不搞大开发"战略落到实处》，《中国环境监察》2016 年第 6 期。

张若思：《"一带一路"建设的政策促进与法律完善研究》，《中国律师》2016 年第 6 期。

赵长峰、郝健荣、何丽君：《"21 世纪海上丝绸之路与中国印尼战略合作"国际研讨会综述》,《社会主义研究》2016 年第 3 期。

郑国姣、杨来科:《共建 21 世纪海上丝绸之路的战略对策》,《经济研究参考》2016 年第 18 期。

钟朋荣:《开发区要有战略定位》,《经贸导刊》2001 年第 9 期。

周凯、崇珅:《让绿色经济成为发展新"引擎"》,《青海科技》2016 年第 3 期。

周乾威:《人口老龄化对我国经济增长的影响——基于国民储蓄视角》,《现代经济信息》2013 年第 23 期。

邹嘉龄等:《中国与"一带一路"沿线国家贸易格局及其经济贡献》,《地理科学进展》2015 年第 5 期。

致　谢

在"一带一路"倡议不断推进的背景下，西部弱生态地区产业转型涉及社会、经济、环境等方方面面，需要考虑诸多因素，笔者所提供的内容只是冰山一角，今后需要更进一步的深入研究和探讨。本书到这里已经接近尾声，从开始写作至最终定稿，总共花费了两年多的时间。乡村治理体系和治理能力现代化创新团队为本书提供了较好的理论支撑；在云南省社会科学界联合会相关领导关心下、在有关部门和相关专家的帮助下，本书的研究思路更加清晰。本书在撰写的过程中，得到了云南大学吕昭河教授、罗淳教授、朱要龙博士、云南省委党校社会和生态教研部讲师张欣老师、经济学教研部讲师申珅博士、朱睿倩博士等老师、同事的支持与帮助，也得到了云南大学经济学院谭嘉辉、西南林业大学经济管理学院在读硕士研究生杨玉霞、杨怡、黄丽、骆书发、邵小育、张晋豪、余雨薇、赵丽等同学的支持与帮助，本书的顺利出版，也得到了社会科学文献出版社同志们的支持与帮助。在此，一并表示感谢。

在本书出版之际，也特别感谢各位领导、各位同事、各位朋友长期以来给予我的支持与帮助。

由于理论水平有限，本书的有些观点和阐述难免有疏漏和不足的地方，恳请各位读者谅解为谢！

图书在版编目（CIP）数据

西部弱生态地区主动融入"一带一路"产业转型研究/
谭鑫著. -- 北京：社会科学文献出版社，2022.11
（云南省哲学社会科学创新团队成果文库）
ISBN 978-7-5201-9986-5

Ⅰ.①西…　Ⅱ.①谭…　Ⅲ.①产业结构升级-研究-
西北地区②产业结构升级-研究-西南地区　Ⅳ.
①F269.274②F269.277

中国版本图书馆 CIP 数据核字（2022）第 057269 号

云南省哲学社会科学创新团队成果文库
西部弱生态地区主动融入"一带一路"产业转型研究

著　　者／谭　鑫

出 版 人／王利民
组稿编辑／宋月华
责任编辑／袁卫华
责任印制／王京美

出　　版／社会科学文献出版社
　　　　　地址：北京市北三环中路甲 29 号院华龙大厦　邮编：100029
　　　　　网址：www.ssap.com.cn
发　　行／社会科学文献出版社（010）59367028
印　　装／三河市东方印刷有限公司

规　　格／开　本：787mm×1092mm　1/16
　　　　　印　张：15.5　字　数：245 千字
版　　次／2022 年 11 月第 1 版　2022 年 11 月第 1 次印刷
书　　号／ISBN 978-7-5201-9986-5
定　　价／128.00 元

读者服务电话：4008918866